Paul Sauer

Wenn Liebe meinem Herzen fehlt, fehlt mir die ganze Welt

Herzogin Wera von Württemberg, Großfürstin von Russland 1854–1912

MARKSTEIN VERLAG

Herausgeber: Evang. Heilandskirchengemeinde Stuttgart

Titelabbildung: Archiv der Heilandskirche
Abbildung Rückseite: Weraheim Stuttgart

Bibliografische Information der Deutschen Bibliothek
Die Deutsche Bibliothek verzeichnet diese Publikation in der Deutschen Nationalbibliografie; detaillierte bibliografische Daten sind im Internet über http://dnb.ddb.de abrufbar.

Gestaltung und Satz: Andreas Vogt
Reproduktion: Repro Schmid GmbH, Stuttgart
Druck und Bindung: fgb freiburger graphische betriebe, freiburg i. Br.

Printed in Germany

ISBN 3-935129-18-1

Für Lena-Sophie

Inhalt

Zum Geleit

Zwei persönliche Erinnerungen zuvor!
Das Pfarrhaus der Stiftskirchengemeinde in Stuttgart, in dem ich mit meiner Familie ein Jahrzehnt lang gewohnt habe, wurde nach den Zerstörungen der Stuttgarter Innenstadt im Zweiten Weltkrieg an anderer Stelle neu erbaut. Es steht jetzt an der Werastraße. Genau am Stiftspfarrhaus kreuzt sich die Werastraße mit der Eugenstraße, die sich vom Großen Haus der Württembergischen Staatstheater, teilweise als Treppenstraße, den Hang hinaufzieht bis zum schönen Aussichtsplateau des Eugensplatzes. Diese Kreuzung bedeutet mehr als ein zufälliges Zusammentreffen von Straßennamen. Hier ist einem Ehepaar ein Denkmal gesetzt, das es verdient, in der Erinnerung der Stuttgarter und der Württemberger nicht vergessen zu werden: Herzogin Wera und Herzog Eugen.
Mehr als zwei Jahrzehnte habe ich in verschiedenen kirchlichen Funktionen regelmäßig in der Stiftskirche gepredigt. Diesem sonntäglichen Hauptgottesdienst ging jeweils ein Abendmahlsgottesdienst in der benachbarten Schlosskirche im Alten Schloss voraus. Jedes Mal, wenn ich dort am Altar stand, befand ich mich genau über der Gruft, in der nicht nur das württembergische Königspaar Karl und Olga, sondern auch das Herzogspaar Eugen und Wera mit ihrem kleinen Söhnchen beigesetzt sind. Die beiden hier bestatteten Frauen sind bekannter und wohl auch berühmter als die Männer an ihrer Seite. Und von diesen beiden Frauen ist es Herzogin Wera, die sich in der Erinnerung bis heute einen wichtigen Platz gesichert hat.
Wer war diese Herzogin Wera, von der nicht nur eine Straße und ihre Grabstätte Zeugnis geben, sondern ebenso eine illustre Reihe sozialer und diakonischer Einrichtungen in und um Stuttgart? Wer war diese Herzogin aus dem russischen Hochadel, der Zarenfamilie der Romanow zugehörig, die dadurch als „Kaiserliche Hoheit“ galt, die Nichte und spätere Adoptivtochter des württembergischen Königspaares Karl und Olga? Wer war diese Herzogin Wera, deren Großvater der russische Zar Nikolaus I., deren Großonkel der deutsche Kaiser Wilhelm I., deren Urgroßmutter die legendäre Königin Luise von Preußen war?

Aus seiner umfassenden Kenntnis der württembergischen wie der Stuttgarter Geschichte hat Professor Dr. Paul Sauer eine Biografie dieser ungewöhnlichen Frau gestaltet, durch deren Heirat mit einem württembergischen Fürsten die mehr als 100-jährigen dynastischen Beziehungen zwischen Russland und Württemberg fortgesetzt wurden. Zahlreiche Details belegen den Weg der russischen Großfürstin zur württembergischen Herzogin, vom „Sorgenkind" der kinderlosen Königsfamilie zur Wohltäterin des ganzen Landes, von der russisch-orthodoxen Christin zum lebendigen Glied der Evangelischen Landeskirche in Württemberg, das durch die pietistische Erweckungsbewegung im 19. Jahrhundert und deren führende Vertreter geistlich tief beeinflusst war.

Es ist ein bewegter und bewegender Lebenslauf, der nach den Sturm- und Drangzeiten der Jugendjahre geprägt war von persönlichem Charme, einer umfassenden sozialen Aufgeschlossenheit und einer tief gegründeten Frömmigkeit. Es war ein Leben, bewusst in der Zeit des ausgehenden 19. und des beginnenden 20. Jahrhunderts gelebt, das durch seine Ausstrahlung weit über sich selbst hinaus weist, ein Leben, das vielen zum Segen wurde.

Dass Professor Sauer dieses Leben nachgezeichnet und durch zahlreiche, bisher unbekannte Einzelzüge lebendig gemacht hat, ist großen Dankes wert. Sein Buch schließt eine Lücke in der württembergischen Geschichtsschreibung, zu deren Darstellung der Autor durch seine Biografien der vier württembergischen Könige Wesentliches beigetragen hat.

Die Heilandskirche im Stuttgarter Osten, nahe der Villa Berg, ist eine persönliche Stiftung der Herzogin, deren Vollendung im Dezember 1913 sie nicht mehr erlebt hat. Auf Anregung der Stifterin trägt diese Kirche am Hauptportal das dort eingemeißelte Bibelwort: „Kommt her zu mir alle, die ihr mühselig und beladen seid; ich will euch erquicken" (Matthäus 11,28). Diese Einladung Jesu wollte die Herzogin den Menschen ihrer Zeit weitergeben. Sie gilt auch noch heute.

D. Theo Sorg
Altlandesbischof

Vorwort des Verfassers

Anfang 2003 kam ich nach einem Vortrag vor der „Alten Gilde“ in Stuttgart über König Karl von Württemberg ins Gespräch mit Herrn Pfarrer Albrecht Hoch von der Heilandskirche. Herr Hoch machte mich darauf aufmerksam, dass 2004 des 150. Geburtstags von Herzogin Wera von Württemberg, geborene Großfürstin von Russland, der Nichte und Adoptivtochter von König Karl und Königin Olga, zu gedenken sei. Diesen runden Geburtstag wolle die Heilandskirchengemeinde, deren Gotteshaus die große Wohltäterin Stuttgarts und Württembergs dereinst gestiftet habe, zum Anlass nehmen, um an diese bedeutende Frau, ihren ungewöhnlichen Lebensweg und insbesondere auch an ihr herausragendes Wirken auf karitativem Gebiet zu erinnern. Gerne würde die Heilandskirchengemeinde 2004 eine Biografie über Herzogin Wera herausbringen und mich dafür als Verfasser gewinnen. Mir erschien es außerordentlich reizvoll, mich näher mit der Persönlichkeit und dem Leben der bis heute unvergessenen Fürstin zu befassen, zumal mir Herzogin Wera bei meinen Arbeiten über das württembergische Königshaus bereits häufig begegnet war. Ich sagte daher nach kurzer Bedenkzeit zu.

Im Hauptstaatsarchiv Stuttgart befinden sich namentlich in den Beständen Hausarchiv, Ministerialarchiv sowie Nachlässe aufschlussreiche einschlägige Materialien. Diese arbeitete ich durch. Ebenso entdeckte ich im Archiv des Hauses Württemberg in Altshausen wichtige ergänzende Dokumente. Weitere wertvolle Informationen lieferten mir gedruckte Quellenwerke, Zeitungsberichte und landesgeschichtliche Darstellungen.

Trotz des umfangreichen Schriftguts, das ich durchsah, vermochte ich nicht alle mich interessierenden Fragen zu klären. Es blieben in der Lebensgeschichte von Herzogin Wera Lücken, die sich nicht oder zumindest nicht vollständig schließen ließen. Dennoch meine ich, dass ich ein klar konturiertes Porträt von dieser großartigen Frau zeichnen konnte. Ich und ebenso meine Frau, die mich bei meiner Arbeit engagiert unterstützte, sind im Nachhinein für die Chance dankbar, die uns die Beschäftigung mit einem solch ungewöhnlichen Lebensbild geboten hat.

Nachhaltige Hilfe und Förderung habe ich von vielen Seiten erfahren. Dafür möchte ich herzlich danken. An erster Stelle erwähne ich Herrn Pfarrer Albrecht Hoch und seinen Amtsvorgänger Pfarrer i. R. Frieder Tempel, Herrn Andreas Vogt und Herrn Kirchenpfleger Klaus-Dieter Ullrich. Besonders viel Arbeit und Zeit investierte Herr Vogt. Er spürte mit großem Erfolg in Archiven und Bibliotheken einschlägigen Bilddokumenten nach. Auch kam sein berufliches Know-how der Drucklegung der Biografie zugute. Wertvolle Hinweise bekam ich von Frau Charlotte Hofmann-Hege in Bad Rappenau. Sie überließ mir auch eine Kassette mit dem Festvortrag von Professor Dr. Hansmartin Decker-Hauff anlässlich der 75-Jahrfeier der Stiftung Zufluchtsstätten in Württemberg 1983. Interessante einschlägige Veröffentlichungen stellte mir Herr Heinz Pfizenmayer in Remseck am Neckar zur Verfügung. Herr Pfizenmayer machte mir auch die Gästebücher der gräflichen Familie zu Inn- und Knyphausen, die seit 1863 im Besitz des Schlossguts Remseck ist, zugänglich. Großes Interesse für meine Wera-Biografie bekundete Herr Dr. Tilman Krause, Berlin. Er übersandte mir freundlicherweise Teile der in einer maschinenschriftlichen Fassung vorliegenden Erinnerungen seines Großvaters Dr. Rudolf Thietz (1885–1966), Erzieher der beiden Söhne von Prinzessin Olga zu Schaumburg-Lippe in den Jahren 1910 bis 1913. Diese Erinnerungen enthalten auch einige aufschlussreiche Episoden über Herzogin Wera, der Mutter von Prinzessin Olga, die ich gerne in das Lebensbild der großen Wohltäterin aufgenommen habe.
Sachkundigen Rat und weiterführende Quellenhinweise verdanke ich Herrn Dr. Joachim Fischer, mit dem mich ein langer gemeinsamer Berufsweg verbindet, sowie einer Reihe von Kolleginnen und Kollegen, so vor allem Herrn Eberhard Merk, im Hauptstaatsarchiv Stuttgart, ebenso Herrn Dr. Eberhard Fritz, Leiter des Archivs des Hauses Württemberg in Altshausen.
Ich freue mich sehr, dass Frau Cornelia Fritsch, Inhaberin des Markstein Verlags in Filderstadt, meine Wera-Biografie in das Publikationsprogramm ihres Verlags aufgenommen hat. Für die gute Zusammenarbeit danke ich Frau Fritsch und ebenso Frau Dr. Birgit Wüller herzlich.

Tamm, im Mai 2004
Paul Sauer

Frühe Kindheit

Am 16. Februar 1854 erblickte Wera Konstantinowna als Tochter des Großfürsten Konstantin von Russland und seiner Frau Alexandra Josephowna, geborene Herzogin von Sachsen-Altenburg, in St. Petersburg das Licht der Welt. Ihr Großvater war der damals regierende Zar Nikolaus I., der Sohn von Zar Paul und dessen Frau Maria Feodorowna, einer Schwester König Friedrichs von Württemberg. Die kleine Wera gehörte also der russischen Herrscherfamilie, den Romanows, an.[1] Obwohl die Tochter eines nachgeborenen Zarensohns, umgab sie während ihrer ersten Lebensjahre verschwenderischer höfischer Prunk. Zar Nikolaus I., ein fürsorglicher Familienvater, war darauf bedacht, dass alle seine in St. Petersburg befindlichen Kinder und Enkel in gleicher Weise am Glanz des Zarenhofes Anteil hatten.[2]
Zum Zeitpunkt der Geburt Weras weilte Kronprinzessin Olga von Württemberg, die Schwester ihres Vaters Konstantin, in der russischen Residenzstadt. Olga, in der Familie Olly genannt, war seit Sommer 1846 mit dem württembergischen Kronprinzen Karl verheiratet. Die bildschöne Kronprinzessin fühlte sich im Kreis von Eltern und Geschwistern wohl. Sie ließ es sich deshalb auch nicht nehmen, an der wenige Tage nach der Geburt stattfindenden feierlichen Taufzeremonie ihrer Nichte in der großen Kirche des Winterpalais teilzunehmen. Ihrer Hofdame Eveline von Massenbach blieb der Täufling als „ein kirschrotes Kindchen“ in Erinnerung, das nach dem Untertauchen im Taufwasser gewaltig geschrien habe.
Die Kronprinzessin, die schon damals unter ihrer Kinderlosigkeit litt, betrachtete das kleine Menschenkind mit stiller Wehmut. Wenige Tage später erbat sie es sich von der Mutter, wohl um kurze Zeit mit ihm allein zu sein und bei seinem Anblick von den ihr bislang versagt gebliebenen Mutterfreuden zu träumen. Als die Hofdame das Zimmer der Kronprinzessin betrat, lag die kleine Wera, wohl behütet und liebevoll beobachtet, auf deren Bett. Eveline von Massenbach prägte sich diese Szene tief ein.[3] Niemand konnte damals ahnen, dass Olga schon wenige Jahre später die Nichte in ihre mütterliche Obhut nehmen werde, um ihr eine sorgsame Erziehung zu geben – eine sie zeitweise fast überfordernde Aufgabe.

Als Großfürstin Wera 1854 geboren wurde, regierte ihr Großvater Zar Nikolaus I. bereits seit 29 Jahren als absolutistischer Herrscher das riesige russische Reich. Nikolaus I., eine von strengem Pflicht- und Verantwortungsbewusstsein erfüllte, wie schon sein Vater in den Kategorien von Befehl und Gehorsam denkende, biedere Soldatennatur, hatte stets die Belange seines Landes im Auge. Er war bestrebt, Missstände zu beseitigen und dort, wo er es im Interesse des Staatswohls für geboten hielt, auch in begrenztem Maß Reformen durchzuführen.

Zar Nikolaus I. von Russland (1825–1855)

Doch an der bestehenden Staats- und Gesellschaftsordnung wollte der „Gendarm Europas“, der 1849 Österreich bei der Niederschlagung des ungarischen Aufstands die entscheidende militärische Hilfe geleistet hatte, nicht rütteln lassen.[4]

Die Schwäche des Osmanischen Reichs, „des kranken Mannes am Bosporus“, hatte die Begehrlichkeit des im Schwarzen Meer gewissermaßen eingeschlossenen Zarenreichs geweckt. Die von den Türken kontrollierten Dardanellen versperrten der russischen Flotte den Weg ins Mittelmeer. Zu Beginn der 1850er Jahre schien die Situation günstig, hier Wandel zu schaffen. Durch unzumutbare ultimative Forderungen und durch die Besetzung der Donaufürstentümer beschwor Zar Nikolaus I. die kriegerische Auseinandersetzung herauf. Doch die Türkei stand nicht allein. Großbritannien, Frankreich und ebenso das Königreich Piemont stellten sich ihr zur Seite. Hauptkriegsschauplatz wurde die Krim, die verwundbare Südflanke des Zarenreichs. Die für beide Seiten äußerst verlustreichen Kämpfe vor allem während der langwierigen Belagerung der Seefestung Sewastopol zogen sich mehr als zwei Jahre hin. Das Zarenreich sah sich

Zar Alexander II. von Russland (1855–1881)

schließlich Anfang 1856 gezwungen, die demütigenden Friedensbedingungen der gegnerischen Allianz zu akzeptieren, so die Neutralisierung des Schwarzen Meers, das heißt das Verbot, dort eine Kriegsflotte zu unterhalten. Den Friedensschluss von Paris am 30. März 1856 hatte Nikolaus I. nicht mehr erlebt. Er war bereits ein Jahr zuvor verstorben. An der Spitze des Zarenreichs stand seitdem sein Sohn Alexander II.[5]

Zar Alexander II. (geboren 1818, ermordet 1881), der Onkel Weras, hatte die Regierung in der Absicht angetreten, Russland durch Reformen von überalterten, verkrusteten Sozial- und Wirtschaftsstrukturen zu befreien und einer moderneren Staats- und Gesellschaftsordnung den Boden zu bereiten. Unterstützt wurde er hierbei in der eigenen Familie durch seine Tante, die Großfürstin Helena Pawlowna, und durch seinen Bruder Konstantin, den Vater Weras. Helena Pawlowna, geborene Prinzessin Charlotte von Württemberg (1807–1873) und Nichte des württembergischen Königs Wilhelm I., hatte 1824 auf Betreiben der Zarenmutter Maria Feodorowna deren jüngsten Sohn, Großfürst Michael, geheiratet. Leider fand sie in ihrer Ehe nicht das erhoffte Glück. Die intelligente, vielseitig interessierte und warmherzige Fürstin, die sich eine umfassende Bildung angeeignet hatte, engagierte sich, dem Beispiel ihrer Großtante Maria Feodorowna folgend, in vorbildlicher Weise in der Sozialfürsorge sowie in der Förderung des Geistes- und Kulturlebens. Ihr St. Petersburger Salon wurde zu einem gesellschaftlichen Mittelpunkt. Stand und Herkunft zählten für sie wenig. In ihrem Salon verkehrten Russen und Ausländer, Adlige und Bürgerliche, Diplomaten und Offiziere, Künstler und Wissenschaftler. Die politisch fortschrittlich denkende Fürstin hielt das ins Mittelalter zurückweisende Feudalsystem des Zarenreichs für nicht mehr zeitgemäß. Um einem gewaltsamen revolutionären Umsturz zuvorzukommen, erschienen ihr grundlegende Reformen dringend geboten. Ihr Salon wurde mit der Zeit zu einem Treffpunkt russischer Liberaler und Reformer. Mit der Regierungsübernahme ihres Neffen Alexander II. erlangten sie und ihre Gesinnungsgenossen zunehmend politischen Einfluss. Die historisch bedeutsamste Initiative von Helena Pawlowna, in der Öffentlichkeit je nach politischem Lager teils anerkennend, teils verächtlich „die Rote Tante des Zaren" oder „Madame Egalité" genannt, war ihr mutiges Eintreten für die Befreiung der Bauern von der Leibeigenschaft. Im Mai 1859 verfügte sie, um einen entscheidenden Anstoß zu geben, demonstrativ die Befreiung der 15 000 Bauern ihres Apanageguts Karlowka in der Ukraine (Gouvernement Poltawa) und deren Ausstattung mit Land. Knapp zwei Jahre später, im März 1861, erfolgte durch kaiserliches Manifest die allgemeine Bauernbefreiung in Russland.[6]

Während der 26 Jahre dauernden Regierung des Reformers Alexander II. vollzog sich im Zarenreich ein grundlegender Systemwandel. Die archaischen sozialen Strukturen wurden beseitigt, die Staatsverwaltung und das Gerichtswesen, ebenso das Schul- und Bildungswesen modernisiert, längerfristig die gesellschaftlichen und wirtschaftlichen Voraussetzungen für die Industrialisierung und Kommerzialisierung geschaffen. Heinz-Dietrich Löwe stellt zu Recht die Reformen während der Regierungszeit Alexanders II. auf die Stufe der Stein-Hardenbergischen Reformen in Preußen zu Beginn des 19. Jahrhunderts.[7]

Freilich, die Politik der behutsamen Liberalisierung und Modernisierung des reformfreudigen Zaren wurde keineswegs überall als ein kraftvoller, zukunftsweisender Neuanfang verstanden, dem ein klares politisches Konzept zugrunde lag. Manche sahen in diesen Reformen ein Zeichen von Schwäche und suchten sie für ihre Ziele zu nutzen. Die nach politischer Unabhängigkeit strebenden Polen beispielsweise erhofften sich von Alexander II. umfassende Freiheiten. Allein, der Zar war lediglich zu kleinen Konzessionen bereit. Statt der Wiedereröffnung der Universität gestand er in Warschau 1857 nur die Schaffung einer Medizinischen Akademie zu. Auch der Forderung nach einem Landtag versagte er sich. Die Polen hatten sich mit einer agrarischen Gesellschaft zu begnügen, die indes schon bald nach ihrer Gründung 3000 Mitglieder zählte. Im Einvernehmen mit Alexander II. verfolgte der mit der Leitung der Regierung in Warschau beauftragte Marquis Alexander Wielopolski (1803–1877) eine Politik des Ausgleichs und des allmählichen Fortschritts. Dies missfiel der zahlenmäßig rasch erstarkenden radikalen demokratischen Linken, den „Roten". Ihr schlossen sich vor allem Studenten, dann auch kleine Beamte sowie Handwerker an. Dagegen schlugen die polnischen Aristokraten, die „Weißen", einen gemäßigteren Weg ein. Die Roten bewirkten durch Demonstrationen an nationalen Gedenktagen insbesondere in Verbindung mit kirchlichen Feiern eine aufsässige Stimmung. Das Eingreifen der Polizei verschärfte noch die Spannungen. Trotz des von Wielopolski entwickelten Reformprogramms kam es zu neuen Demonstrationen, deren gewaltsame Unterdrückung eine größere Zahl von Todesopfern forderte. Warschau wurde mehr und mehr zu einem brodelnden Unruheherd. Die Folge war im Herbst 1861 die Verhängung des Belagerungszustands. Um den inzwischen bei den Roten verhassten Wielopolski nicht zu verlieren, zeigte sich St. Petersburg zu weiteren Zugeständnissen bereit, so zur Einsetzung einer polnischen Regierung, zur Schaffung eines polnischen Schulsystems und zur Wiedereröffnung der Universität.[8]

Seinen Bruder Konstantin, der ihn schon als Mitglied der 1857 zur Vorbereitung der Aufhebung der bäuerlichen Leibeigenschaft neu errichteten Geheimen Komitees tatkräftig unterstützt hatte[9] und der sein politisches Vertrauen besaß, ernannte Zar Alexander II. im Juni 1862 zum Statthalter Polens. Der Zar hoffte, dass Konstantin Wielopolski in dessen neuer Funktion als Chef der polnischen Zivilverwaltung, einer Art Ministerpräsident, den notwendigen Rückhalt verschaffen würde. Und Konstantin fügte sich bereitwillig dem Wunsch Alexanders II. Die Roten aber beharrten auf ihrem Konfrontationskurs. Sie bildeten ein nationales Zentralkomitee und verfolgten ihre Aufstandspläne weiter. Die ihnen lästigen Repräsentanten des Zarenreichs suchten sie durch Anschläge aus dem Weg zu räumen. Doch die Attentate auf Konstantin und Wielopolski misslangen. Zwei Attentäter wurden gehenkt. Um den für das Frühjahr 1863 geplanten Aufstand im Keim zu ersticken, befahl Wielopolski im Januar jenes Jahres die zwangsweise Aushebung von 10 000 mit Namen bestimmten jungen Männern, vor allem von Angehörigen der Intelligenz sowie der städtischen Arbeiter- und Beamtenschaft, zum Militär. Indes bekam das Zentralkomitee frühzeitig Wind von der bevorstehenden Aktion. Der Großteil der Auszuhebenden floh in die Wälder. Das Zentralkomitee entschloss sich zum sofortigen Losschlagen. Ein blutiger Kleinkrieg begann. Die schlecht bewaffneten Aufständischen operierten in kleinen Kampfgruppen nach Partisanenart meist von größeren Waldgebieten aus. Zeitweise konnten sie sich kleiner Städte bemächtigen, nie aber größerer städtischer Zentren. Der schließlich auf 300 000 Mann angewachsenen, gut ausgerüsteten russischen Armee hatten die maximal 30 000 polnischen Freiheitskämpfer wenig entgegenzusetzen. Dennoch währte der Aufstand 15 Monate und forderte tausende von Menschenleben, nicht zuletzt durch die Rachejustiz der Sieger. Die erhoffte Hilfe Frankreichs und Großbritanniens blieb aus. Preußen hingegen, das ein Übergreifen des Aufstands auf sein Territorium befürchtete, unterstützte offen die russische Militärmacht. Hatte Zar Alexander II. im April 1863 den Aufständischen eine großzügige Amnestie angeboten, wenn sie die Waffen niederlegten, so verhärtete sich nach deren Ablehnung seine Haltung mehr und mehr. Schon vor dem Ende der Kämpfe setzte eine rücksichtslose Russifizierung des Landes ein. Die letzten Reste der Autonomie Polens wurden beseitigt, Adel und Intelligenz einschließlich der katholischen Geistlichkeit üblen Repressionsmaßnahmen unterworfen, das Land zur russischen Provinz degradiert.[10]

Alexander Wielopolski hatte nach dem Ausbruch des Aufstands erkennen müssen, dass er mit seiner Reformpolitik gescheitert war, durch die er dem polnischen Volk eine gedeihliche politische und gesellschaftliche Entwicklung hatte sichern wollen. Er hatte daher im Juli 1863 die Konsequenzen gezogen, resigniert sein Amt aufgegeben und Warschau verlassen. In Dresden, gewissermaßen im Exil, verbrachte er die letzten 14 Jahre seines Lebens.[11]

Auch Großfürst Konstantin war mit hohen Erwartungen nach Warschau gegangen. Er hatte gehofft, mit Hilfe von Wielopolski als Statthalter des Zarenreichs in Polen Reformen in Staat und Gesellschaft durchführen und dem polnischen Volk auf den verschiedenen Lebensgebieten mehr Eigenverantwortung übertragen zu können. Doch die Ernüchterung folgte rasch. Er musste zur Kenntnis nehmen, dass er in ein Land gekommen war, das die russische Herrschaft als unerträglich empfand und sich dieser lieber heute als morgen entledigen wollte. Ein Schock für ihn war es sodann, dass er gleich zu Beginn seiner Statthalterschaft nur um Haaresbreite dem Tod durch die meuchlerische Hand eines Fanatikers entging. Hart traf ihn sicherlich auch, dass er sich als Repräsentant einer auf Bajonette gestützten absolutistisch regierten Großmacht immer wieder scharfen Attacken im westlichen Ausland publizierter freiheitlicher Presseorgane ausgesetzt sah. So warf ihm im August 1862 die in London erscheinende „Kolokol" („The Bell") vor, er habe die Hinrichtung dreier russischer Offiziere, die für ein freies Polen eingetreten seien, nicht verhindert, obwohl dies in seiner Macht gestanden habe. Die Zeitung warnte den Großfürsten: „Im eigenen Blut kann man leicht ausgleiten."[12]

Im Oktober 1862 richteten russische Offiziere aus dem Königreich Polen, die sich zu einer revolutionären Organisation zusammengeschlossen hatten und die für eine Beseitigung der absolutistischen Zarenherrschaft eintraten, einen offenen Brief an Großfürst Konstantin. In ihrem Brief erklärten die Offiziere, die russische Armee sei kein Henker und wolle sich daher nicht zur Unterdrückung der russischen Bauern und der polnischen Freiheitskämpfer missbrauchen lassen. Sie forderten den Großfürsten auf, sich bei seinem Bruder, dem Zaren, für eine grundlegende Änderung der Politik St. Petersburgs einzusetzen. Zar Alexander II. solle Polen eine durch den Willen des polnischen Volkes gebildete Regierung zugestehen. Die Verfasser des Briefes und ihre Hintermänner waren jedoch davon überzeugt, dass weder Konstantin noch der Zar zu einer solch weitgehenden Liberalisierung der russischen Politik gegenüber Polen bereit seien. Gerade dies aber wollten die Briefschreiber mit ihrer Initiative nachweisen. Dem Brief lagen also taktische Erwägungen zugrunde. Die zahlreichen Offiziere, die sich noch Illusionen über den Liberalismus der zaristischen Regierung und insbesondere auch über die Haltung von Großfürst Konstantin machten, sollten endgültig für die revolutionäre Bewegung und für die Sache der polnischen Freiheitskämpfer gewonnen werden. Ein wenige Wochen später von dem „Komitee der russischen Offiziere“ veröffentlichter zweiter Brief rief die russischen Offiziere zum aktiven Kampf gegen den zaristischen Absolutismus, für demokratische Freiheit sowie für das Recht der vom Zarismus unterdrückten Nationen, also der Polen und der Ukrainer, auf.[13]

Nach dem Ausbruch des polnischen Aufstands griff die Zeitung „Kolokol“ am 1. Februar 1863 Großfürst Konstantin und den Chef der Zivilverwaltung in Polen, Marquis Alexander Wielopolski, scharf an. Sie schrieb: „... Diesen Aufstand haben alle vorausgesehen, er konnte bei der empörenden Zwangsrekrutierung nicht ausbleiben: auch wir wie zahlreiche andere Zeitschriften haben auf ihn rechtzeitig aufmerksam gemacht; es gab sogar Leute, die den Großfürsten und Herrscher warnten – sie wollten den Aufstand nicht aufhalten, sie wählten das Blut! Nun Konstantin Nikolajewitsch! Wie werden Sie das mit Ihrem Gewissen vereinbaren? Sollten Sie nicht irgendwohin in ein Bad fahren und sich mit Bitterwasser oder Sauerbrunnen kurieren? Warum, um Gottes willen, sind Sie nach Polen gekommen? Wer ist Ihr persönlicher Feind, der Ihnen diesen unglücklichen Gedanken eingab? Auch Sie, Marquis [Alexander Wielopolski] haben sich nicht umsonst bemüht, Ihren langen Namen in die polnische Geschichte einzutragen! Es wird schwierig sein, ihn auszumerzen, weil das Blatt, auf das er als Blutfleck zu stehen kam, einer der ruhmvollsten und besten in den Chroniken unseres Vaterlandes ist ...“[14]

Mit Großfürst Konstantin war 1862 auch seine Familie nach Warschau übergesiedelt. Frau und Kinder hatten bislang, weitgehend abgeschirmt von der Öffentlichkeit, am Zarenhof in St. Petersburg ein unbeschwertes Leben geführt. In Warschau war dies anders. Hier lag von Anfang an eine schier unerträgliche Spannung in der Luft. Sie ließ sich auch vom Palais des

Statthalters nicht fern halten. Jäher Schrecken, ja Entsetzen bei Frau und Kindern gleich am Anfang ihres Aufenthalts in der polnischen Hauptstadt über das glücklicherweise missglückte Attentat auf den Ehemann und Vater, dann im Januar 1863 der Ausbruch des Aufstands. Zwar war die Familie des Statthalters nie gefährdet, zumal sich die Kämpfe vor allem außerhalb von Warschau abspielten, aber die Unsicherheit über die weitere politisch-militärische Entwicklung, das Scheitern der russischen Reformpolitik, für die Großfürst Konstantin stand, verursachten eine freudlos-gedrückte Stimmung, zum Teil sogar lähmende Angst. Selbst im großfürstlichen Kinderzimmer konnte von unbeschwertem Frohsinn nicht mehr die Rede sein. Insbesondere auf die übersensible Wera, die 1854 nach einer etwas rätselhaften Bemerkung im Tagebuch der Freiin Eveline von Massenbach unter ungünstigen gesundheitlichen Vorzeichen – von beiden Eltern her – zur Welt gekommen war und die im Februar 1863 ihren neunten Geburtstag feierte, scheinen das Attentat auf den Vater und die fortwährend sich steigernden Spannungen verheerende Auswirkungen gehabt zu haben.
Ärzte und Erzieher konstatierten schwere Verhaltensstörungen.[15] Sehr wahrscheinlich auf deren Rat hin entschlossen sich die Eltern, Wera von ihren Geschwistern zu trennen und sie außerhalb des Zarenreichs nahen Verwandten in erzieherische Obhut zu geben, damit sie in einem friedlichen Umfeld menschliche Geborgenheit und liebevolle Zuwendung erfuhr.

In der erzieherischen Obhut der Tante in Stuttgart

Zunächst dachten die Eltern an Königin Marie von Hannover (1818–1907), die älteste Schwester der Mutter Weras und die Frau des blinden Königs Georg V. (1819–1879), der schon wenige Jahre später, 1866, nach der Annexion Hannovers durch Preußen den Thron verlor.[16] Entsprechende Sondierungen blieben aber in Hannover ohne positive Resonanz. Königin Marie weigerte sich, die schwierige Aufgabe zu übernehmen. Nicht einmal die Intervention von Zar Alexander II. vermochte sie umzustimmen.[17] Die Gründe, die die Königin für ihre Ablehnung geltend machte, kennen wir nicht. Schon befürchtete das Großfürstenpaar, Wera einem ärztlichen Spezialisten zu einer langwierigen Therapie übergeben zu müssen. Alexander II. wollte jedoch seinem Bruder und dessen Frau einen solchen peinlichen Schritt ersparen. Er wandte sich deshalb an seine Schwester Kronprinzessin Olga von Württemberg, zumal ihm und auch seinem Bruder Konstantin nicht verborgen geblieben war, wie sehr Olga unter ihrer Kinderlosigkeit litt. Und Olga ging bereitwillig auf den Wunsch ihrer beiden Brüder ein, hoffte sie doch, mit der Erziehung der kleinen Nichte eine sie fordernde Aufgabe übernehmen zu können, die ihrem bislang von vielen Nichtigkeiten bestimmten Leben einen Sinn gab. Nach 17-jähriger Ehe war für Kronprinzessin Olga in der Tat die Hoffnung auf eigene Kinder geschwunden. Dennoch tat sie sich noch immer schwer, sich mit dem Schicksal der Kinderlosigkeit abzufinden. Sie beneidete ihre Schwägerinnen Katharina und Auguste um deren muntere Sprösslinge. Im Oktober 1863 beispielsweise beobachtete ihre Hofdame Eveline von Massenbach, wie sie beim Anblick ihres 15-jährigen Neffen Willy, des späteren König Wilhelms II., die Tränen hinunterschluckte. Ein anderes Mal traf sie die Hofdame dabei an, wie sie traurig-versonnen ihr altes Spielzeug betrachtete.[18]

Freilich, Kronprinzessin Olga war schon in jungen Jahren eine Meisterin eiserner Selbstdisziplin und verstand es, ihre Gefühle zu verbergen. Unter dem 1. Oktober 1851 hielt Eveline von Massenbach in ihrem Tagebuch fest: „Sie [Olga] hatte gerötete Augen, verstand es aber, mit einem Lächeln auf den Lippen zu erscheinen!“ Der Beichtvater der Kronprinzessin bestätigte dies. Er äußerte einmal: „Das ist eine junge Frau, die gut auf die Prüfungen vorbereitet ist, die Gott ihr auferlegen wird.“[19] Nun war Olga eine ihres hohen Standes bewusste, dabei gemütstiefe, verantwortungsbewusst denkende und handelnde Fürstin, die helfen, die Zuneigung, Liebe schenken wollte, die aber auch über viel Geduld verfügte sowie über die seelische Kraft, Enttäuschungen mit äußerem Gleichmut zu ertragen. Sie besaß damit die unerlässlichen charakterlichen Voraussetzungen, um einem schwer verhaltensgestörten, übersensiblen, zugleich vielseitig begabten, noch keine zehn Jahre alten, abrupt von Eltern und Geschwistern getrennten und in eine gänzlich fremde Umwelt versetzten Mädchen die Mutter zu ersetzen. Dass die Bürde dieser freiwillig übernommenen Aufgabe noch weit drückender war als zunächst gedacht, sollte sich indes rasch zeigen.

Am 2. Dezember 1863 kam die kleine Wera in Begleitung des Arztes Dr. Haurowitz in Stuttgart an. Am gleichen Tag erlag hier Ferdinand Graf von Zeppelin einer Typhuserkrankung. Einige Verwunderung erregte Wera mit der Frage, ob denn der Graf aus „Schrecken über ihre Ankunft“ gestorben sei. Auf die Bitte der Kronprinzessin Olga, „die einen gebildeten Umgang für ihre Nichte wünschte“, nahm sich ihrer, bis eine Gouvernante für sie gefunden war, die Hofdame Eveline von Massenbach an. Zu ihren „Spielkamerädchen“ bestimmte die Kronprinzessin die Kinder des russischen Admirals Pontiatin, der sich damals in Stuttgart aufhielt. Fünf Tage nach Wera trafen ihre Eltern zu einem kurzen Besuch in Stuttgart ein. Sie dankten Olga und Karl für ihr großherziges Entgegenkommen und übergaben das Töchterchen feierlich in ihre Obhut. Der Abschied fiel Eltern wie Kind schwer. Eveline von Massenbach erkannte rasch, dass Wera „voller Herz und Begabung“ war, Sorgen bereitete ihr aber der Eigensinn der kleinen Großfürstin, wie sich schon bei den ersten Spaziergängen zeigte.[20]

Kronprinzessin Olga sah in der Übernahme der Erziehung ihrer Nichte auch einen Dienst an ihrem russischen Vaterland, mit dem sie sich nach wie vor aufs Engste verbunden fühlte. Sie machte sich den Grundsatz ihrer Tante Maria Pawlowna, Gattin des Großherzogs Karl Friedrich von Sachsen-Weimar, zu Eigen: „Man muss immer, selbst von ferne, für Russland

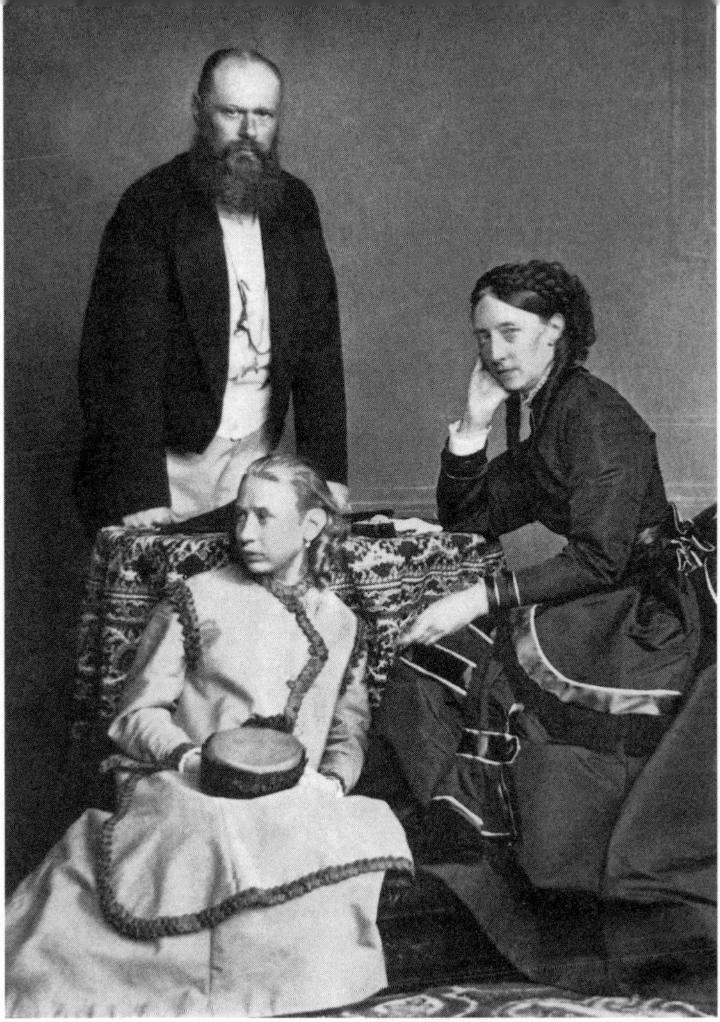

Großfürstin Wera mit ihrem Onkel Karl und ihrer Tante Olga, seit 1871 ihre Adoptiveltern

arbeiten." Nachdrücklich von ihrem Mann in ihrer Mutterrolle unterstützt, setzte sie alles daran, Wera die Ursache ihres Exils vergessen zu machen. Ihre Hofdame Eveline von Massenbach hätte es allerdings für besser gehalten, wenn Kronprinzessin Olga der Nichte ganz offen die Hintergründe für ihr Stuttgarter Exil genannt hätte, dann hätte nämlich Wera ihr nicht immer wieder vorwerfen können, sie habe ihr als Ersatzkind zu dienen, ja sei ihr „von schlecht informierten Leuten aufgehalst" worden.[21]

Anfänglich hatte Wera die Schrecken des polnischen Aufstands noch ständig vor Augen. So weigerte sie sich bei einem Spaziergang am 1. Januar 1864, an der katholischen Kirche – es war St. Eberhard – vorbeizugehen, was seine Ursache darin haben mochte, dass die katholischen Gotteshäuser in Warschau 1863 Zentren der polnischen Erhebung gewesen waren. Schon einen Monat nach der Ankunft Weras kam Großfürst Konstantin ein zweites Mal nach Stuttgart. Er dürfte sich mit Schwester und Schwager über die bei der Erziehung des Töchterchens zu beachtenden Grundsätze besprochen haben.[22] Näheres ist darüber allerdings nicht bekannt.

Bereits am 11. Januar 1864 traf die für Wera auserkorene Gouvernante Helene Turpow aus St. Petersburg ein, eine Freundin des Kaiserlich Russischen Leibarztes Dr. von Karell. Wenige Tage darauf gesellte sich eine Kammerfrau Öchsle hinzu, die Großfürstin Helene für ihre Großnichte freigestellt hatte.[23] Wera sollte sich also durch ihre Hauptbetreuerinnen eine enge Bindung an den Zarenhof und an ihre Familie bewahren. Doch hatte auch Eveline von Massenbach, die Vertraute von Kronprinzessin Olga, weiterhin dem aufsässigen, häufig ungezogenen Mädchen, dessen großer Liebling damals eine Wickelpuppe, genannt Eugen von Montenegro, war, viel Zeit zu widmen. Eveline hatte manche Zusammenstöße mit der kleinen Großfürstin. Am 28. Januar 1864 sprang Wera bei einer Spazierfahrt aus dem fahrenden Wagen. Die Hofdame drohte, nicht mehr mit ihr auszufahren oder auszugehen. Wera erwiderte: „Sie müssen mit mir spazieren gehen, die Tante befiehlt es." Davon unbeeindruckt, erklärte Eveline: „Gut, dann gehen wir nur an langweilige Orte." Dies half.[24] Bei anderer Gelegenheit fiel Wera ins Wasser, weil sie an einer verbotenen Stelle das Schleifen auf dem Eis geübt hatte. Eveline brachte sie raschestens zu Fuß auf den Rosenstein und steckte sie ins Bett. So wurde Schlimmerem vorgebeugt.[25]

Kronprinzessin Olga und auch Kronprinz Karl bemühten sich sehr um die kleine Nichte. Sie wollten ihr das Elternhaus ersetzen. Am Abend des 4. Februar 1864 traf Eveline von Massenbach das Kronprinzenpaar mit Wera in trauter Atmosphäre an. Der Kronprinz hatte die tägliche Bibellesung übernommen. Für die Hofdame das Abbild der Heiligen Familie.[26] Sie wünschte sich, dass solche rührenden Familienszenen alltäglich wären. Zehn Tage danach gebärdete sich Wera bei der Mittagstafel mit dem Kronprinzen und Eveline von Massenbach wiederum sehr unartig. Dennoch wurde viel gelacht.[27] Man nahm die boshaften Einfälle der Zehnjährigen offensichtlich nicht zu ernst.

Glücklich war Wera, dass sich zu ihrem Geburtstag auch ihr Vater einstellte und ihr den Abend widmete. Man schaute Alben – wohl Fotoalben – an, und das Geburtstagskind wurde mit vielen Aufmerksamkeiten verwöhnt.[28]
Kronprinzessin Olga hatte sich ihre Mutterrolle nicht so schwierig vorgestellt. Sie hatte gehofft, rasch die Liebe von Wera gewinnen und ihr anständige Manieren beibringen zu können. Allein, die Nichte blieb abweisend. Ihre ständigen Unarten strapazierten die Nerven Olgas.[29] Sie litt zunehmend an Migräneanfällen. Die bevorstehende Kommunion Weras nach russisch-orthodoxem Ritus erregte sie in hohem Maß. Sie fürchtete wohl, die Nichte könnte durch Unarten die feierliche religiöse Handlung zur Farce machen. Doch wider Erwarten ging alles gut. Dass Wera keineswegs immer das unausstehliche Wesen war, konnte Kronprinzessin Olga in eben jenen Tagen feststellen. Ihre Schwägerin Königin Sophie der Niederlande, die Lieblingstochter König Wilhelms I. aus dessen Ehe mit der russischen Großfürstin Katharina und nachmaligen Königin, verstand sich bei einem geselligen Familienabend anscheinend sofort mit Wera. Olga erlebte ein ausgesprochen liebes, vernünftiges Mädchen und war gerührt.[30]
Freilich, dies blieb nur ein kurzer Streif am Horizont. Am 14. April 1864 versetzte Wera der Kronprinzessin einen Fußtritt. Warum sie dies tat, wissen wir nicht. Kronprinz Karl musste sie schlagen. Kronprinzessin Olga war zutiefst betroffen; sie weinte.[31] Einen Monat später schrieb Eveline von Massenbach in ihr Tagebuch: „Gewittriges Diner mit Wera, der Kronprinz kann diese Szenen auf Dauer nicht ertragen.“ Und am 5. Juni jenes Jahres: „Sie [die Kronprinzessin] bleibt zu Bett; es regnet. Das Kind ist schrecklich.“[32] In den folgenden Wochen erreichte die Aufsässigkeit Weras ihren Höhepunkt. Das Kronprinzenpaar musste die Dienste eines Unteroffiziers in Anspruch nehmen, um sie zur Räson zu bringen. Man sperrte sie ein. Aber auch diese Strafmaßnahme verfehlte ihre Wirkung. Die kleine Großfürstin fühlte sich dadurch, wie Eveline von Massenbach berichtet, eher noch geschmeichelt.[33] Das Kronprinzenpaar befand sich in einer schwierigen Situation. Keinesfalls wollte es die offenbar erst zaghaft aufkeimende Zuneigung des Pflegetöchterchens aufs Spiel setzen. Es hatte deshalb bei dem jahreszeitlich üblichen Umzug vom Kronprinzenpalais in der

Stadt in die Sommerresidenz Villa Berg am 10. Mai 1864 den Unterbringungswünschen und -bedürfnissen Weras großzügig Rechnung getragen. Kronprinz Karl aber war diese ständige Rücksichtnahme auf die Nichte offensichtlich zu weit gegangen, und er hatte nicht zuletzt wegen der angegriffenen Gesundheit seiner Frau aus seiner Unzufriedenheit und seinem Ärger keinen Hehl gemacht.[34]

Am 23. Mai 1864 wollte Obermedizinalrat und Leibarzt Dr. Friedrich Kornbeck verhindern, dass Wera Kronprinzessin Olga auf der Reise zu den Schwefelquellen nach Wildbad Kreuth begleitete, weil sich dann die Kronprinzessin nicht ausruhen und erholen könnte.[35] Ob er dies erreichte, lässt sich nicht feststellen. Große Sorgen um die Gesundheit ihrer Herrin machte sich die Hofdame Eveline von Massenbach. Am 8. Juni 1864 berichtete sie Kaiserin Marie Alexandrowna, der Frau von Kaiser Alexander II., dass Olga nach der Diagnose von Dr. Kornbeck unter einer allgemeinen Nervenverstimmung leide und über keine Widerstandskraft verfüge. Der Kaiserin sei bekannt, schrieb die Hofdame, was seit Jahren und ganz besonders seit dem letzten Winter die zarte Gesundheit der Kronprinzessin belaste. Das Wiedersehen mit ihren russischen Verwandten in Bad Kissingen werde daher „ein wahrer Segen" für sie sein. Die kleine Wera werde sicher mit der Zeit Freude bereiten und „eine Entspannung im Innern" Olgas bewirken. Gegenwärtig aber sei sie noch so ermüdend, gehe sie noch so auf die Nerven, dass sie ein Hindernis für die Genesung ihrer Tante sei. Die Ärzte rieten daher dringend, dass Wera während der Kur Olgas von dieser getrennt bleibe. Trotzdem hätte das Kronprinzenpaar Wera gerne nach Bad Kissingen mitgenommen, um Großfürst Konstantin und seiner Frau die kleinen Fortschritte zu zeigen, die ihre Tochter im vergangenen halben Jahr gemacht habe. Doch das Großfürstenpaar habe ein Wiedersehen mit der Tochter in dem mondänen Badeort abgelehnt mit der eigenartigen Begründung, der Aufenthalt in Bad Kissingen könnte in Wera „die Vorstellungen von Größe", also vom Glanz, das heißt vom hohen Rang der Zarenfamilie, wecken. Das Kronprinzenpaar, das am 17. Juni nach Bad Kissingen aufbrach, zeigte sich enttäuscht, respektierte aber den Wunsch der Eltern seines Pflegetöchterchens.[36] In Bad Kissingen gab dann Kaiserin Marie Alexandrowna Eveline von Massenbach Gelegenheit, nochmals mündlich ihre Besorgnis über die stark angeschlagene Gesundheit von Kronprinzessin Olga vorzutragen und ihr die dafür maßgeblichen Ursachen zu benennen.[37]

In der Morgenfrühe des 25. Juni 1864 starb nach langer Krankheit und doch überraschend König Wilhelm I. von Württemberg auf Schloss Rosenstein. Das Kronprinzenpaar, telegrafisch vom Ableben des beinahe 83-jährigen Monarchen unterrichtet, brach sofort seinen Kuraufenthalt in Bad Kissingen ab und kehrte nach Stuttgart zurück. In der Haupt- und Residenzstadt Württembergs wurde es als nunmehriges Königspaar willkommen geheißen. An den Trauerfeierlichkeiten in Stuttgart und namentlich an dem Trauergottesdienst in der Grabkapelle auf dem Rotenberg, dem Württemberg, einige Stunden nach der nächtlichen Überführung des Sargs mit den sterblichen Überresten König Wilhelms I. dorthin, nahm Großfürst Konstantin, der Vater Weras, teil.[38] Sicher kam es damals auch zu einer Begegnung zwischen Vater und Tochter. An eine Rückkehr Weras zu Eltern und Geschwistern nach St. Petersburg dachte aber niemand. Königin Olga hatte, ungeachtet mancher herber Enttäuschungen, die kleine Nichte lieb gewonnen und wollte sie bei sich behalten. Möglicherweise erwog sie bereits damals, Wera zu adoptieren.

Als Königin hatte Olga viele repräsentative Pflichten zu erfüllen. Doch das Repräsentieren lag der bildhübschen Fürstin gewissermaßen im Blut. Auf den Vorstellungsreisen des Königspaars durch das Land im Juli 1864 flogen ihr die Herzen zu. Württemberger waren stolz auf ihre schöne, liebenswürdige und zugleich hoheitsvolle Königin.[39] Die Sympathien ihrer Untertanen und das weite Betätigungsfeld, das sich ihr jetzt bot, wirkten sich auch günstig auf die Gesundheit der Königin aus. Nach den quälend langen 18 Jahren als Kronprinzessin, häufig ohne sinnvolle Beschäftigung, neben einem zur Passivität neigenden Ehemann und den zeitweise beinahe unerträglichen Spannungen im Verhältnis zum Schwiegervater, dem regierenden König Wilhelm I., begann jetzt endlich ein neuer Lebensabschnitt mit großen menschlichen Herausforderungen. Wera spürte instinktiv die veränderte Atmosphäre im Alltag der Pflegeeltern. Sie blieb zwar weiterhin ein schwer erziehbares, störrisches Kind, aber sie fühlte sich jetzt bei Tante und Onkel mehr und mehr zu Hause.

Die Überführung des Leichnams von König Wilhelm I. von Württemberg in der Nacht des 30. Juni 1864 auf den Rotenberg

Ende Juli 1864 nahm Königin Olga Wera mit zum Erholungsaufenthalt nach Ostende. Die Zehnjährige steckte voller Übermut und Unarten. Fräulein Turpow, ihrer ausgezeichneten Gouvernante, gelang es nicht, sie durch Spaziergänge „richtig zu ermüden und ihre Nerven zu beruhigen". Deshalb übernahm dies auf Wunsch der Königin der Stallmeister Caesar Graf von Beroldingen, und Wera genoss es sehr, wenn sie und der Graf schwitzend und todmüde von der Besteigung des Ostender Leuchtturms zurückkamen.[40]
Im September 1864 gab es einen schlimmen Rückfall. Auf der Bahnfahrt von Stuttgart nach Friedrichshafen ins königliche Schloss war Wera „unausstehlich", und einige Tage darauf zeigte sie der Großfürstin Helene, die ihr wohl gutes Benehmen „predigte", die Zunge.[41] Anfang 1865 schien Wera schließlich etwas ruhiger zu werden und sich Ermahnungen der Tante und ihrer Erzieherinnen zu Herzen zu nehmen. Erfreut zeigte sich Eveline von Massenbach, als sie am 17. Januar dem von einem leichten Unwohlsein befallenen Mädchen Gesellschaft leistete und ihr dieses dafür rührend dankbar war.[42] Einige Wochen danach stellte sie fest, dass die kleine Wera „zahm zu werden" beginne. Nunmehr konnte man es riskieren, sie zeitweise an Soireen teilnehmen zu lassen. Man hoffte, sie so an gute Sitten zu gewöhnen. Es kam ihr jetzt mitunter auch zum Bewusstsein, dass sie ihrer Tante Olga durch ihre Aufmüpfigkeit und ihre Ungezogenheit viel Kummer bereitete. Sie suchte diese zu beruhigen. „Fühl' dich doch nicht unwohl", sagte sie einmal zu ihr, „wenn ich nicht immer freundlich bin, es geschieht aus Verlegenheit."

Gegen die höfische Gesellschaft mit ihrem strengen Verhaltenskomment, in die sie hineingeboren war, lehnte sie sich nicht mehr auf. Mehr und mehr erkannte sie auch deren positive Seiten. Dass sie plötzlich einen Fächer erbat, wie es damals bei den Damen des Hofes üblich war, wertete Eveline von Massenbach als ein Zeichen ihres „beginnenden Erwachens".

Ein Jahr später, am 4. März 1866, schrieb die Hofdame in ihr Tagebuch: „Wera [ist] so nett, man gibt sich alle Mühe, das kleine Wesen zum Menschen zu machen – komisch, dass der Wildfang sich bei den Tanzstunden am besten hält."[43] Die gute Figur, die Wera in den Tanzstunden machte, war nicht sonderlich verwunderlich. Die heranwachsende Großfürstin hatte ein starkes Bedürfnis nach Bewegung, sie liebte es, sich auszutoben. Die Tanzstunden, in denen sie mit Gleichaltrigen zusammen war, bereiteten ihr Freude. Hier musste sie nicht mädchenhaft gesittet dasitzen und sich in höfischen Manieren üben.

Freilich, das „enfant terrible" des Stuttgarter Hofs blieb Wera weiterhin. Ihren Gefühlen tat sie keinen Zwang an. Wenn sie sich über etwas freute, verlieh sie ihrer Begeisterung lautstark Ausdruck, und mit ihrem Missfallen, ihrer Enttäuschung hielt sie gleichfalls nicht hinter dem Berg. Durch ihre Streiche und Unarten brachte sie noch immer Tante und Onkel, ebenso ihre Erzieherinnen in arge Verlegenheit. Besonders König Karl ärgerte sich über den einfallsreichen, in seinen Unarten unberechenbaren Wildfang. Kein Wunder, dass er guter Laune war, als Wera im Juli 1866 sehr wahrscheinlich mit ihrer Gouvernante nach Tegernsee abreiste und er einige ruhige Tage vor sich hatte.[44]

Der deutsche Bruderkrieg im Frühsommer 1866 erschütterte das Land. Württemberg, das sich wie die anderen süddeutschen Staaten Österreich angeschlossen hatte, gehörte zu den Verlierern. König Karl und Königin Olga schmerzte die Niederlage. Nur schwer fanden sie sich mit der nunmehrigen Vormachtstellung Preußens in Deutschland ab. Für die Königin war es selbstverständlich, dass die zwölfjährige Nichte auch eine Vorstellung davon erhielt, wie viel Leid und Elend ein Krieg über die Menschen brachte. Am 15. August 1866 besuchte sie zusammen mit ihr, der Hofdame Eveline von Massenbach und dem Stallmeister Caesar Graf von Beroldingen das auf der Solitude eingerichtete Lazarett.[45]

Welchen Eindruck die verwundeten Soldaten auf Wera machten, wissen wir leider nicht. Vielleicht war sie noch etwas zu jung, um tieferen Anteil am Los der Kriegsopfer zu nehmen. Doch ist auch nicht auszuschließen, dass der Anblick der Verwundeten für sie ein schockierendes Erlebnis war, das sie an die Schrecken des polnischen Aufstands von 1863 erinnerte, als sich vor der damals Neunjährigen urplötzlich ein menschlicher Abgrund aufgetan hatte. Dieser hatte ihrem unbefangenen, behüteten Kindsein ein jähes Ende bereitet. Jedenfalls war sie am Tag darauf, nachdem sie vom Stuttgarter Residenzschloss aus den Einzug der aus dem Feld zurückkehrenden württembergischen Truppen im Beisein der Königin und der Prinzessinnen gesehen und anschließend den Zug bestiegen hatte, der Königin Olga mit Gefolge zu einem Erholungsaufenthalt nach Ostende bringen sollte, „recht unartig". Eveline tat ihre nervlich ohnehin überreizte Herrin leid; sie wollte sich deshalb, um die Königin nicht noch stärker zu belasten, um Wera kümmern, das heißt, sie möglichst von „der Majestät" fern halten. Aber auch die einfühlsame Hofdame kam nicht recht an das Mädchen heran. Wera gab sich weiterhin albern und ließ sich nichts sagen. So erschien sie nicht rechtzeitig zum Diner. Königin Olga litt sehr unter ihrer Ungezogenheit. Eveline rührte der Kummer der Königin, die sich jedoch kaum etwas anmerken ließ, „mit allem zufrieden und immer guter Laune war". Sie schrieb in ihr Tagebuch: „Gott gebe, dass es ihr gelingt, das Kind gut aufzuziehen. Ihr ganzes Herz hängt an dieser Gottesaufgabe."[46]

Um ihren Übermut zu zügeln, musste Caesar Graf von Beroldingen wiederum mit Wera den Leuchtturm besteigen. Schwitzend kam er zurück.[47] Wie früher also hatte diese Art Leistungssport ihren Zweck erreicht: Wera hatte sich ausgetobt und war müde. Jetzt war sie einigermaßen ansprechbar. Allerdings hielt dies nicht lange an. Am 23. August zeigte sich Wera in Gegenwart von Königin Olga beim Nachtgebet unaufmerksam und boshaft. Eveline von Massenbach beobachtete dies mit Sorge. „Wenn ich nur etwas Ernstes in diesem Kind finden könnte", notierte sie. Zwei Tage darauf war Wera „unausstehlich". Eveline und wohl auch die unter Kopfweh leidende Königin spielten mit ihr. Später „promenierten" sie mit ihr zu Fuß und mit dem Wagen.[48] Am 29. August nahmen Königin Olga, Eveline von Massenbach und Wera ein Bad im Meer.

Wera führte sich dabei unmöglich auf. Ihre Tante regte sich über ihre Bosheit so sehr auf, dass sie sich richtig krank fühlte. Es half nichts. Caesar Graf von Beroldingen hatte mit Wera erneut Gewaltmärsche zu unternehmen.[49]
Am 8. September 1866, unmittelbar vor der Abreise aus Ostende, nahm sich Eveline von Massenbach die sich wiederum sehr unartig gebärdende Wera vor. In einem Gespräch im königlichen Pavillon suchte sie das Kind zur Vernunft zu bringen. Wera attestierte Eveline, dass sie ihr Bestes wolle. Doch dann brach die aufgestaute Erbitterung und Enttäuschung, ja Angst aus ihr heraus: Die Königin solle doch jemand anderes als sie adoptieren. Sie könne sich beispielsweise sie, Eveline, vorstellen. Wera fürchtete also, die kinderlose Tante habe sie nach Stuttgart geholt, um sie zu adoptieren und sie damit endgültig von ihren Eltern und Geschwistern zu trennen. Eveline von Massenbach war erschüttert. Sie begriff etwas von der Urangst des Mädchens. Und sie wiederholte die Frage, die sie sich bereits kurz nach dem Eintreffen Weras in Stuttgart im Dezember 1863 gestellt hatte: Warum lasse man die kleine Großfürstin im Ungewissen? Man müsste ihr sagen, dass die Tante und der Onkel in Stuttgart sie durch ihren edelmütigen Entschluss Ende 1863 vor einem ungleich bittereren Los bewahrt hätten, und ein solches wäre ihr sicher gewesen, wenn sie Dr. Haurowitz anderswohin hätte bringen müssen[50], etwa in ein von einem ärztlichen Spezialisten geleitetes Heim.
Auf der nächtlichen Rückfahrt mit der Bahn von Ostende nach Stuttgart am 9. September verhielt sich dann Wera so bösartig, dass ihre arme Gouvernante „ganz außer sich geriet“.[51] Schließlich in Stuttgart angekommen, setzte die Reisegruppe der Königin sogleich die Fahrt nach Friedrichshafen, der königlichen Sommerresidenz, fort. Wera traf dort die Taubenheim-Kinder, mit denen sie gerne spielte. Leider besserte sich ihre Stimmung nicht. Am 16. September war sie wieder sehr unartig, am 23. September gar „unerträglich“, am 3. Oktober hatte sie Stubenarrest, am 12. Oktober verprügelte sie die Taubenheim-Kinder, am 20. Oktober biss sie einem von ihnen in die Nase.[52] Eveline hielt jede Nachsicht gegenüber dem aufsässigen Mädchen für falsch. Nur eine strenge Erziehung mit angemessenen Strafen konnte ihrer Meinung nach hilfreich sein.[53] Die neuerdings die Königin bei der Erziehung Weras unterstützende

Helene Tomilow, die ihr bei ihrem letzten Besuch in St. Petersburg im Mai 1866 die Gräfin Alexandrine Tolstoi empfohlen hatte, vertrat gleichfalls diesen Standpunkt. Nach einer schrecklichen Szene zwischen Königin Olga und Wera sagte diese missbilligend zu Eveline, die Königin gebe der kleinen Großfürstin zu viel nach.[54] Freilich, auch Frau Tomilow konnte nicht verhindern, dass sich Wera die Haare abschnitt. Frau Sidorenko, der die Aufsicht über Wera und ihre Spielgefährten übertragen worden war, hatte, weil sie die wilde Horde zügeln musste, rasch ihren Beinamen weg; sie war die „Rangengouvernante".[55] Allen Enttäuschungen mit Wera zum Trotz beschäftigte sich jetzt die Königin auf den Rat und mit Unterstützung von Frau Tomilow sehr viel mit ihrer Nichte.[56] Dies wirkte sich ausgesprochen positiv aus. Die schlimmste Sturm- und Drangperiode schien überstanden. Wera erkannte allmählich, dass es die Tante gut mit ihr meinte und dass sie helfen wollte, die Schockerlebnisse von Warschau zu überwinden. Ihr seitheriges Misstrauen schwand, und sie fühlte sich bei Tante und Onkel in Stuttgart zunehmend zu Hause. Auch fand sie jetzt zu gleichaltrigen Mädchen ein unverkrampftes Verhältnis.

Jugendjahre am württembergischen Königshof

Mit Jahresende 1866 bricht das Tagebuch Evelines von Massenbach ab, das ein facettenreiches Bild von den ersten drei stürmischen Jahren des Aufenthalts der kleinen Großfürstin Wera von Russland am württembergischen Hof vermittelt. Es ist anzunehmen, dass Eveline von Massenbach auch weiterhin Tagebuch geführt hat, doch sind diese Aufzeichnungen nicht mehr auffindbar.[57] Da sich für die folgenden sieben Jahre 1867 bis 1873 nur ganz wenige schriftliche Zeugnisse zur Biografie von Herzogin Wera erhalten haben, lässt sich dieser Lebensabschnitt kaum dokumentieren. Immerhin erlauben die vielen sprechenden archivischen und gedruckten einschlägigen Quellen für die Zeit nach 1873 auch Rückschlüsse auf diese für die Entwicklung der Persönlichkeit Weras wichtigen sieben Jugendjahre.

In die Zeit 1867 bis 1873 fällt der Deutsch-Französische Krieg. Ihn hat Wera ebenso wie die Bismarck'sche Reichsgründung sehr bewusst erlebt. Nach und nach wurde sie in dem kleinen Königreich Württemberg heimisch. Das Geburtsland Russland rückte dagegen mehr und mehr in den Hintergrund, auch wenn es als Heimat der Eltern und der Geschwister stets präsent blieb und seine Faszination für die junge Großfürstin nie verlor. Schon im Oktober 1866 stellte Eveline von Massenbach erstaunt und zugleich höchst erfreut fest, dass sich Wera gute Kenntnisse über Württemberg, über das Land und seine Bewohner, angeeignet hatte.[58] Sie war noch immer eine aufmüpfige Schülerin, und ihre Lehrer hatten manchen Strauß mit ihr auszufechten, aber sie lernte leicht und verfügte zudem über ein gutes Gedächtnis. Schon als Zehnjährige konnte sie sich geläufig nicht nur in ihrer russischen Muttersprache, sondern auch in Deutsch und aller Wahrscheinlichkeit nach zudem noch in Französisch ausdrücken. Sie war sehr sprachbegabt, denn sie beherrschte als erwachsene Frau außer den genannten drei Sprachen auch noch Englisch.[59]

Die Tante sorgte für gute Lehrer und für einen breit gefächerten Unterricht, der mindestens dem Lehrplan einer höheren Mädchenschule entsprach. Zudem kümmerte sie sich um etwa gleichaltrige Mädchen aus Adelsfamilien, die mit Wera spielten und teilweise auch gemeinsam mit ihr lernten. Dabei legte sie großen Wert darauf, dass Wera Gespielinnen erhielt, mit denen sie sich in ihrer russischen Muttersprache unterhalten konnte. Dies war bei den Töchtern ihres Geheimen Sekretärs Nikolaus von Adelung der Fall. Dieser war ihr mit seiner Familie von St. Petersburg nach Stuttgart gefolgt. Königin Olga ermunterte deshalb die Tochter Olga ihres Sekretärs, mit Wera zu spielen. Da sie nicht voraussehen konnte, wie die Nichte auf die neue Spielkameradin reagierte, sagte sie: „Wenn du nicht mit ihr fertig wirst, rufe mich!“ Dies war jedoch nicht erforderlich. Olga, die wie ihre Schwester Sophie eine Patentochter der Königin war, wurde mit Wera fertig, und bald verband die zwei aus so unterschiedlichen Familien kommenden Mädchen eine enge Freundschaft.[60]

Wera machte es den ihr zugewiesenen Lehrern nicht leicht. Sie hatten ihre wechselnden Stimmungen, ihre Unarten zu ertragen, durften sich nicht verunsichern lassen, mussten vielmehr unnachsichtig auf ihrem Standpunkt beharren und, wenn es nicht anders ging, auch die Kaiserliche Hoheit in ihre Schranken weisen. Der hochbegabte junge evangelische Theologe Theodor Christlieb (1833–1889) war 1865 nach mehrjährigem Wirken an der deutschen Gemeinde in Islington/London von König Karl als Pfarrer nach Friedrichshafen berufen worden und hatte dort während des Aufenthalts des königlichen Hofs in der Bodenseestadt Wera in Geschichte und Geografie zu unterrichten. Wera aber nahm ihn nicht ernst, verhielt sich unaufmerksam und boshaft. Der Geistliche ließ sich indes nicht aus der Ruhe bringen. Er fixierte die unartige Kaiserliche Hoheit scharf, legte seine Uhr auf den Tisch und erklärte, er gebe der Großfürstin fünf Minuten Zeit, nehme sie bis zum Ablauf dieser Frist Vernunft an, beginne er den Unterricht, tue sie dies jedoch nicht, verlasse er den Raum und ein anderer Lehrer könne ihr dann Geschichts- und Geografieunterricht erteilen. Wera schaute überrascht auf. So hatten bislang nur wenige Lehrer mit ihr zu sprechen gewagt. Sie gab ihre aufmüpfige Haltung auf. Die Stunde konnte beginnen. Christlieb hatte fortan keine disziplinarischen Schwierigkeiten mehr mit Wera. Im Gegenteil: Sie wurde eine gute und arbeitsame Schülerin. Christlieb aber, der bereits 1868 einen Ruf als Professor für praktische Theologie an der Universität Bonn annahm und dort bis zu seinem frühen Tod 1889 lehrte, bewahrte sie zeitlebens eine dankbare Erinnerung. Sein Eintreten für ein lebendiges, in die Welt hineinwirkendes missionarisches Christentum hat in späteren Jahren stark auf sie gewirkt. Sie rühmte dem Gründer der Evangelistenschule Johanneum in Barmen (Wuppertal) nach, er habe ihr das Herz für biblische Anschauungen geöffnet.

König Karl und Königin Olga, die Christlieb sehr schätzten, hätten ihn übrigens 1868 gerne im Land behalten. Deshalb stellten sie ihm eine Hofpredigerstelle in Stuttgart in Aussicht. Er zog jedoch die akademische Laufbahn vor, da diese ihm größere Möglichkeiten bot, mit seiner christlichen Glaubensüberzeugung und seinem ausgeprägten Sendungsbewusstsein in der Öffentlichkeit zu wirken.[61]

Noch einem anderen evangelischen Theologen, der sie in Friedrichshafen in Geschichte unterrichtete, verdankte Wera viel: Prälat Rudolf Schmid (1828–1907), der Nachfolger Karl Geroks im Amt des Stuttgarter Oberhofpredigers. Im Februar 1890 nannte ihn Herzogin Wera in einem Brief einen sehr gebildeten, sympathischen, angenehmen Mann, der sich durch seine pädagogische Befähigung besonders für den Religions- und Konfirmandenunterricht eigne.[62]

Für Königin Olga war es selbstverständlich – und dies hatte sie auch den Eltern Weras versprochen –, dass die Nichte in der russisch-orthodoxen Konfession erzogen wurde. Den Religionsunterricht erteilte der Seelsorger und Beichtvater der Königin, Propst J. von Basarow.[63]

Das Königspaar, insbesondere aber Königin Olga, wünschten sich Wera, wenn immer möglich, in ihrer unmittelbaren Nähe. Dies bedeutete wechselnde Wohnsitze: im Winter das Residenzschloss, das Neue Schloss, im Sommer meist die Villa Berg und das Schloss in Friedrichshafen. Auf Erholungsreisen an die Nordsee und in Kurorte begleitete Wera gewöhnlich die Tante. Wenn diese allerdings Reisen in ihre russische Heimat, vor allem nach St. Petersburg, unternahm, blieb Wera mit ihren Betreuerinnen in Stuttgart zurück. Die seelischen Wunden, die die revolutionären Turbulenzen der Jahre 1862/63 dem kleinen Mädchen zugefügt hatten, sollten erst vollends verheilen, ehe es – vielleicht auch nur vorübergehend – zu Eltern und Geschwistern nach St. Petersburg oder anderswohin im Zarenreich

reiste. Dagegen schauten die Eltern, Vater oder Mutter, mitunter auch beide, in Stuttgart vorbei.
Wera genoss im Sommer den Aufenthalt in der Villa Berg und in Friedrichshafen. Hier konnte sie sich austoben und sich an den landschaftlichen Schönheiten erfreuen, für die sie schon früh einen Blick besaß. In Friedrichshafen durfte sie auch an See- und Landausflügen teilnehmen, die vor allem der Onkel liebte. Hier pflegte das Königspaar einen zurückgezogen-bescheidenen, fast bürgerlichen Lebensstil. Dieser ließ sich freilich nicht aufrechterhalten, wenn sich fürstliche Gäste, so aus Russland, einstellten, und dies war nicht selten der Fall. Das Schloss verwandelte sich bei solchen Anlässen zur repräsentativen Königsresidenz.[64]
Zu Recht empfand Wera die Villa Berg mit ihrem Park, dem Lieblingsaufenthalt von Tante und Onkel, als ein wunderbares Refugium. Hier fühlte sie sich wohl, zumal sie hier das ihr so widerwärtige Korsett gesellschaftlicher Zwänge weniger drückte. Dass Zeitgenossen wie beispielsweise 1866 Theodor Griesinger von der Villa mit ihren herrlichen Gartenanlagen und der beeindruckenden Orangerie schwärmten[65], verstand sie. Die von dem Architekten Christian Friedrich Leins (1814–1892) in den Jahren 1845 bis 1853 im Stil der italienischen Renaissance erbaute Villa, die der Stuttgarter Baukunst bis zum Ende des 19. Jahrhunderts entscheidende Impulse gab, war in den vom letzten königlichen Hofgärtner Friedrich Neuner angelegten Park eingebettet und auf Fernwirkung konzipiert. Ihre Grundform war ein Kubus, den auf den Ecken des flachen Daches Pavillons sowie unterschiedliche Terrassen und Pergolabauten belebten. Treppen und Auffahrtsrampen verbanden sie mit dem Park, der mit seinen Terrassierungen und Stützmauern, Grotten sowie zahlreichen Einbauten ganz der italienischen Renaissance nachempfunden war. Villa und Gartenanlagen bildeten eine harmonische Einheit. Der in strenger Regelmäßigkeit in den Achsen der Villa angelegte Park war zweigeteilt. Sein unterer Teil war in englischem Landhausstil angelegt, der obere in französisch-italienischem Gartenstil gestaltet. Die Auffahrt zur Terrasse der Villa befand sich im Süden, wo der kleine Halbmondsee lag. An der Ostseite breitete sich ein blumengeschmückter Rasenplatz aus, auf dem eine aus einer St. Petersburger Werkstatt stammende Venusstatue stand. Marmor-

statuen, Kandelaber und Zinnvasen umsäumten die Villa. Kunstvolle Blumenarrangements unterschiedlicher Art, Kleinbauten und Staffagearchitekturen trugen zur ornamentalen Vielfalt der Anlage bei. Besondere Attraktionen bildeten ein Vogelhaus, ein Rehgehege, ein bewachsener Schutz-Schirm aus Festons auf einem Aussichtspunkt, ein ländlicher Unterstand und eine Laubhütte, ein Irrgarten, ein Wasserfall und ein Halbmondbassin sowie zahlreiche Ruhesitze. An der der Stadt Stuttgart zugewandten Seite des Parks errichtete Leins oberhalb eines Weinbergs und einer Obstwiese ein kleines klassizistisches Belvedere. Eine Besonderheit des Parks bildete die 1845 erbaute Orangerie, ein Glas-Eisen-Bau und damit ein frühes Beispiel für eine schmiedeeiserne Konstruktion in Deutschland. Hier hatte sich Leins von Pariser Glasbauten der Zeit inspirieren lassen.
Von den hohen Fenstern der zwölf Säle und Zimmer der Villa Berg und namentlich von den vorgesetzten Balkonen und Terrassen des kronprinzlichen, seit 1864 königlichen Domizils genoss man einen fantastischen Rundblick auf Schloss Rosenstein und die Wilhelma, über das Neckartal, auf die Rotenbergkapelle und auch auf den Stuttgarter Talkessel.[66]
Den Verlauf des Deutsch-Französischen Kriegs 1870/71 hat die 16-jährige Wera, wie wir aus späteren Zeugnissen wissen, mit enthusiastischer Anteilnahme verfolgt. Insbesondere die siegreichen Schlachten, an denen württembergische Truppen beteiligt waren, erfüllten sie mit Stolz. Das Soldatenblut ihres Großvaters, des Zaren Nikolaus I., floss auch in ihren Adern, und sie hat es bestimmt oft bedauert, dass sie kein Mann war. Die schimmernde Wehr bedeutete ihr viel. Dass andererseits ihr Onkel, König Karl, für diese nur wenig übrig hatte, enttäuschte sie.
Die siegreiche Rückkehr der württembergischen Truppen aus Frankreich und ihr festlicher Einzug in Stuttgart am 29. Juni 1871 empfand sie als erhebendes Schauspiel. Die ganze Stadt war auf den Beinen. Viele tausende Menschen säumten die Straßen. Am Tübinger Tor, durch das die Regimenter in die Stadt einmarschierten, war ein Triumphbogen errichtet worden. Die Feuerwehr, die Schützen und die Stadtreiter bildeten Spalier. An der Triumphpforte begrüßte Oberbürgermeister Heinrich von Sick die Soldaten der württembergischen Felddivision. Im Hof des Residenzschlosses nahm das Königspaar – König Karl mit

Gefolge hoch zu Ross, Königin Olga mit Großfürstin Wera im vierspännigen Wagen – den Vorbeimarsch der blumengeschmückten Regimenter ab.[67] Der 17-jährigen Wera prägte sich dieser Tag tief ins Gedächtnis ein.

Ein knappes halbes Jahr zuvor, am 13. Januar 1871, hatte Königin Olga im Einverständnis mit ihrem Bruder Konstantin und ihrer Schwägerin Alexandra Wera offiziell zu ihrer Adoptivtochter erklärt. Damit mussten der jungen Großfürstin die einer Königstochter zustehenden Ehren erwiesen werden.[68] Zweifellos hatte die Königin die ihr sehr am Herzen liegende Entscheidung mit Wissen und Willen ihrer Nichte getroffen, an der sie mit großer Liebe hing und die ihr, nachdem in jahrelangem Bemühen der „Widerspenstigen Zähmung" einigermaßen gelungen war, längst zur Tochter geworden war. Andererseits misstraute Wera der Tante längst nicht mehr, zumal diese alles getan hatte, damit sie nach und nach ihr lang währendes Heimweh überwinden und jetzt ohne Bitterkeit an die fernen Eltern denken konnte.

Großfürstin Wera zusammen mit ihrer Adoptivmutter Königin Olga.

Wera heiratet 1874
Herzog Wilhelm Eugen von Württemberg

Kurz nach ihrer Ankunft in Stuttgart im Dezember 1863 soll die damals neun Jahre alte Wera bei ihrer ersten Begegnung mit dem 17-jährigen Herzog Wilhelm Eugen von Württemberg – Rufname Eugen – schnurstracks auf diesen zugegangen sein und ihn in die Arme genommen haben. Da zahlreiche Mitglieder der königlichen Familie Zeugen der überraschend herzlichen Begrüßung eines jungen Mannes durch ein kleines Mädchen gewesen seien, hätten sie in dieser Begrüßung, nachdem gute zehn Jahre später Wera und Eugen ein Paar geworden seien, eine Art frühe stürmische Liebeserklärung gesehen, an die einige von ihnen Wera dann anlässlich des 25. Jahrestages ihres Eintreffens am württembergischen Hof erinnerten. Eine Ehe Wera-Eugen, so hätten sie geglaubt, sei schon Ende 1863 beschlossene Sache gewesen, das heißt Kronprinzessin/Königin Olga habe ihre Nichte in der Absicht nach Stuttgart geholt, um sie dereinst mit Herzog Eugen zu verheiraten, und Wera habe von diesem Plan gewusst und ihn gebilligt.[69]

Nun kann man sich schlecht vorstellen, dass ein neunjähriges Mädchen einen 17-jährigen Mann, den es zuvor nie gesehen hat, in die Arme nimmt und aufs Herzlichste willkommen heißt. Sehr wahrscheinlich begrüßte Wera Eugen nach russischer Sitte mit Küssen auf die Wangen. Eine Art Liebeserklärung war dies sicher nicht. Der angeblich frühe Heiratsplan von Königin Olga entsprang der Fantasie einiger Zeugen der harmlosen Begrüßungsszene von 1863, und dies allerdings erst, nachdem Anfang 1874 die Verlobung Eugen-Wera bekannt geworden war.

Im Januar 1874 wurde der württembergische Hof und die Öffentlichkeit von der Nachricht überrascht, dass die knapp 20-jährige russische Großfürstin Wera, die Adoptivtochter von Königin Olga und König Karl, demnächst den siebeneinhalb Jahre älteren Herzog Eugen von Württemberg, Rittmeister im 1. Württembergischen Ulanenregiment König Karl Nr. 19, heirate. Wie damals in Fürstenhäusern, aber auch in bürgerlichen Kreisen üblich hatten nahe Verwandte, sehr wahrscheinlich Königin Olga selbst, entscheidenden Anteil am Zustandekommen der Eheabsprache Wera-Eugen. Freilich dürfte die eigenwillige und zugleich sehr sensible Großfürstin von Anfang an in den Plan eingeweiht gewesen sein und ihn gebilligt haben. Nun war Wera, wie schon die Fotos zeigen, die sich von ihr erhalten haben, nicht gerade eine Schönheit und schon von daher gesehen für den für Frauenreize sehr empfänglichen Eugen nicht die Wunschpartnerin. Aber Wera gehörte einem der ranghöchsten und mächtigsten Fürstenhäuser Europas an, und sie hatte bei ihrer Heirat aus St. Petersburg eine üppige Apanage zu erwarten. Andererseits imponierte ihr der schneidige Kavallerieoffizier, der in zwei Kriegen an der Front gestanden hatte. Zudem entstammte Eugen „einem kriegerischen Geschlecht", der zweiten schlesischen Seitenlinie des württembergischen Königshauses.

Begründet hatte diese Linie Herzog Eugen (I.) Friedrich Heinrich von Württemberg (1758–1822), ein Bruder König Friedrichs. Eugen (I.) Friedrich Heinrich trat 18-jährig ins preußische Heer ein, dem er dann 30 Jahre bis zu dem für Preußen demütigenden Frieden von Tilsit 1807 angehörte.[70]

Sein Sohn Eugen (II.) (1788–1857) kam als 13-Jähriger 1801 an den Hof seines Onkels, des Zaren Paul von Russland, der ihn bereits als Achtjährigen zum Oberst und als Zehnjährigen zum Generalmajor ernannt hatte. Der despotische, durch seine exzentrischen Launen seine Umgebung tyrannisierende Zar, der noch im gleichen Jahr (1801) ermordet wurde, hatte Großes mit dem noch nicht einmal dem Kindesalter Entwachsenen vor. Er verfolgte den Plan, ihn mit seiner gleichaltrigen Tochter Katharina, der nachmaligen Königin von Württemberg, zu verheiraten und ihn zu seinem Nachfolger auf dem Zarenthron zu machen. Nach dem gewaltsamen Tod des Zaren kehrte Eugen in die Heimat zurück. Nach fünf Studienjahren in Breslau, Erlangen und Stuttgart sowie einer Kavalierstour in die Schweiz begann er seine Karriere in der russischen Armee. Im Winterfeldzug 1806/07 gegen Napoleon zeichnete er sich in den Schlachten von Pultusk und Preußisch Eylau aus. Der maßgeblich von ihm 1809 entworfene Feldzugsplan gegen den französischen Imperator, dessen Realisierung Zar Alexander I. gegen den Widerstand des russischen Militärs durchsetzte, trug 1812 entscheidend zum Sieg der russischen Armee bei. Im Feldzug gegen die Türken 1810/11 befehligte er eine Division, später in den Feldzügen 1812/13 und 1813/14 gegen Napoleon ein Korps. Er zeichnete sich in einer ganzen Reihe von Schlachten aus, so bei Smolensk, Borodino, Tarutino, Bar-sur-Aube und Troyes. Auch gilt er als der Sieger von Kulm. Mangelnde Anerkennung seiner militärischen Leistungen sowie persönliche Zurücksetzungen durch Alexander I. bewogen den 27-jährigen General der Infanterie 1815 seinen Abschied zu nehmen. Dennoch übernahm er im russisch-türkischen Feldzug von 1828 ein militärisches Kommando, nachdem er sich drei Jahre zuvor während eines Besuchs am Zarenhof an der Niederschlagung des Dekabristenaufstands beteiligt hatte.

In der Kleinresidenz Karlsruhe widmete er sich militärischen und politischen Studien. Seine Lieblingsbetätigung galt der Musik. Er komponierte zahlreiche Musikstücke und schrieb zwei Opern. Öffentliche Beachtung als Komponist fand er indes nicht.[71]

Der älteste Sohn von Herzog Eugen (II.) und Vater von Herzog Wilhelm Eugen (IV.), dem Ehemann von Großfürstin Wera, war Herzog Eugen (III.) Erdmann (1820–1875). Eugen (III.) Erdmann trat 19-jährig in russische Militärdienste, wechselte aber später in preußische. Hier befehligte er zunächst das 1. Westfälische Husarenregiment Nr. 8 in Düsseldorf und wurde dann als Generalmajor Kommandeur der Kavalleriebrigade in Breslau. 1848/49 nahm er an der Kampagne in Schleswig-Holstein, ebenso 1870/71 am Deutsch-Französischen Krieg teil. Zusammen mit seiner Frau Mathilde, einer geborenen Prinzessin zu Schaumburg-Lippe, bemühte er sich in seiner schlesischen Herrschaft darum, das bittere Los von mittellosen Witwen und sonstigen Hilfsbedürftigen zu lindern. Dies trug ihm den ehrenden Beinamen „der gute Herzog“ ein. Er ließ den Park von Schloss Karlsruhe verschönern, und er schrieb Gedichte, die seine Frau illustrierte. Herzogin Mathilde leitete während des Kriegs 1870/71 ein Hilfskomitee; sie wurde später die Briefpartnerin ihrer Schwiegertochter Wera und deren mütterliche Vertraute.[72]

Herzog Eugen (IV.) von Württemberg erblickte am 20. August 1846 in Bückeburg das Licht der Welt. Er verbrachte seine Kinder- und frühen Jugendjahre im heimatlichen Schlesien und wurde 1862 in Karlsruhe konfirmiert.[73] Zusammen mit seinem anderthalb Jahre jüngeren Vetter Wilhelm, den nachmaligen

König Wilhelm II., dem er freundschaftlich verbunden war, immatrikulierte er sich 1865 an der Universität Tübingen, an der damals eine Anzahl hervorragender Wissenschaftler lehrte. Ebenso wie sein Vetter Wilhelm bezog er im Haus des Landtagsabgeordneten und Professors Robert Römer, des Sohns des bekannten liberalen Märzministers Friedrich Römer, eine Wohnung.[74] Als Leutnant im 3. Württembergischen Reiterregiment nahm er am Krieg von 1866 teil. Im Gefecht bei Gochsheim erhielt er seine Feuertaufe. Vom September 1866 bis zum Ausbruch des Deutsch-Französischen Kriegs im Juli 1870 ließ er sich zu Studienzwecken vom Militärdienst beurlauben. Von Juli 1868 bis Januar 1869 unternahm er mit seinem Onkel Herzog Wilhelm von Württemberg (1828–1896) eine Reise in die USA, über die er anschließend eine interessant geschriebene Erlebnisschilderung veröffentlichte. Im Deutsch-Französischen Krieg war er als Oberleutnant an den Gefechten bei Mezières, Chevilly, Mont Mesly und Villiers beteiligt. Seit 1871 Rittmeister, wurde er im folgenden Jahr zum 1. Württembergischen Ulanenregiment König Karl Nr. 19 versetzt. Der preußische Gesandte in Stuttgart nannte ihn einen liebenswürdigen und strebsamen Prinzen. Auf Prinz Wilhelm und auf ihm ruhten die Zukunftserwartungen des württembergischen Königshauses, waren sie doch die beiden einzigen jungen männlichen Namensträger, die der evangelisch-lutherischen Konfession angehörten.[75]

Wie schon erwähnt, war Herzog Eugen dem weiblichen Geschlecht sehr zugetan. Im Hausarchiv befinden sich 13 Briefe, die er in den Jahren 1872 bis 1874 an die Sängerin de Boor schrieb. In ihnen beteuerte er der Sängerin seine feurige Liebe. Er habe, so ließ er die liebe „Etty“ einmal wissen, keinen größeren Wunsch, als sie bald möglichst umarmen zu können. Die Trennung sei ihm lang geworden. Freilich, als er sich dann Anfang 1874 für die standesgemäße Ehe mit Großfürstin Wera entschied – sein Freund Prinz Wilhelm nannte sie eine reiche Partie –, war das Liebesverhältnis zu der Sängerin bereits abgekühlt. Vielleicht hatte es Eugen schon vorher beendet, zumal von 1873 keine Briefe erhalten sind. Allerdings hatte sich „Etty“ auch keine Illusionen gemacht; daher gratulierte sie ihm zu seiner Verlobung mit Wera, nachdem diese auf dem Hofball Ende Januar 1874 der Öffentlichkeit verkündet worden war.

Eugen dankte der einstigen Geliebten am 8. Februar für ihre Glückwünsche – Anrede jetzt „Sie“, nicht mehr „Du“. Er pries ihr edles Herz und versicherte, er werde ihre vornehme Gesinnung nie vergessen.[76]

Königin Olga war überglücklich, dass ihr „Sorgenkind“ Wera jetzt Braut sei. Der befreundeten Marie von Kiderlen-Wächter schrieb sie am 18. Februar 1874: „Furchtlos und treu, ja treu im Glauben an eine unendlich gütige Vorsehung, die durch das Leben führt. Heute ist diesem Haus Heil widerfahren. Unser Sorgenkind nun glückselige Braut, liebend und geliebt! Von einem solchen Glück habe ich nicht geträumt. Eugen ist schon wie ein Sohn für den König. Ich falte die Hände und danke Gott Tag und Nacht für so viel Segen. Ihr Herz, liebe Marie, fühlt mit uns. Ihre Kinder umarmend. Oly“.[77]

Auch die Eltern Weras begrüßten sehr die bevorstehende Heirat ihrer Tochter. Großfürst Konstantin gab in seinem Brief vom 16./28. Januar 1874 seiner Freude Ausdruck, dass Wera in Württemberg ihre zweite Heimat gefunden habe und dass Karl und Olly (Oly) ihre zweiten Eltern geworden seien. Von dem detaillierten Bild, das ihm Schwager Karl von der Persönlichkeit, der Herkunft und dem Werdegang Eugens gezeichnet hatte, nahm er zustimmend Kenntnis. Eugen, so meinte er, habe das Herz auf dem rechten Fleck und sei seines berühmten Großvaters, des Siegers von Kulm 1813, würdig. Gebe Gott, schrieb er weiter, dass Eugen Wera glücklich mache, und er wünschte dem jungen Paar für die Zukunft alles Gute.[78]

Prinz Wilhelm, der spätere König Wilhelm II., äußerste in einem Brief vom 26. Januar 1874 an seine Mutter: Aus Wera sei, wenn man das schwierige Kind, das sie einst gewesen sei, im Auge habe, geworden, was möglich gewesen sei. „So ist sie sehr hässlich, und das wird sie immer bleiben, aber gegen das, was sie als Kind war, hat sie sich doch unglaublich gebessert. Ich halte sie für nicht unbegabt, und ich glaube, auch nicht ohne Herz.“[79]

Wie üblich musste Herzog Eugen ganz formell bei König Karl, dem Adoptivvater, um die Hand Weras anhalten. Er tat dies in einem zweifellos der höfischen Courtoisie entsprechenden Schreiben. Und König Karl erteilte in demselben distanzierten unpersönlichen Hofstil seine Erlaubnis. Er schrieb: „... Indem es mir zum lebhaften Vergnügen gereicht, diesem Wunsch Eurer Liebden zu entsprechen, verbinde ich damit den Ausdruck

Das Brautpaar Herzog Eugen von Württemberg und Großfürstin Wera von Russland.

meiner aufrichtigen Freude über dero bevorstehende Vermählung mit einer Fürstin, welche meinem Herzen so nahe steht und deren vortreffliche Eigenschaften mir so bekannt sind, dass ich zuversichtlich hoffen kann, Euer Liebden werden in der Verbindung mit ihr in reichstem Maße dasjenige Glück finden, welches ich denselben von ganzem Herzen wünsche …“[80]

Da Wera auch als Adoptivtochter des württembergischen Königspaars Mitglied des russischen Zarenhauses geblieben war, musste der Heiratsvertrag in St. Petersburg ausgearbeitet und abgeschlossen werden. Von württembergischer Seite nahm als Bevollmächtigter an den Vertragsverhandlungen Legationsrat Eugen Freiherr von Maucler teil, von russischer Seite waren hierzu abgeordnet Reichskanzler und Mitglied des Staatsrats Fürst Alexander Gortschakow sowie Minister des Kaiserlichen Hauses und der Apanagen General der Infanterie und Kaiserlicher Generaladjutant Graf Alexander von Adlerberg.

Der am 11./23. April 1874 in St. Petersburg abgeschlossene, 18 Artikel umfassende Heiratsvertrag, den König Karl umgehend genehmigte[81], bestimmte:
„Zar Alexander II. weist seiner Nichte Wera die für Töchter und Enkelinnen eines Zaren festgesetzte Dotation von 1 Million Rubel zu. Diese Summe wird vom Departement der Apanagen verwaltet und verbleibt in voller Höhe in Russland. Alle sechs Monate erhält Großfürstin Wera die Hälfte von 5 Prozent Jahreszinsen von der 1 Million Rubel ausbezahlt. Das Kapital ist Eigentum der Großfürstin; sie darf darüber auch testamentarisch verfügen. Großfürst Konstantin sorgt für eine standesgemäße Aussteuer seiner Tochter. Wera bekommt vom Zaren weiterhin 200 000 Rubel, die ihr zur freien Verfügung stehen. Im Fall des Todes ihres Mannes wird über ihre Witwenversorgung entsprechend den Gesetzen des württembergischen Königshauses entschieden. Mit ihrer Verheiratung wird Großfürstin Wera Herzogin von Württemberg. Sie darf jedoch in der Ausübung ihres russisch-orthodoxen Glaubens nicht behindert werden. Daher wird ihr in ihren Wohnungen eine russisch-orthodoxe Kapelle zugestanden. Den Unterhalt der Priester und der sonstigen Kirchenbediensteten an der Kapelle bestreitet sie aus ihren eigenen Mitteln. Es ist ihr erlaubt, zusammen mit ihrem Gatten jederzeit auch evangelische Gottesdienste zu besuchen. Die aus ihrer Ehe mit Herzog Eugen hervorgehenden Kinder werden im Einverständnis mit dem Zaren in der Konfession des Vaters erzogen.
Die Aufwendungen für ihren Hofstaat haben Wera und Eugen gemeinsam aufzubringen. Ebenso müssen die Schulden eines Ehegatten gemeinsam getilgt werden. Dies gilt in gleicher Weise für die finanziellen Aufwendungen, die für die aus der Ehe hervorgehenden Kinder erforderlich sind. Stirbt Herzog Eugen, behält Großfürstin Wera die ihr ausgesetzte Dotation. Hieran ändert sich auch im Fall ihrer Wiederverheiratung nichts. Ihren Schmuck und ihre sonstigen Pretiosen behält sie beim Tod ihres Mannes ebenfalls. Die ihr zuerkannte Dotation geht nach ihrem Ableben auf ihre Kinder über."
Der Heirat Eugen-Wera maß man am Zarenhof große Bedeutung bei. Durch diese Ehe wurden die seit hundert Jahren bestehenden verwandtschaftlichen Bande zwischen den Häusern Romanow und Württemberg noch fester geknüpft.

Zar Alexander II., der Onkel der Braut, kündigte bereits im Februar 1874 seine Teilnahme an der am 8. Mai desselben Jahres in Stuttgart stattfindenden Hochzeit an. Auch informierte er den Schwager Karl von seiner Absicht, Herzog Eugen die Inhaberschaft des russischen Grenadierregiments zu übertragen, das dessen Großvater vor 50 Jahren innegehabt hatte und das jetzt den Namen des Großfürsten Michael, eines Bruders des Zaren, trug.[82]

Die Trauung von Herzog Eugen von Württemberg und Großfürstin Wera von Russland im Stuttgarter Residenzschloss

Zu der Hochzeit des Jahres am 8. Mai 1874 stellten sich in Stuttgart außer Zar Alexander II. noch weitere nahe Verwandte und hochgestellte Persönlichkeiten ein. Neben den Eltern der Braut, Großfürst Konstantin und Großfürstin Alexandra, und den Eltern des Bräutigams, Herzog Eugen (III.) Erdmann und Herzogin Mathilde von Württemberg, mehrere Großfürsten, unter ihnen die Brüder Weras, der Erbgroßherzog von Sachsen-Weimar mit Gattin, Prinz Wilhelm von Baden und andere Repräsentanten deutscher Fürstenhäuser. In der Begleitung des Zaren befanden sich Reichskanzler Fürst Alexander Gortschakow und Wirklicher Staatsrat Gortschakow.[83]

Für den Vermählungstag hatte König Karl für den Stuttgarter Hof Gala-Kleidung beziehungsweise Gala-Uniform angeordnet. Die Hochzeit wurde im Residenzschloss gefeiert. An die Trauung nach dem russisch-orthodoxen Ritus in der russisch-orthodoxen Schlosskapelle schloss sich im Weißen Saal des Schlosses die evangelisch-lutherische Trauung an. Die Glocken der Schloss- und der Stiftskirche hatten der Trauzeremonie durch ihr viertelstündliches Geläut ihre besondere Weihe zu geben. Auf die Einsegnung des jungen Paars folgten weitere große Feierlichkeiten im Schloss. Die Stadt prangte im Fahnenschmuck.[84]

Zar Alexander II. nahm die Hochzeit seiner Nichte zum Anlass, um hohe württembergische Beamte und Offiziere durch Auszeichnungen zu ehren. Der Minister der Auswärtigen Angelegenheiten und des Königlichen Hauses Hermann von Mittnacht erhielt den St.-Alexander-Newsky-Orden, andere leitende Beamte und ebenso einige Offiziere, die an der Vorbereitung und der Gestaltung der Hochzeitsfeierlichkeiten aktiv mitgewirkt hatten, wurden weniger spektakuläre Orden verliehen. König Karl revanchierte sich in entsprechender Weise mit Ordensverleihungen an russische Würdenträger, so den russischen Gesandten in Stuttgart von Staal und den russischen Staatsrat Müller. Die Ordensvorschläge hatte ihm Minister von Mittnacht unterbreitet.[85]

Nachdem auf dem Hofball Ende Januar 1874 die Verlobung Wera-Eugen offiziell bekannt gegeben worden war, wurde Anfang März mit den ersten Anschaffungen für den künftigen Haushalt des jungen Paars begonnen. So verausgabten am 3. März die zuständigen Hofbehörden allein für Bettzeug die stattliche Summe von 4803 fl 24 kr.[86] Eine großzügig eingerichtete standesgemäße Wohnung bezogen die Neuvermählten dann im Mai in der „Akademie“, der ehemaligen Hohen Karlsschule, einem Nebengebäude des Residenzschlosses.[87] Schon am 3. Mai 1874 hatte König Karl den Kammerherrn Hugo Freiherr von Linden zum Hofmarschall der Großfürstin Wera, Klothilde (Clothilde) Freiin von Roeder (Röder) zu ihrer Hofdame ernannt.[88] Freiin von Roeder, eine einfühlsame und liebenswürdige Frau stellte ihr weiteres Leben ganz in den Dienst Weras und hielt ihr bis zu ihrem Tod die Treue. Aus den beiden Frauen so unterschiedlicher Herkunft und so unterschiedlichen Standes wurden im Lauf der Jahre Freundinnen. Zu ihrem

Geschäftsführer und Vermögensverwalter ernannten Wera und Eugen am 1. Mai 1874 Hofrat Carl Schumacher, den Mann der bekannten Schriftstellerin Tony Schumacher, und sie bestätigten ihn am 11. Juli desselben Jahres in der ihm übertragenen Funktion[89], die er dann viele Jahre zur vollen Zufriedenheit der früh verwitweten Herzogin Wera wahrnahm.

Stets bemüht, anderen eine Freude zu machen, übernahm Wera unmittelbar nach ihrer Hochzeit die Patenschaft bei der am 9. Mai 1874 geborenen Tochter des Königlichen Oberschlossinspektors Robert Vollmer und dessen Frau, der Hofdame und Vorleserin von Königin Olga, Theresia geb. Wagner. Anna Wera Vollmer (1874–1953) hat als Lehrerin und Ministerialbeamtin die Mädchenbildung in Württemberg entscheidend vorangebracht.[90]

Wenige Tage nach seiner Trauung brach das junge Paar zur Hochzeitsreise auf. Allerdings war es keine der üblichen Hochzeitsreisen. Eugen wollte seiner Frau seine schlesische Heimat zeigen und ihr zugleich Gelegenheit geben, seine Eltern näher kennen zu lernen. In dem sehr ländlichen Karlsruhe war der Einzug der Neuvermählten ein großes Ereignis. Die Kirchenglocken läuteten, die Kanonen schossen Salut und Ehrenjungfrauen entboten einen herzlichen Willkommensgruß, wie die „Schlesische Zeitung“ in ihrer Ausgabe vom 17. Mai berichtete. In den Dörfern der Herrschaft begrüßten russische, württembergische, preußische und schlesische Fahnen Herzog Eugen und seine Frau. Ehrenpforten waren errichtet. Am Abend des 18. Mai erstrahlten die Anlagen des Karlsruher Schlosses in festlichem Lichterglanz. Ein Feuerwerk begeisterte die von nah und fern zusammengeströmten Menschen. Zum Empfang des aus der württembergischen Königsresidenz Stuttgart angereisten jungen Herzogspaars hatten sich der preußische Regierungspräsident von Oppeln, der Landrat des Kreises sowie Vertreter des Regierungskollegiums eingefunden.[91]

Herzog Eugen ließ es sich nicht nehmen, Königin Olga, der lieben „Schwiegertante“, einen herzlichen Briefgruß aus seiner schlesischen Heimat zu senden. Den Briefkopf schmückte ein Bild von der Karlsruher Schlossanlage.[92]

Am 26. Juni 1874 fuhren Eugen und Wera nach Mariabrunn, wo sich die Mutter Weras zur Kur aufhielt. Sie blieben acht Tage dort und nahmen am „Badeleben“ und damit auch am gesellschaftlichen Leben teil.[93] Da Mariabrunn als mondäner Badeort geschildert wird, in dem sich die Welt des Hochadels ein Stelldichein gab, dürfte der Name Mariabrunn mit dem des berühmten nordböhmischen Marienbads identisch sein.[94] Einen Abstecher machte das junge Paar in Altenburg, dem Stammsitz von Weras Mutter Alexandra. Es wurde von den Verwandten mit großer Herzlichkeit aufgenommen.[95] Schließlich besuchte es noch die auf Schloss Heiligenberg über Jugenheim an der Bergstraße weilende Kaiserin Marie, die Frau von Kaiser Alexander II. Schloss Heiligenberg gehörte Prinz Alexander von Hessen, dem Bruder von Kaiserin Marie, und die Zarenfamilie war dort häufig zu Besuch.[96]

Eine kurze, tragisch endende Ehe

Der Gatte Weras, Herzog Eugen, wird als ritterlicher und leutseliger Mann geschildert, der die Menschen für sich einzunehmen wusste. In Stuttgart und im Land war er beliebt.[97] Am 14. Juni 1874 verlieh ihm König Karl „den Charakter als Major" in seinem Ulanenregiment, und er erlaubte ihm, den ihm vom Zar Alexander II. verliehenen St.-Andreas-Orden und den ihm vom bayerischen König Ludwig II. verliehenen St.-Hubertus-Orden annehmen und tragen zu dürfen.[98] Das württembergische Königspaar war zutiefst davon überzeugt, dass Eugen der ideale Ehepartner für seine Adoptivtochter Wera sei. Und Königin Olga versicherte dies dem „Schwiegerneffen" in liebenswürdig-herzlichen, gefühlvollen und sehr persönlichen Briefen immer wieder. Hierbei bediente sie sich der deutschen Sprache, die sie offensichtlich meisterhaft beherrschte. Sonst bevorzugte sie jedoch in ihrer Korrespondenz die französische oder russische Sprache. Auch musste ihr die Adoptivtochter zeitlebens, abgesehen von wenigen Ausnahmen, stets russisch schreiben, damit diese ihre Muttersprache nicht verlernte.[99]

Im Januar 1875 schrieb Königin Olga dem „liebsten Herzens-Eugen": „Ich danke Gott heute und alle Tage, dass er Dich uns gebracht hat für Weras Glück und Segen. In Deinen Händen weiß ich sie gut aufgehoben, sie fühlt in Dir den treuesten liebevollen Freund, zu dem sie gerne hinaufsieht. Gott segne Dich ..." Wenige Tage zuvor hatte sie ihm ihre herzliche Anteilnahme zum Tod seines Vaters bekundet. „Du hast", versicherte sie ihm, „den reichen Segen eines liebevollen Elternpaares genossen." Die Königin konnte es immer noch kaum fassen, dass das „Schlosskind" Wera, das vor noch nicht allzu langer Zeit voll von Kindereien gesteckt und mit Eugen zusammen manchen Streich ausgeheckt habe, so schnell „zur Jungfrau aufgeblüht und jetzt zur liebenden Frau, verständig, pflichtbewusst und, was mich frappiert, geschlossener, vom Flatterhaften keine Spur". Olga schrieb diese erfreuliche Entwicklung vor allem Eugen zu. Er befand sich mit Wera damals gerade im schlesischen Karlsruhe, wo es nach dem Tod des Vaters manches zu ordnen und zu regeln galt. Sie, die „Schwiegertante Olly", wie sie sich selbst bezeichnete, trug ihm Grüße an seine Lieben, insbesondere an seine Mutter, auf, und sie nahm Anteil an seinen vielen Sorgen und seiner mühevollen Arbeit.[100] Ihr lag daran, Eugen mit ihren Briefen den Eindruck zu vermitteln, dass sie und ebenso König Karl in gleicher Weise wie bisher schon Wera auch ihm gute Eltern sein wollten. Und in der Tat, vor allem die „Schwiegertante" beließ es nicht bei Worten. Sie war glücklich, wenn sie am Leben der beiden jungen Leute teilnehmen, wenn sie ihnen helfen konnte.

Es scheint, dass Wera und Eugen ihre erste Sommerwohnung in der Villa Berg bezogen. In einem Brief an ihre Schwiegermutter vom 8. Juli 1874 schwärmte Wera von „der kleinen Villa", vermutlich einem Teil der Villa Berg. Hier, so schrieb sie, fühlten sie sich unaussprechlich glücklich. Über ihren Alltag berichtete sie: „Morgens geht Eugen um 5 Uhr fort und kommt um 10 oder 11 Uhr nach Haus'. Ich gehe spazieren und schreibe Briefe. Um 2 Uhr essen wir gewöhnlich allein. Einmal haben die Majestäten bei uns gespeist. Nachmittags geht Eugen wieder fort. Nachher fahren wir zusammen aus. Abends soupieren wir im Freien."[101]

Die Villa Berg in den 1860er Jahren

Im Spätsommer 1874 übersiedelte Wera zusammen mit Onkel und Tante wie in früheren Jahren nach Friedrichshafen. Eugen dürfte um diese Zeit bei seinem Regiment gewesen sein, das vor dem Ausrücken zu den Herbstmanövern stand. Der Schwiegermutter schrieb sie am 3. September: „Ich werde von Onkel und Tante gut gehütet und habe meine Freundin Sophie Taubenheim bei mir, mit der wir sehr vergnügt sind und eine frohe Zeit im schönen Friedrichshafen verleben." Ende September zurück in der Villa Berg feierte sie als russisch-orthodoxe Christin ihren Namenstag, freilich in aller Stille, weil man in Deutschland die Sitte der Namenstagfeier nicht kannte.[102] Im Herbst richtete sie dann mit viel Freude, freilich auch mit erheblichem Aufwand die dem jungen Paar zugewiesene Wohnung in der „Akademie" ein. Mit dem Ergebnis war sie sehr zufrieden, zumal ihr die Wahl zwischen den allesamt reizenden Zimmern schwer gefallen war.[103]

Schon wenige Monate nach der Hochzeit diagnostizierten die Ärzte eine Schwangerschaft Weras. Königin Olga war darüber hocherfreut. Mit Ungeduld, doch auch mit einiger Sorge, sah sie der für April 1875 zu erwartenden Niederkunft der Adoptivtochter entgegen.[104]

Da Eugen damals als Thronerbe direkt hinter dem noch unverheirateten Prinzen Wilhelm, dem nachmaligen König, rangierte, wurde die Geburt des kleinen Herzogs Karl Eugen am 8. April 1875 buchstäblich zur Haupt- und Staatsaktion. König Karl beauftragte den Minister der Familienangelegenheiten des Königlichen Hauses, der Justiz und der Auswärtigen Angelegenheiten, Hermann von Mittnacht, über die Entbindung ein förmliches Protokoll aufzunehmen, dessen Führung dem Kanzleidirektor beim Ministerium der Auswärtigen Angelegenheiten, dem Geheimen Legationsrat Freiherrn von König, übertragen wurde. Ferner bestimmte der König, dass dieser „Verhandlung" der Präsident des Oberhofrats, der Oberststallmeister von Taubenheim, der Obersthofmeister der Königin, Graf von Taube, und der Dienst tuende Kammerherr von Herzog Eugen und Herzogin Wera, der Hofmarschall Freiherr von Linden, als Zeugen angehörten. Die Staatsdame der Königin, Gräfin von Taube, aber sollte schon der Entbindung beiwohnen.

Auf die Minister von Mittnacht erteilte Nachricht von der bevorstehenden Entbindung begab sich dieser in Begleitung des Geheimen Hofrats Freiherrn von König alsbald in den von Herzog Eugen bewohnten Teil des königlichen Akademiegebäudes, wo sich auch die übrigen Zeugen sowie „die bei der Entbindung funktionierenden Ärzte“, die Obermedizinalräte Dr. von Kornbeck und Dr. Haußmann, aufhielten.

Nach einiger Zeit kamen die Staatsdame Gräfin von Taube aus dem Gemach der Herzogin, ebenso der Leibarzt Obermedizinalrat Dr. von Kornbeck sowie Obermedizinalrat Dr. Haußmann in das Zimmer, in dem sich der Minister, der Protokollant und die Zeugen befanden, und erklärten „auf Eid und Pflichten“, dass Herzogin Wera seit heute Nacht zwischen 2 und 3 Uhr „die gewöhnlichen Geburtsschmerzen empfunden habe, sie zu ihr gerufen worden seien und dass sie um 7 Uhr abends von einem lebendigen und wohlgestalteten Prinzen entbunden, das Kind von der Wehmutter [Hebamme] ... empfangen und sogleich sowohl für die durchlauchtigste Wöchnerin als für den neugeborenen Prinzen alle ärztliche Sorgfalt genommen worden sei. Gräfin von Taube bestätigte diese Aussagen vollkommen ... [Sie] begab sich danach in das Gemach der durchlauchtigsten Frau Wöchnerin und erschien bald wieder mit dem neugeborenen Kinde auf den Armen mit der Erklärung, es sei dies wirklich der Prinz, von dem Ihre Kaiserliche Hoheit soeben entbunden worden sei.“ Beide Ärzte bestätigten die Erklärung der Hofdame.

Nachdem auch Minister von Mittnacht und die anderen Zeugen von der Richtigkeit dieser Feststellung überzeugt waren, wurde das Protokoll in doppelter Ausfertigung aufgenommen und von sämtlichen Anwesenden unterschriftlich bestätigt.[105]

Das Söhnchen machte Wera viel Freude. Rasch hatte sie sich in ihre Mutterrolle eingelebt. Am 29. Geburtstag ihres Mannes, dem 10. August 1875, zog sie dem kleinen Jungen eine eigens für ihn geschneiderte, ihrer Meinung nach herzige Ulanenuniform an und fuhr mit ihm zusammen nach Ditzingen hinaus, wo Herzog Eugen gerade im Quartier lag, und sie konnte trotz der starken Beanspruchung des jungen Vaters durch das Manöver nicht nur gratulieren, sondern auch gemeinsam mit ihm feiern. „Klein Egilein“ hatte inzwischen mit seinem kindlichen Charme auch schon die Herzen „der beiden Majestäten“ Olga und Karl gewonnen. Einige Tage später befand sich Wera im erholsamen Friedrichshafen. Ob das Söhnchen mitgereist war, wissen wir nicht. Diesmal war es für die Herzogin am Bodensee etwas einsamer, weil sie ohne ihren Mann und ohne ihre Hofdame, die sich einer Kur unterzog, auskommen musste. Sie tröstete sich jedoch mit dem bevorstehenden gemeinsamen Aufenthalt im schlesischen Karlsruhe. Am 9. September 1875 schickte sie der Schwiegermutter zu deren Geburtstag ein Foto von dem inzwischen fünf Monate alten Buben und schrieb: „Klein Egilein wird immer netter, der liebe kleine Mann."[106]

Jäh zerbrach das Glück der jungen Familie. Der kleine Karl Eugen, gerade sieben Monate alt, wurde am 9. November, nach anderen Angaben am 11. November 1875 von einer Kinderkrankheit dahingerafft. Die Eltern waren tief getroffen. Am 12. November 1875 wurde der Junge vormittags 10 Uhr in der Gruft der Stuttgarter Schlosskirche in aller Stille beigesetzt.[107]

Mit Blick auf das bevorstehende Jahr 1876 schrieb Wera am 30. Dezember 1875 ihrer Schwiegermutter: Möge uns dieses neue Jahr „mehr Freude bringen als wir im letzten Jahr genossen".[108]

Dieser Wunsch ging in Erfüllung. Am 1. März 1876 schenkte Wera Zwillingsmädchen das Leben: Elsa und Olga.[109] Schmerz und Trauer über den Verlust des Söhnchens schwanden nach und nach. Königin Olga freute sich, dass die Eltern einem der beiden Mädchen ihren Namen gegeben hatten und dass sie es „Olly" riefen. Auch wenn kleinere gesundheitliche Störungen nicht ausblieben, entwickelten sich die zwei Mädchen doch prächtig. Bereits im Juli 1876 konnte Wera die beiden ihren Ammen und Kindermädchen anvertrauen und in den Schweizer Alpen Urlaub machen, solange Eugen in der ihm zugefallenen Herrschaft Karlsruhe nach dem Rechten sah. Begeistert schrieb sie am 6. Juli ihrer Schwiegermutter aus St. Moritz: „Ich ... genieße die herrliche Alpenluft und die wundervolle Schweizer Natur, die ich so liebe! Wir erfreuen uns des schönsten warmen Wetters, ohne [es] heiß zu haben, was wirklich eine Wonne ist. Gräfin Scheler ist seit gestern Abend auch hier, und heute werden wir nach Bernina fahren, um ihr gleich die schönsten Punkte zu zeigen."[110]

Im August war Wera dann in Friedrichshafen, wohin auch die beiden Kinder gebracht worden waren. „Schreckliche" Freude bereitete es ihr, dass sie wenigstens für kurze Zeit wieder mit ihrem Mann zusammen sein konnte. Mit „lädiertem Knie" war sie offenbar Anfang September zur Villa Berg zurückgekehrt. „Die Kinder sind jetzt allerliebst“, berichtete sie. „Ich bin viel bei ihnen, bade sie selbst und lasse sie auf meinen Schoß ... Die zehnte Amme macht sich ... Mein teurer Eugen war gestern [5. September] zu Besuch auch hier. Neulich war ich mit dem Wagen draußen bei der Kavalleriebesichtigung, ich freue mich sehr, das Militär zu sehen.“[111]

„Schwiegertante Olly“ nahm weiterhin herzlichen Anteil am Leben der jungen Familie. Am 10. September schrieb sie an Eugen: „Ich bin so froh über Weras liebe Briefe, sie hat eine so andere Sprache [als früher], so besorgt und so nett von den Kindern erzählend ... Nun lebe wohl, viel Schönes vom Oncle [König Karl], grüße und küsse Wera und die Kleinen.“[112]

Ende 1876 wurde Herzog Eugen auf sein Gesuch zum etatmäßigen Stabsoffizier im 2. Westfälischen Husarenregiment Nr. 11 in Düsseldorf ernannt. Er wollte in diesem preußischen Kavallerieregiment einige Jahre Dienst tun, weil er sich davon für seine weitere militärische Laufbahn förderliche Impulse versprach. Am 2. Januar 1877 trat er seine neue Stelle an.[113] Wera hoffte, ihn bald gesund und wie meistens guter Dinge wieder zu sehen. Vielleicht dachte sie sogar daran, mit den Kindern nach Düsseldorf zu übersiedeln, um in seiner Nähe zu sein.

Indes sollte es ganz anders kommen. Nach einem Bericht der „Schwäbischen Kronik“ vom 30. Januar 1877 wurde Eugen im Kreis seiner neuen Kameraden in Düsseldorf mit großer Herzlichkeit empfangen. Am Donnerstag, dem 25. Januar veranstalteten die Offiziere des Regiments ihm zu Ehren ein kleines Fest. Über dieses berichtete er in einem Brief an seine Frau, allerdings machte er ihr bereits Andeutungen über ein leichtes Unwohlsein, das ihn befallen habe. Wera fühlte eine rätselhafte Unruhe in sich und entschloss sich am Abend des folgenden Tages, bald möglichst mit der Bahn nach Düsseldorf zu reisen, um nach dem geliebten Mann zu sehen. Am Samstagvormittag traf jedoch in Stuttgart die Nachricht ein, dass die Krankheit einen Besorgnis erregenden Verlauf nehme. Um 12 Uhr mittags reiste Wera nach Düsseldorf ab. Zu derselben Stunde starb Eugen. Ein Telegramm gab als Todesursache Pleuritis, Brustfellentzündung, an. Königin Olga, aufs Tiefste betroffen, nahm den Mitternachtszug nach Düsseldorf, um der Adoptivtochter menschlichen Beistand zu leisten. Soweit die „Schwäbische Kronik".[114]

Knapper berichtete der demokratisch orientierte „Beobachter": Nachdem am Samstagvormittag bei Herzogin Wera die erste Nachricht von der Erkrankung ihres Gatten, der auf zwei Jahre nach Düsseldorf kommandiert worden war, eingetroffen sei, habe sie sofort den Zug bestiegen. Doch schon um 2 Uhr nachmittags habe ein Telegramm mitgeteilt, der junge Herzog sei einer schweren Rippfellentzündung erlegen. Weite Kreise der Stuttgarter Bürgerschaft reagierten auf diese Nachricht mit Bestürzung und Trauer. Allerdings äußerte die Zeitung Zweifel, ob die offiziell bekannt gegebene Todesursache zutreffe: Es gehe, schrieb sie, das Gerücht, dass Herzog Eugen, der Präsident des Stuttgarter Schützenfestes gewesen sei, an den Folgen eines Sturzes vom Pferd gestorben sei.[115]

Andere Zeitungen und Zeitschriften scheinen den Tod Herzog Eugens mit Stillschweigen übergangen zu haben, um sich Unannehmlichkeiten zu ersparen. Dass die in Stuttgart erscheinende, weit verbreitete und viel gelesene Zeitschrift „Über Land und Meer" sich so entschied und keine Würdigung Eugens brachte, ärgerte Wera sehr, wie sie am 7. Juni 1877 ihrer Schwiegermutter schrieb. Das Verhalten gerade dieser wichtigen Zeitschrift empfand sie beinahe als Affront.[116]

Die Todesursache „Rippfellentzüngung" hatte offenbar in dem Telegramm gestanden, durch das König Karl am 27. Januar vom Ableben Herzog Eugens unterrichtet worden war.

Unmittelbar nach Eingang dieses Telegramms hatte der Königliche Kabinettschef dessen Inhalt dem Minister für Familienangelegenheiten des Königlichen Hauses und Präsidenten des Staatsministeriums von Mittnacht mitgeteilt, und er hatte ihn weiterhin darüber informiert, dass Herzogin Wera nach Düsseldorf unterwegs sei, dass man daher leider bisher nicht wisse, ob und wie „Höchstdieselbe" die Todesnachricht erreicht habe.[117]

Am Abend des 27. Januar traf Herzogin Wera in Düsseldorf ein. Vermutlich erfuhr sie erst jetzt, dass ihr Mann zum Zeitpunkt ihrer Abreise aus Stuttgart gestorben war. Zweifellos war dies eine der bittersten Stunden in ihrem Leben. Sie fand sicher einfühlsame Anteilnahme beim Offizierskorps des Regiments ihres Mannes, und vor allem stand Königin Olga, die gleichfalls tief erschüttert war, nach ihrer Ankunft in Düsseldorf am Sonntagmorgen der geliebten Adoptivtochter zur Seite. Beide Damen blieben bis Mittwoch, dem 31. Januar in Düsseldorf und nahmen dort wohl auch an der von Divisionspfarrer Ferdinand Becker, Königlich Preußische 14. Division, gehaltenen Trauerfeier für Herzog Eugen teil.[118]

Am Abend des 31. Januar trafen die sterblichen Überreste des so jäh dahingeschiedenen Herzogs unter der Obhut eines Königlichen Kommissärs auf dem Stuttgarter Bahnhof ein. Inzwischen waren bereits alle Vorbereitungen zur Beisetzung in der Gruft der Königlichen Schlosskirche getroffen worden. Der Leichenzug formierte sich am Ausgang des Bahnhofs vor dem Königstor. Offiziere des Ulanenregiments König Karl Nr. 19 trugen den Sarg zum Leichenwagen. Die Spitze des Zugs bildeten eine Schwadron des Ulanenregiments König Karl Nr. 19 mit der Regimentsmusik, ein Königlicher Bereiter in Uniform mit schwarzer Florschärpe, zwei schwarz gekleidete Reitknechte mit brennenden Fackeln, ein Stallmeister in Uniform mit schwarzer Florschärpe. Es folgte der von sechs Pferden mit Trauerdecke gezogene Leichenwagen, Kutscher und Vorreiter schwarz gekleidet, zu beiden Seiten jeweils zwei Reitknechte mit brennenden Fackeln. Dahinter kamen der sechsspännige Wagen des Königlichen Kommissärs, flankiert von einem Reitknecht mit brennender Fackel und einem Hofbediensteten sowie ein vierspänniger Wagen mit dem Königlichen Kammerherrn, der bei Herzog Eugen Dienst getan hatte, und mit einem Offizier des Königlich Preußischen Husarenregiments Nr. 11. Den Zug beschlossen zwei Reitknechte mit brennenden Fackeln und eine Schwadron des Ulanenregiments König Karl Nr. 19.

Sobald sich um 18.30 Uhr der Trauerzug in Bewegung setzte, begannen sämtliche Kirchenglocken der Stadt zu läuten. Seinen Weg nahm der Zug über die Königstraße und die Planie zum Westtor des Alten Schlosses. Soldaten der Stuttgarter Garnison bildeten Spalier. Am Tor blieb die Eskorte zurück. Lediglich der Leichenwagen und die beiden ihn begleitenden Wagen fuhren in den Hof des Alten Schlosses hinein, wo eine Abteilung der Stuttgarter Schützengilde Aufstellung genommen hatte. Vor dem mittleren Tor der Schlosskirche wurde der Sarg von den Hofgeistlichen empfangen und von 16 schwarz gekleideten

Hofhandwerkern bei Orgelspiel vom Leichenwagen zum Trauergerüst vor dem Altar getragen. Auf diesem Weg schritten ihm ein Hoffourier mit Trauerstab, die Hofgeistlichen, der Dienst tuende Königliche Kammerherr des Verstorbenen und der zu der Trauerfeier abgeordnete preußische Offizier voran. An beiden Seiten des Eingangs hatten sich Abordnungen des Preußischen Husarenregiments Nr. 11 und des Württembergischen Ulanenregiments König Karl Nr. 19 postiert.
König Karl, die „Leidtragenden“ und der Hofstaat erwarteten den Trauerzug im Königlichen Stand der Schlosskirche und begaben sich danach auf die linke Seite des Sargs gegenüber dem Altar. Auf einen kurzen Gesang des Königlichen „Singchors“ folgte die Trauerrede von Oberhofprediger Prälat Karl von Gerok über Hosea 6,1: „Kommt, wir wollen zum Herrn, denn er hat uns zerrissen, er wird uns auch heilen; er hat uns geschlagen, er wird uns auch verbinden.“ Danach wurde der Sarg in die Gruft hinabgesenkt. Der Oberhofprediger schritt den „höchsten Leidtragenden“ in die Gruft voran und nahm dort die Aussegnung vor. Dabei sang der Königliche „Singchor“. Nach der Rückkehr aus der Gruft beschloss der Oberhofprediger die Feier mit einem Gebet.[119]
Aus Platzgründen hatte man die Zahl der Teilnehmer an der Trauerfeier beschränken müssen. Die Einladungen waren durch das Oberhofmarschallamt erfolgt. Indes hatten sich nur wenige Angehörige verwandter Fürstenhäuser zu der Beisetzung Herzog Eugens eingefunden, so der Vater von Herzogin Wera, Großfürst Konstantin von Russland, und Herzog Nikolaus von Württemberg, ein Onkel des Verstorbenen. Andere Fürsten, so der Großherzog von Oldenburg, der Herzog von Sachsen-Altenburg oder der ehemalige König von Hannover, ließen sich durch Bevollmächtigte vertreten. König Karl ordnete vom 1. bis 8. Februar 1877 Hoftrauer an. Sämtliche zur Trauerfeier erschienenen Fürstlichkeiten und die Bevollmächtigten fürstlicher Häuser ehrte er durch die Verleihung von Orden.[120]
Der frühe Tod Herzog Eugens wirkte sich für die schlesische, die älteste Nebenlinie des württembergischen Königshauses verhängnisvoll aus. Sie erlosch bereits wenige Jahrzehnte später: 1896 starb unverheiratet der österreichische Feldzeugmeister Herzog Wilhelm von Württemberg (geboren 1828) und 1903 dessen schon erwähnter Bruder, der kinderlose Herzog Nikolaus

(geboren 1833). Als letzte Namensträgerin der schlesischen Württemberger beschloss 1913, 84-jährig, Herzogin Alexandrine Mathilde, Äbtissin des adligen Fräuleinstifts Oberstenfeld, ihr Leben.[121]

An Herzog Eugen erinnert in Stuttgart der Eugensplatz mit dem von dem Bildhauer Otto Rieth 1890 geschaffenen Galateabrunnen. Zu diesem Platz führt die von der Konrad-Adenauer-Straße beim Großen Haus der Württembergischen Staatstheater ausgehende Eugenstraße hinauf. Das vom Stuttgarter Verschönerungsverein nach dem Tod Herzog Eugens angelegte Aussichtsplateau, das einen beeindruckenden Blick auf die Innenstadt bietet, wurde bereits 1878 als Standort für ein heute nicht mehr existierendes Denkmal für den so früh dahingeschiedenen Herzog gewählt.[122]

Dass Herzog Eugen einer Rippfellentzündung erlegen war, wie es nach den offiziellen Verlautbarungen hieß, erschien bereits dem „Beobachter“ in seiner Ausgabe vom 30. Januar 1877 wenig glaubhaft. Er deutete, wie schon erwähnt, an, der Tod des Herzogs könnte auch die Folge eines Sturzes vom Pferd gewesen sein. Die „Schwäbische Kronik“ sprach in ihrem Nachruf auf Herzogin Wera 1912 von einem tragischen Schicksal, das Eugen 1877 zum Verhängnis geworden sei.[123] Der Personalbogen Eugens in der Abteilung Militärarchiv des Hauptstaatsarchivs Stuttgart registriert lediglich: „Am 27. Januar 1877 verstorben in Düsseldorf“.[124] Auch Herzogin Wera kommt in ihrem sehr regen Briefwechsel mit ihrer Schwiegermutter in den Jahren 1877 bis 1891 nie auf die Begleitumstände des Todes ihres Mannes zu sprechen. Offenbar war dies für sie ein Tabuthema.[125] Dagegen sprach man anscheinend in Kreisen des Hofes und des Militärs hinter vorgehaltener Hand davon, dass Eugen nicht an den Folgen einer Rippfellentzündung, sondern an der Verwundung, die er bei einem Duell erlitten hatte, gestorben war. Und in der Tat ist ein Duelltod des jungen Herzogs nicht unwahrscheinlich.[126] Allerdings gibt es nur Spekulationen darüber, welches der Anlass zu dem ominösen Duell war. Denkbar ist eine Frauengeschichte und eine damit zusammenhängende Ehrenkränkung.

Ein halbes Jahr nach dem Tod ihres Sohnes machte Herzogin Mathilde ihre Schwiegertochter Wera auf eine Wera bislang verborgen gebliebene Liebesaffäre Eugens aufmerksam. Diese erwiderte am 3. August 1877 aus St. Moritz einigermaßen gelassen: „Die Neigung [Eugens] für das schöne Geschlecht wusste ich ja, und – welcher Jüngling hätte diese Feuerprobe nicht zu bestehen." Allerdings zeigte sich Wera etwas verwundert darüber, dass sie von dieser „Bella" nichts wusste, die Herzogin Mathilde einen Brief geschrieben und ein Medaillon, das sie wahrscheinlich von Eugen bekommen hatte, zurückgeschickt hatte. „Da mein süßer Mann", schrieb Wera, „mir sonst alles erzählte, tut es mir fast leid, dass er mir diese Neigung verschwiegen hatte."[127]

Duelle, vor allem wegen Ehrenkränkungen und Streitigkeiten, waren im preußischen Offizierskorps in der zweiten Hälfte des 19. Jahrhunderts noch sehr häufig. Und obwohl auf ihnen hohe Festungsstrafen (ein Monat bis zehn Jahre) standen, wurden sie von den höchsten militärischen Stellen wohlwollend toleriert, und die Duellanten konnten damit rechnen, auf der Festung großzügig behandelt und rasch wieder begnadigt zu werden. Drohte zwischen Offizieren wegen Streitigkeiten oder Beleidigungen ein Zweikampf, hatte sich ein Ehrengericht um eine gütliche Einigung zu bemühen. Misslang dies, musste der Ehrenrat des Regiments die Beteiligten auf die strafrechtlichen Folgen eines Duells hinweisen. Groteskerweise besaß aber der Ehrenrat das Recht, auf dem Duellplatz zu erscheinen und dort die Rolle eines Kampfgerichts zu übernehmen.[128]

Nach dem Tod Herzog Eugens weigerte sich der zuständige Standesbeamte in Düsseldorf, die von Stuttgart angeforderte Sterbeurkunde auszustellen. Er berief sich hierbei auf Paragraf 72 des Standesamtsgesetzes vom 5. Februar 1875.[129] Danach war bei landesherrlichen, das heißt regierenden Familien, einem vom Landesherrn ernannten Standesbeamten die Beurkundung von standesamtlichen Angelegenheiten übertragen. In Stuttgart stellte man sich aber auf den Standpunkt, dies gelte nicht für Beurkundungen von Geburten, Heiraten und Todesfällen außerhalb der Grenzen des Königreichs Württemberg. In solchen Fällen sei der jeweilige örtliche Standesbeamte zuständig. Die leidige Angelegenheit zog sich etliche Wochen hin. Erst auf Weisung vorgesetzter Dienststellen und nachdem sich der Oberstabs- und Regimentsarzt des 2. Westfälischen Husarenregiments Nr. 11 Dr. Schwarz zur Bezeugung des Todes von Herzog Eugen bereit erklärt hatte, stellte der Standesbeamte

in Düsseldorf am 20. März 1877 die erbetene Sterbeurkunde aus. In dieser Urkunde bestätigte Dr. Schwarz, dass Herzog Eugen am 27. Januar 1877 mittags um 12 Uhr verstorben sei und dass er dem Herzog bis zu dessen Tod beigestanden habe.[130] Eine eigenartige Formulierung, die jedoch zumindest die Vermutung bekräftigt, dass Herzog Eugen keines natürlichen Todes, sondern dass er an den Folgen einer schweren Verwundung, die er in einem Duell erlitten habe, gestorben sei. Angaben über die Todesursache verlangte nämlich das Gesetz über die Beurkundung des Personenstands von 1875 noch nicht.[131]
Zweifellos hätte das Bekanntwerden des Duelltodes von Herzog Eugen in der Öffentlichkeit peinliche Fragen für das Königshaus ausgelöst. Zudem hätte eine solche Todesursache eine standesgemäße Beisetzung des Verstorbenen erschwert, vielleicht sogar unmöglich gemacht. Mit der offiziellen Version des jähen Todes von Herzog Eugen als Folge einer akuten schweren Erkrankung (Rippfellentzündung) vermied man derartige gefährliche Klippen. Herzogin Wera, obwohl zutiefst getroffen und großer Zukunftshoffnungen beraubt, huldigte indes einem strengen, militärisch geprägten Ehrenkodex, ähnlich dem ihres Großvaters, des Zaren Nikolaus I. Daher haftete nach ihrer Auffassung dem Duelltod ihres Mannes nichts Unehrenhaftes an. Im Gegenteil, Eugen hatte sich ja gegen Anschuldigungen mannhaft zur Wehr gesetzt und dabei auf ehrenhafte Weise sein Leben verloren. Vielleicht wollte sie dies zum Ausdruck bringen, als sie am 23. Januar 1882 ihrer Schwiegermutter schrieb: „Dass Eugen gerade an unserem Verlobungstage krank wurde und am Tage der öffentlichen Verlobung sterben musste, bleibt auf ewig gar wunderbar.“[132]
Empört reagierte Wera auf herabwürdigende oder Tatsachen verfälschende Äußerungen über den Menschen Eugen und seinen jähen Tod. So erregte sie sich über ein Buch, dessen Verfasser und Titel sie allerdings nicht nannte. Für sie enthielt dieses Buch, das ein verzerrtes Bild von ihrem verstorbenen Mann zeichnete, sehr „viel Romanhaftes, Erfundenes“. Der Schwiegermutter schrieb sie am 17. März 1878: „Das Andenken meines edlen, unvergesslichen Mannes steht so hoch und so groß in meinem Herzen, dass solches Geschwätz es mir nicht verkleinern, beschmutzen kann, weiß ich doch, was und wer er war. So denkt auch ein jeder hier, der ihn kannte oder von ihm hörte …

Schon beim Drandenken an seinen Tod überläuft es mich kalt."
Dankbar war Wera hingegen, dass ihr der greise Kaiser Wilhelm I., ihr Großonkel, der die Ursache des jähen Hinscheidens ihres Mannes kannte, beim Kaisermanöver in Württemberg 1881 „in Erinnerung an die vergangenen fünf Jahre mitfühlende Worte sagte".[133]
Die von dem jähen Tod Herzog Eugens am meisten betroffenen beiden Menschen, Herzogin Wera und ihre Schwiegermutter, Herzogin Mathilde, suchten einander zu trösten und sich gegenseitig zu helfen. Am 17. Februar 1877 dankte Wera Mathilde für ihren Brief, der ihr so wohl getan habe, und sie versicherte, dass sie ihr seit Eugens Ableben noch viel teurer geworden sei, dass sie sich deshalb nach Kräften bemühen wolle, ihr den Sohn zu ersetzen, ihr die Liebe zu schenken, die sie Eugen nicht mehr geben könne. Sie übersandte ihr das Losungsbüchlein des Verstorbenen, in dem dieser noch zwei Tage vor seinem Tod gelesen habe. Gestern, berichtete sie weiter, habe sie in der russisch-orthodoxen Hofkapelle an einer Totenmesse teilgenommen, in der sie im Gebet ihrer „drei Verklärten" gedacht habe: Eugens, ihres Söhnchens und ihres Schwiegervaters.[134]
Am 22. Februar 1877 schrieb sie Herzogin Mathilde: „Du hast ... einen solch liebevollen und guten Sohn verloren, dass es freilich nicht möglich ist, ihn zu ersetzen." Im Begriff, zum „Heiligen Abendmahl" zu gehen, bat sie die Schwiegermutter um Verzeihung, falls sie sie „je unwissend betrübt oder beleidigt" habe.[135]
Wera kam nur schwer über den Verlust ihres Mannes hinweg. Sie hatte den jungen lebenslustigen, unkomplizierten und liebenswürdigen Reiteroffizier geliebt, hatte, wie wir gehört haben, seine Frauengeschichten nicht dramatisiert, zumal die meisten Affären in seine Junggesellenzeit gefallen waren, und sie war zuversichtlich gewesen, ihn ganz für sich gewinnen zu können. Sein Tod zerstörte ihre Lebensplanung, ließ sie als Witwe mit zwei kleinen Kindern zurück. Zunächst war sie wie betäubt, doch dann tat sich vor ihr ein Abgrund von Schmerz und Trauer auf. Am 17. März 1877 berichtete die Betreuerin der Zwillingstöchter Elsa und Olga, Frau S. Sidorenko, Weras Schwiegermutter Mathilde: „Unsere teure Herzogin ist von Tag zu Tag mehr von dem Hinscheiden des teuren Gatten ergriffen, fühlt die Lücke stündlich empfindlicher werden und kann sich

der heißen Tränen immer weniger erwehren." – S. Sidorenko war sehr wahrscheinlich die Frau des bei der russischen Gesandtschaft tätigen Kaiserlich Russischen Kollegienassessors P. Sidorenko, der nach den Stuttgarter Adressbüchern von 1877, 1878 und 1879 im dritten Stock der Alleenstraße 10 wohnte. – Ein Glück, dass die inzwischen ein Jahr alten Mädchen Elsa und Olga, die, abgesehen vom derzeitigen „heftigen Zahnen", gesund und munter waren, der Mutter viel Freude bereiteten und ihr allmählich über den bittersten Schmerz hinweghalfen.[136] Eine wichtige geistige Lebenshilfe wurde für Wera, wie sie in einem Brief aus St. Petersburg vom 10. Mai 1883 bekannte, das Christuswort: „Kommet her zu mir [alle], die ihr mühselig und beladen seid, ich will euch erquicken."[137]

Am Jahrestag des Todes von Eugen fand in der „Kirche" – vermutlich der Schlosskirche – ein Trauergottesdienst statt, an dem Wera teilnahm. Nachmittags besuchte sie die Gruft und nahm die vielen Blumen mit, mit denen sie neben mitfühlenden Briefen bedacht worden war.[138] Am Karfreitag wurde es für sie zur Gewohnheit, vor der Abendmahlsfeier in der russisch-orthodoxen Schlosskapelle in der Gruft stille Andacht zu halten. 1884 nahm sie erstmals ihre beiden Töchter mit. Im Nachhinein bereute sie dies, denn, so äußerte sie gegenüber der Schwiegermutter, den nunmehr Achtjährigen war „der Ernst des Todes ein noch verschlossener Begriff".[139]

Anlässlich ihres zehnten Hochzeitstags schrieb sie am 8. Mai 1884 aus St. Petersburg, wo sie gerade zu Besuch bei Eltern und Geschwistern weilte: „Dieses heute vor zehn Jahren gegründete Glück bleibt trotz Zeit und Ewigkeit, denn in dieser Zeit durfte ich so viel erleben und erlebe es noch, dass es undankbar wäre, wollte ich dies vergessen. Die lieben Kinderchen sind mir ja geblieben. Deiner, der Majestäten [König Karl und Königin Olga] und des teuren Schwabenlandes (dem ich ja mit Namen und Herz angehöre) Liebe darf ich ja in so unverdientem Maße genießen, dass ich davon ganz beschämt bin."[140]

Die junge Witwe

Als Angehörige des russischen Zaren- und des württembergischen Königshauses behielt Wera auch nach dem Tod ihres Mannes einen kleinen Hofstaat. Er bestand 1877 aus dem Hofmarschall Hugo Freiherr von Linden, der Hofdame Klothilde Freiin von Roeder, der „Bonne“ (dem Kindermädchen), einer Weißzeugverwalterin, einer Garderobejungfer, dem Haushofmeister Lewering, dem Koch Eisenmann, vier Lakaien, drei Kutschern, einem Jockey (Rennreiter) und einem Hausdiener.[141] 1879 wurde Hofmarschall Freiherr von Linden aus Altersgründen und wegen seines „schlechten Gesichts“ (seiner schlechten Augen) in den Ruhestand versetzt. An seine Stelle trat der Königliche Flügeladjutant und Kammerherr Oberstleutnant von Baldinger-Seidenberg.[142] Das Hofmarschallamt, das der Hofmarschall leitete, führte die Bezeichnung: „Hofmarschallamt Ihrer Kaiserlichen Hoheit der Frau Herzogin Wera von Württemberg, Großfürstin von Russland“.[143]

An der personellen Zusammensetzung des Hofstaats von Herzogin Wera änderte sich in den folgenden Jahren nur wenig. Wera behandelte ihre Bediensteten gut und schenkte ihnen großes Vertrauen. Ihre Hofdame Freiin von Roeder wurde ihr im Lauf der Zeit sogar zur engen Freundin. Klothilde Freiin von Roeder scheint schon in jungen Jahren gravierende gesundheitliche Probleme gehabt zu haben. Dem jungen Militärarzt Dr. Berthold Fetzer, dem späteren Leibarzt König Karls, gelang es, ihr wirksam zu helfen. Herzogin Wera war dafür außerordentlich dankbar. Sie schenkte Dr. Fetzer an Silvester 1877 ein wertvolles Medaillon aus Gold und Platin mit Rubinen als Anhängsel für die Taschenuhr und gab ihrer Freude über die ihm zu verdankende Wiederherstellung der Gesundheit ihrer Hofdame beredt Ausdruck.

Zwischen Dr. Fetzer und seiner Patientin von Roeder entwickelte sich in den folgenden Jahren ein freundschaftliches Verhältnis. 1885 nannte er sie seine „treue brave Freundin“. Am 8. März jenes Jahres schrieb er in sein Tagebuch: „So oft ich mit ihr verkehre, so wächst meine Hochachtung für sie. Sie hängt mit inniger Liebe an ihrer Herzogin und würde für sie durchs Feuer gehen. Und in der Tat ist ihr Dienst oft schwer, und sie hat

Herzogin Wera
als junge Frau

mit Intrigen zu kämpfen. Aber die Liebe zu ihrer Herrin und die Einsicht, dass sie derselben große Dienste leisten kann, macht ihr doch immer ihre Pflicht leicht."[144]

Gouvernante der beiden Töchter war 1881 und noch 1886/87 Fräulein Harper. Lange hielten Herzogin Wera auch die Kammerfrau Mathilde Schwarzwälder, der Haushofmeister Lewering, der Kammerdiener Wurster und der Koch Eisenmann die Treue. Die Zahl der Lakaien verminderte sich in den 1880er Jahren auf drei, die der Kutscher auf zwei.[145]

Zum Vormund der Herzoginnen Elsa und Olga bestellte König Karl am 2. November 1877 Graf von Taube und nach dessen Tod auf Wunsch der Herzogin Wera am 8. November 1879 Hofmarschall von Baldinger-Seidenberg.[146]

Die Stadtwohnung in der „Akademie" behielt Herzogin Wera bei. Dort verbrachte sie gewöhnlich die Wintermonate. Doch im Mai zog es sie zu der herrlich gelegenen Villa Berg. Meist befanden sich um diese Zeit auch „Onkel und Tante", für die Kinder „Opapa und Omama“, also König Karl und Königin Olga, in der Villa. Sie verstanden sich sehr gut mit den beiden Mädchen. „Wir genießen die herrliche Landschaft aufs Vollkommenste“, berichtete Wera am 27. Mai 1880 der Schwiegermutter. „Gestern blieb ich buchstäblich von 7 Uhr morgens bis 7 Uhr abends im Freien mit Ausnahme einer Stunde, die ich nach dem Spazierritt zum Umkleiden brauchte.“ Im Frühjahr des folgenden Jahres nahm sie auf der Villa das tägliche Ausreiten wieder auf. Doch machte sie bald Ausflüge im Wagen und zu Fuß. Mit den Kindern wanderte sie zum Blumenpflücken hinüber zum Schloss Rosenstein. Im Mai 1882 war sie von der Frühlingspracht überwältigt, die sich rings um die Villa entfaltete: „Alles blüht und duftet zusammen. Ich bin glückselig, die Kinder auch. Das Wetter ist schön, obgleich noch etwas kühl.“ Im Juli 1884 waren die Kinder mit Omama und Opapa an den Bodensee nach Friedrichshafen gereist. Wera hielt sich allein in der Villa auf. Ihre beiden Hunde leisteten ihr „treue Gesellschaft“.[147]

Besonders gut hatte sie es mit dem Umzug in die Villa 1885 getroffen. Am 30. April ließ sie die Schwiegermutter in einem Brief an ihrer Freude über die Blumenpracht teilnehmen: „Die Villa ist heute schöner und entzückender denn je! Das Grün und die Blüten entfalten sich heuer binnen drei Tagen wie durch einen Zauberschlag ... Vis-à-vis von uns am Berghang vom Wald an blüht alles weiß wie duftige Bouquets. Es ist zauberhaft! Die Syringen [der Flieder] und Kastanien blühen auch schon, und vor vierzehn Tagen war alles noch nicht einmal grün!“ Wera plante für einen der nächsten Tage einen Ausflug auf den Hohenneuffen, „wo es während der Blüte besonders schön sein sollte“.[148]

In der Stadtwohnung im Winterhalbjahr gab es einen festen Tagesablauf. Nach einem Brief vom 10. Dezember 1879 beschäftigte sich Wera am Vormittag mit Literatur und Gesang. An das Mittagessen schloss sich ein längerer Spaziergang an, an dessen Stelle seit drei Tagen das Schlittschuhlaufen getreten war. Den Nachmittag verbrachte die Herzogin in der Kinderstube, wo sie zusammen mit der Hofdame, der Gouvernante und wohl auch mit der einen oder anderen sonstigen Dame eifrig und mit viel Freude an Weihnachtsüberraschungen arbeitete. Stand am Abend ein Theater- oder Konzertbesuch, beides für Wera

Höhepunkte in ihrem Tagesablauf, auf dem Programm, dann war – so die Herzogin – der Tag herum und man wusste nicht wie.[149] Mitunter reizte sie es auch, vor allem wenn sie einige Wochen weg gewesen war, durch die Straßen des ihr inzwischen so sehr ans Herz gewachsenen Stuttgart zu streifen.[150]

Ein fast freundschaftliches Verhältnis hatte die junge Witwe zu Hauptmann Watter. Ihn schätzte sie von den Hofkavalieren am meisten. Vor allem wenn sie sich bei Tante Olga und Onkel Karl in Friedrichshafen aufhielt, unternahm sie mit ihm häufig Schiffsausflüge oder sie übte sich gemeinsam mit ihm im Rudersport. Auch spielten sie und Watter hin und wieder gemeinsam Komödie.[151]

Im Juli zog es Wera nach St. Moritz in die Schweizer Alpen. Die Kinder blieben mit ihren Betreuerinnen in der Obhut von Omama und Opapa in Friedrichshafen. Von St. Moritz aus unternahm die Herzogin teils zu Fuß, teils im Wagen ausgedehnte Ausflüge. Bergwanderungen führten sie im Juli 1878 auf den Maloja und hinauf zum Bernina-Hospiz. St. Moritz gehörte damals zu den beliebtesten Gebirgsrefugien für die so genannte „high society“. Daher traf Wera dort zahlreiche Standesgenossinnen und -genossen. Im Juli 1879 hielt sie sich im Anschluss an St. Moritz in Gießbach auf. Dieses Naturparadies entzückte sie. Im Juli 1881 reiste sie, nachdem sie ihre Kinder in Friedrichshafen „den Majestäten“ übergeben hatte, weiter nach Konstanz, Basel und Montbéliard (Mömpelgard), der „Stammeswiege“ des württembergischen Königshauses, wie sie es formulierte. Diese reizvolle ostfranzösische Stadt wollte sie näher kennen lernen. Anschließend führte sie ihr Weg über Genf, Montreux, Bern und Gießbach nach St. Moritz, wo sie fünf Wochen blieb.[152]

Die Rückkehr aus der Schweiz zu ihren Kindern nach Friedrichshafen wurde für sie jedes Mal zum beglückenden Erlebnis. Am 16. August 1877 berichtete sie der Schwiegermutter aus Friedrichshafen, die Kinder seien ganz reizend gewesen, sie habe bei ihrer Rückkehr eine große Freude an ihnen gehabt, denn sie seien so lebhaft, lustig und brav; man könne es gar nicht beschreiben, man müsse es mit eigenen Augen sehen. Bei der Rückkehr nach Stuttgart einige Wochen später begrüßten die Akademiebewohner Elsa und Olga mit einem Fackelzug. Wera war stolz auf ihre Kinder. Am 3. Dezember 1877 ließ sie die

beiden mit ihrem Wägelchen vom Stuttgarter Starfotografen Brandseph fotografieren.
Bei der „Christbescherung“ 1877 staunten die beiden Mädchen die vielen Lichter an, hüpften und tanzten zu den Klängen der von der Mutter betätigten Drehorgel im Saal umher und konnten nicht genug bekommen. Dann schoben sie ihre Puppenwägelchen durch die Gegend und riefen, wenn ihnen König Karl im Weg stand: „Opapa Platz!“ Für Wera, das erste Weihnachten ohne ihren Mann, war diese „Christbescherung“ bei aller Heiterkeit dennoch ein trauriger Abend. Sie tröstete sich mit dem Gedanken, dass Eugen unsichtbar anwesend sei, sich mitfreue und Frau und Kinder segne.[153]
Im Frühjahr 1878 wurden die Zweijährigen geimpft. Probleme gab es dabei keine. Zum Eiersuchen an Ostern, wie die Großmama, die schlesische Großmutter Mathilde anregte, waren sie nach Ansicht ihrer Mutter noch zu klein. Andererseits aber hatte Herzogin Wera mit dem größten Vergnügen Eier und Zuckerhasen versteckt und ihre Freundinnen suchen lassen. Der Omama machten die beiden Kinder große Freude, als sie sie nach längerer Abwesenheit überaus herzlich begrüßten. Im Sommer ließ König Karl den Mädchen in Friedrichshafen einen Hühnerhof in den Garten stellen.[154]
Ende September 1878 kümmerte sich Wera um ihre kranke Hofdame von Roeder. Sie blieb deshalb in der Stadtwohnung. Dagegen befanden sich Elsa und Olga bei Omama und Opapa in der Villa Berg, wo sie die Mutter zwei- bis dreimal am Tag besuchte. Die Kinder genossen es offensichtlich sehr, wenn sie bei ihren Großeltern sein durften. Dies war beispielsweise auch im Dezember 1878 der Fall. Schon um 8 Uhr durften sie ins Schlafzimmer zur Omama kommen. Danach wurden sie nochmals ins Bett gesteckt. Um 10 Uhr erschien der Opapa, gab jeder von ihnen eine Brezel und spielte anschließend eine halbe Stunde mit ihnen. Darauf folgte der Morgenspaziergang und nach dem zweiten Besuch bei Omama um 12 Uhr „die Fütterung von Groß und Klein“. Danach Bettruhe, Spaziergang, um 17.30 Uhr Bad, zu dem sich, wenn irgend möglich der Opapa einstellte. Wenn dann die Mama nicht anwesend war, trug der Opapa die beiden Mädchen in ihre Bettchen und hörte zu, wenn sie das Abendgebet sprachen. Manchmal trug sie auch die Omama ins Schlafzimmer.

Viel Freude bereitete den beiden Mädchen im Spätsommer 1880 das Pferdchen der Omama, genannt Holyday, das ein Wägelchen zog und mit dem die Omama im Park der Villa Berg spazieren fuhr, wenn sie müde war. Die Kinder durften, wenn sie lieb waren, im Wägelchen mitfahren oder auf dem Pferd reiten. Im Juli 1882 ließ ihnen der Opapa in ihrem Gärtchen in Friedrichshafen einen Zwinger bauen, in dem sich ein Reh, ein junges Hirschchen, ein schwarzes Ziegenböckchen und viele Kaninchen tummelten.[155]

Zu der Weihnachtsbescherung 1878 lud Wera Kinder ihrer Bediensteten, aber auch Waisenkinder ein. Elsa und Olga machte dies besonders viel Freude.

Königin Olga und König Karl lebten mit ihren Adoptivenkelchen sichtlich auf. Karl ließ sich von den Kleinen sogar zurechtweisen, als er sich an seinem Geburtstag am 6. März 1878 zu früh zum Frühstück bei Wera einstellte. „Opapa zu früh“, tadelte Elsa. Zuvor hatten ihm die beiden Mädchen im Schloss gratuliert und ihm im Namen der in San Remo weilenden Omama ihre gemalten Bildchen überreicht.[156] Während des jährlichen Sommeraufenthalts in Friedrichshafen widmete das Königspaar Elsa und Olga viel Zeit, und es freute sich über ihre kindlichen Einfälle, so als der neue kleine Hund, den Wera bei ihrer Abreise nach St. Moritz ihren Kindern zurückgelassen hatte, den Nachttopf von Elsa austrank und er bestraft werden sollte, Elsa dies aber mit den Worten verhinderte: „Das macht nichts, ich mache ihn schon wieder voll.“ Zu Weihnachten 1879 schenkte der Opapa den Mädchen einen russischen Berg aus Holz, von dem sie herunterrutschen mussten. Nach der Bescherung hatten sich „beide Majestäten“, wie Wera berichtete, an dieser Rutschpartie zu beteiligen.[157]

Im Januar 1880 hatte Olga Rote Flecken. Wera hoffte, dass Elsa diese jetzt auch bekomme, weil es sich derzeit um eine leichte Form dieser Kinderkrankheit handle. Ob dieser Wunsch in Erfüllung ging, ist nicht bekannt. Im Mai 1881 beschäftigten sich Elsa und Olga im Park der Villa Berg mit dem Anpflanzen von Bohnen, Erbsen, Karotten, Radieschen und Kartoffeln. Sie sollten eine Vorstellung vom Wachsen und Gedeihen der für die menschliche Ernährung so wichtigen Gartengewächse bekommen.

Bei der Rückkehr aus St. Moritz Ende August 1884 empfingen die beiden Mädchen die Mutter in Friedrichhafen mit „nicht mehr enden wollendem Jubel". Dies tat Wera gut. Am 28. September desselben Jahres besuchte Herzogin Wera mit ihren Kindern das Cannstatter Volksfest. Dort begeisterten sie Marionetten, ein dressiertes Pony sowie ein fahrender Zirkus mit Seiltänzern. Zwei Jahre später fuhren Mutter und Kinder in einem vierspännigen Wagen mit Jockeys zum Volksfest, was offenbar einiges Aufsehen erregte. Im Frühjahr 1886 hatte Wera mit Elsa und Olga einen Ausflug nach Schloss Lichtenstein unternommen, einem „paradiesischen Fleckchen", an dem sie „unaussprechlich hing".
Oft wanderte sie auch mit den Kindern durch die Stuttgarter Wälder, um ihnen Freude an der Natur zu vermitteln. Sehr gerne fuhren Elsa und Olga Schlittschuh. Hier war meist auch die Mutter mit von der Partie. Für den Herbst 1887 plante Wera eine Reise mit ihren Kindern an den Rhein nach Rüdesheim zum Niederwalddenkmal und nach Koblenz. Dort sollten sie nicht nur die herrliche Landschaft kennen lernen, sondern auch Anschauungsunterricht in der neuesten deutschen Geschichte bekommen.[158]
Sehr am Herzen lag Herzogin Wera eine gute Schulausbildung ihrer Kinder. Sie gewann Prälat Karl von Gerok als Religionslehrer. Turnunterricht (Gymnastikstunden) erteilte Dr. Roth. Im Herbst 1886 wurden Geschichte und deutscher Aufsatz neu ins Unterrichtsprogramm von Elsa und Olga aufgenommen. Wera las ihnen täglich eine Stunde vor, im Herbst 1886 aus Luise von Pichlers Buch über die letzten Hohenstaufen. Dieses Buch hatte ihr einst als Vorlage für den von ihr verfassten Text einer Oper gedient.[159]
Schon als junge Frau hatte Wera gegen ihr Übergewicht anzukämpfen. Im Oktober 1879 unterzog sie sich einer Diätkur, die sie offenbar monatelang durchhielt und die daher recht erfolgreich war. Prinz Willy hatte es ihr vorgemacht. Der Schwiegermutter versicherte sie, eine solche Kur sei nicht sonderlich beschwerlich, sie lasse nur Kartoffeln, Mehl und Süßigkeiten weg, verzichte auf Brot und Zucker. Für äußerst hilfreich im Kampf gegen überflüssige Pfunde hielt sie auch das Schlittschuhlaufen. Im Januar 1880 gab sie sich diesem angenehmen Wintersport täglich eineinhalb Stunden und länger hin.[160]

Das Residenzschloss Friedrichshafen am Bodensee, Lithografie von Emminger um 1825

Für die junge Witwe verlor das gesellschaftliche Leben auch nach dem Tod des geliebten Mannes nichts von seiner Faszination. Nach längerer durch die Trauerzeit bedingter Abstinenz bewegte sie sich gerne wieder auf dem elitären Parkett der höfischen Gesellschaft. Sie nahm regelmäßig an den Hofbällen teil. Auf dem Hofball im März 1886 tanzte sie nach ihrer eigenen Schilderung „wie verrückt und war sehr leichtsinnig“. Und sie meinte: „Einmal im Jahr etwas Leichtsinn ist ganz nett, aber mehr nicht“. Bei einer solchen Gelegenheit hatte sie keine Skrupel, ihrem sonst durch die Vernunft gebändigten ungestümen Temperament die Zügel schießen zu lassen. Daran, dass sie beim Hofball 1886 so sehr Feuer gefangen habe, schrieb sie, seien die Vettern Albrecht, Wilhelm und Ernst schuld, die sich ihr gegenüber allesamt sehr nett verhalten hätten. Selbst Willy (der spätere König Wilhelm II.) sei, seitdem er sich verlobt habe, charmant zu ihr, was man zuvor nicht gerade von ihm habe behaupten können.

Wera genoss auch die verschiedenen „Soireen“ der Karnevalszeit. Drei „Soireen“ habe sie schon erlebt, berichtete sie am 9. Februar 1885 der Schwiegermutter, nämlich bei den Spitzemberg, Podewils und Leutrum, zwei weitere stünden ihr noch bevor. Allerdings, ergänzte sie, müsse das Theater etwas darunter leiden, dessen von ihr sehr geschätzte Vorstellungen sie dann notgedrungen versäume. Sie gab auch selbst „Soireen“, so eine Anfang Dezember 1882. Zu dieser hatte sie 270 Einladungen verschickt. Die Resonanz war sehr erfreulich. Lediglich 70 der Eingeladenen sagten ab.[161]

Ein bescheidener Lebensstil

Wera hielt nichts von übertriebenem Luxus. Sie lebte recht einfach, und sie hielt auch ihre Kinder zu einem bescheidenen Lebensstil an. Die Hauptmahlzeiten beschränkten sich auf Fleisch, Gemüse und Kompott. Süße Speisen und Extraplatten durften nicht gereicht werden.[162] Für ihre Weihnachtswünsche war Elsa und Olga ein eng begrenzter finanzieller Rahmen vorgeschrieben. Da Waisenkinder und Kinder der Bediensteten von Weras Hofstaat alljährlich zu der Weihnachtsbescherung der beiden kleinen Herzoginnen eingeladen wurden, sollten diese keinesfalls durch teure Geschenke, mit denen Elsa und Olga bedacht wurden, verstimmt oder gar vor den Kopf gestoßen werden. Herzogin Wera war bestrebt, allen anwesenden Kindern in gleicher Weise Freude zu bereiten, ihnen damit den Sinn der Weihnachtsbotschaft nahe zu bringen. An der ungeheuchelten Freude gerade der sozial benachteiligten Kinder hatte sie selbst die größte Freude. 1885 nahm sie ihre beiden Töchter erstmals zur Weihnachtsbescherung mit in die Krippe und in die Blindenanstalt in Botnang. Bald schon betätigte sie sich als „Christkind" in einer ganzen Reihe von Anstalten und Heimen. 1887 waren es 13 oder 14. Zu einigen dieser Einrichtungen begleiteten sie wiederum Elsa und Olga. Zum ersten Mal kamen die Töchter in jenem Jahr auch mit zum „Kinderspital", der Olgaheilanstalt. Wegen der starken Beanspruchung von Herzogin Wera musste die Bescherung im eigenen Haus auf den 23. Dezember vorverlegt werden.[163]

So geschah dies auch 1889. In jenem Jahr fand für Wera die letzte von ihr organisierte Bescherung am 27. Dezember in Berg statt. An der Bescherung der eigenen Kinder bereits einige Tage vor dem Christfest nahmen wie üblich zwölf Waisenkinder und eine Anzahl von Kindern der Dienerschaft teil. Insgesamt waren es 30 Kinder. Diese Bescherung in der eigenen Wohnung bildete für Herzogin Wera den Höhepunkt ihrer weihnachtszeitlichen Aktivitäten. Hier fühlte sie sich für einige Stunden von dem Stress befreit, den sie sich in den Tagen des Christfestes auferlegte, damit auch sozial benachteiligte Kinder, ebenso körperlich oder geistig Behinderte ein wenig Anteil am Lichterglanz dieses Festes erlangten. Die Abendstunden des Heiligen

Abends selbst verbrachte sie gewöhnlich zusammen mit ihrer Hofdame Klothilde Freiin von Roeder bei deren Schwester, weil es dort besonders gemütlich und erholsam war.[164]
Wera achtete darauf, dass ihre Kinder nicht verzärtelt wurden. Nachdem sie mit ihnen zusammen im Frühjahr 1888 ihre Wohnung in der Villa Berg bezogen hatte, gingen Elsa und Olga von dort aus zu Fuß zum Unterricht in die Stadt und kamen zum Mittagessen mit dem Ponywagen zurück. Ein Ausflug auf den Lichtenstein, den die beiden Mädchen mit ihrer Mutter in dieser Zeit einmal unternahmen, begeisterte sie.[165]
Wenig nach dem Geschmack Weras war drei Jahre zuvor ein Besuch bei den Adoptiveltern Karl und Olga in Nizza gewesen,

Die Herzoginnen Elsa und Olga von Württemberg, die Töchter von Herzogin Wera, im Alter von etwa zwölf Jahren

Herzogin Wera mit ihren beiden Töchtern auf einem Winterausflug

die sie und ihre Kinder in den südfranzösischen Kurort eingeladen hatten. Die „schwüle" (moralisch schwüle) Atmosphäre – König Karl lebte hier offen seinen homosexuellen Neigungen, war seinem amerikanischen Freund hörig – kann einem Kummer und besonders Mitleid einflößen, bekannte sie ihrer Schwiegermutter. „Es ist eben traurig, dass es überall **menschelt** und speziell bei Hof!" Sie machte mit ihrem Hofmarschall und ihrer Hofdame von Roeder einen Abstecher nach Florenz, wo sie bereits zuvor einmal gewesen war, und nach Venedig. Dann kehrte sie mit den Kindern, die wohl ganz gerne noch in Nizza geblieben wären, nach Stuttgart zurück.[166] Leibarzt Fetzer bedauerte, dass die Herzogin, die er sehr liebenswürdig und im Gespräch recht anregend fand, das schöne Nizza bereits wieder verließ, ehe sie es überhaupt kennen gelernt hatte.[167]

Seitdem Elsa und Olga dem Kindesalter entwachsen waren, bemühte sich Wera, ihnen zusätzlich zu der Freude an der Natur und zu dem Engagement für die sozial benachteiligten Mitmenschen die Welt der Musik, des Theaters und der Literatur zu erschließen und einen Teil ihres Tagesablaufs mit den Kindern abzustimmen. Am Karfreitag 1890 besuchte sie mit ihnen die Aufführung eines Oratoriums in der Stiftskirche. Auch Königin Olga schloss sich ihnen an. Im Juni desselben Jahres weilte Wera mit ihren Töchtern bei den Festspielen in Oberammergau. Sie fand die schauspielerischen Leistungen unvergleichlich besser als zehn Jahre zuvor. Damals war sie zum ersten Mal in Oberammergau gewesen. Doch waren die Aufführungen diesmal durch das schlechte Wetter stark beeinträchtigt. Kurz darauf fuhr Herzogin Wera mit ihren Kindern zu einem längeren Ferienaufenthalt auf die Insel Norderney. Allerdings verließ sie selbst die Insel bereits nach den ersten Ferienwochen, um zu den Wagner-Festspielen nach Bayreuth zu fahren und von dort nach St. Moritz, ihrem Sommeraufenthalt, weiterzureisen.

Im Dezember 1890 ermöglichte sie den Töchtern ein erstes Opernerlebnis: Lohengrin von Richard Wagner. Im März 1891 nahm sie Elsa und Olga mit in ein im Königsbau gegebenes Konzert. Auf dem Programm stand das Oratorium „Elias“ von Felix Mendelsohn-Bartholdy.[168]

Im Frühjahr 1891 verbrachte Wera mit ihren Töchtern wiederum herrliche Ferienwochen auf der Insel Norderney. Schon die Fahrt mit der Bahn den Rhein entlang wurde zum großen Erlebnis. Deutschpatriotisch gesinnt, sangen sie beim Anblick des in eine zauberhaft schöne Landschaft eingebetteten deutschen „Schicksalsstroms“ die „Wacht am Rhein“, und als dann der Lorely-Felsen in Sicht kam, stimmten sie das Lied an: „Ich weiß nicht, was soll es bedeuten, dass ich so traurig bin ...“ Von Norderney aus besuchten sie die verwandte großherzogliche Familie in Oldenburg. Während ihres dortigen Aufenthalts wohnten sie in der Gräflich-Knyphausen'schen Villa. Abstecher machten sie nach Bremen und Hamburg.[169]

Am 25. März 1893 wurden Elsa und Olga, 16-jährig, in der Stuttgarter Schlosskirche von Oberhofprediger Prälat von Schmid konfirmiert. Bereits vier Jahre später heiratete Elsa Prinz Albrecht von Schaumburg-Lippe, einen Bruder von

Königin Charlotte von Württemberg. Die standesamtliche Trauung erfolgte am 6. Mai 1897 durch Ministerpräsident Hermann Freiherr von Mittnacht. Ihr schloss sich die kirchliche Trauung durch Oberhofprediger von Schmid im Residenzschloss an. Mit dieser Heirat wurde ein weiteres enges verwandtschaftliches Band zwischen Wera und dem seit 1891 in Württemberg regierenden König Wilhelm II. geknüpft. Jetzt war Königin Charlotte über ihren Bruder Albrecht, wie schon erwähnt, für Wera gleichfalls zur nahen Verwandten geworden. Prinz Albrecht war österreichisch-ungarischer Offizier.
Zwischen seiner Garnison, zunächst in Wels, später in Brünn, und Stuttgart entwickelte sich ein reger wechselseitiger Besuchsverkehr, zumal Elsa schon bald Mutter von vier Kindern wurde: Prinz Max (geb. 1898), Prinz Franz Joseph (geb. 1899), Prinz Alexander (geb. 1901) und Prinzessin Bathildis (geb. 1903). Bei einem Besuch in Wels verlobte sich Olga mit Prinz Maximilian zu Schaumburg-Lippe, Albrechts Bruder. Am 3. November 1899 fand in Stuttgart die Hochzeit statt. Prinz Maximilian leistete als Oberleutnant Dienst im 2. Württenbergischen Ulanenregiment König Wilhelm I. Nr. 20 in Ludwigsburg. Olga schenkte ihrem Mann drei Söhne, Eugen, Albrecht und Bernhard. Von ihnen starb allerdings der jüngste, gerade sechs Monate alt, bereits im Juni 1903.[170]
Für Herzogin Wera kamen nun einige der glücklichsten Jahre ihres Lebens. Ihre kleinen Enkel machten ihr viel Freude. Oft war sie in Wels und ebenso im nahen Ludwigsburg. Umgekehrt stellten sich ihre Töchter mit Familien gerne in der „Akademie“ oder auf der Villa Berg ein. Freud und Leid lagen bei den Töchtern Weras dicht beisammen.
Am 18. Dezember 1902 schenkte Prinzessin Olga zu Schaumburg-Lippe einem Jungen das Leben. Er erhielt in der Taufe, an der auch König Wilhelm II. und Königin Charlotte teilnahmen, den Namen Bernhard. Doch schon am 24. Juni 1903 starb, wie schon erwähnt, der kleine Prinz.[171] 1904 verdüsterte dann ein schwerer Schicksalsschlag den Lebensalltag von Wera und ihren Kindern. Am 1. April jenes Jahres starb, 33-jährig, Prinz Maximilian zu Schaumburg-Lippe, seit 1901 Rittmeister und Eskadronchef im Ulanenregiment König Wilhelm I., in dem an der Adria gelegenen, damals zu Österreich-Ungarn gehörenden Abbazia, wo er gehofft hatte, Heilung von seinem Herzleiden

Die Enkelkinder von Herzogin Wera um 1905

zu finden. In Wera brachen alte Wunden auf; sie fühlte sich in fataler Weise an den Tod ihres Mannes im Januar 1877 erinnert. Mit viel Liebe und Einfühlungsvermögen suchte sie den Schmerz und die Trauer der Tochter Olga zu lindern. Nach der Chronik der Stadt Stuttgart hatte sich Prinz Maximilian durch seine Geradheit und seine Liebenswürdigkeit viele Sympathien erworben.[172]

Im Lauf der Jahre wurde Herzogin Wera zu einem der bekanntesten und beliebtesten Mitglieder des Königshauses. Den Stuttgartern prägte sich, wie Clara Mayer-Bruckmann schreibt, die Erscheinung Weras tief ein. „Sie sahen eine Dame, die unbekümmert ihres Weges ging, in streng englischem Kostüm mit kurzen Haaren, einem etwas männlichen Gang, den Stock in der Hand, manchmal begleitet von einer Hofdame. Sie war sympathisch durch ihre große Natürlichkeit.“[17]

Einem Knaben, den sie zusammen mit anderen Kindern zu einer Zirkusvorstellung eingeladen hatte, blieb Wera so in Erinnerung: „Die Herzogin war eigentlich gar nicht wie ich mir eine Herzogin dachte. Sie sah aus wie ein Mann, hatte kurz geschnittene Haare und eine männliche Stimme. Sie hatte großen Spaß an den Tieren, besonders an den wilden, und sie lachte über die Clowns wie wir. Ich stellte mir vor, dass sie sehr lustig sein müsse. Wenn es schoss, hielt sie sich nicht die Ohren zu wie andere Frauen.“[174]

Wera lebte und handelte nach ihrem Wahlspruch „Treu und beständig sein, sein Leben lang, und wahr ohne Scheu". Martin Lang zeichnet das wohl treffendste Charakterbild von ihr: „Sie war unermüdlich tätig, der Tag war nie lang genug. Wer ihr nahe treten durfte, lernte eine Fürstin von seltenen Herzenseigenschaften kennen: Aufrichtigkeit, Geradheit und stille Tüchtigkeit. Es war ihr leicht dienen. Sie trug nicht nach, auch wo sie sich verletzt fühlte. Das Bleibende der Freundschaft, Erinnerung an warm und tief Empfundenes war ihr teuer: ‚Das kann dir nicht genommen werden'. Tief eingewurzelt in ihr war das Gefühl für die Gebrechlichkeit des Irdischen. Tief fühlte sie auch die Kleinheit alles Menschlichen vor der Größe der Schöpfung. Allem Großen und Geweihten gehörte ihre Liebe: den Bergen, deren reine Luft ihr ein Gefühl des Friedens und der Freiheit, seligen Geborgenseins schenkte; dem erhabenen Ort, ‚wo der Bergstrom seinen Lauf beginnt', den stille wirkenden Kräften und flüsternden Stimmen der Natur; der Sternennacht, dem erwachenden Morgen; dem Traum der Unsterblichkeit, dem Gottesgedanken. Wald und Flur, Täler und Höhen von Stuttgarts Umgebung waren ihr von Spaziergängen her vertraut. Oft lagen Blumen von unbekannter Hand in ihrem Wagen, wenn sie diesen wieder bestieg. Ihre Begegnung war jedermann eine große Freude. Ein Brief mit der Aufschrift ‚Der Wera im Schlosshof' kam sicher in ihre Hand. In ihrer Sommerwohnung, der Villa Berg, hat sie bezeichnende Sprüche an die Flurwände malen lassen. Den Eintretenden empfing dieser:

Willkommen ist mir jedermann,
Der schlicht und offen reden kann;
Die Schliche lasse man zu Haus
Nichts richtet man bei mir mit aus."[175]

„Wer der fast überschlichten, einfachen Herzogin in den frühen Morgenstunden begegnete", erinnert sich ein anderer Zeitzeuge, „oder sah, wie sie sich auf der Landstraße mit einer Bäuerin oder einer Milchfrau ins Gespräch einließ oder an einem Neubau stehen blieb, um den Arbeitern ein paar lobende Wort zuzurufen, der hätte wohl kaum eine Fürstin in ihr vermutet."[176]

Wera, ganz und gar Württembergerin geworden, hatte sich auch ein Repertoire an offenbar teilweise recht derben schwäbischen Ausdrücken angeeignet, von dem sie hin und wieder Gebrauch machte, freilich dies nicht immer zur Freude der Angesprochenen, die von einer Fürstin eine ausschließlich gewähltere Sprache erwarteten. Doch dies tat ihrer ungewöhnlichen Popularität keinen Abbruch. Natürlichkeit, Aufrichtigkeit, menschliche Wärme und Herzlichkeit gewannen ihr die Zuneigung aller Bevölkerungsschichten. Nach Berg kam sie gerne zu Festen und Jahrmärkten, wobei sie es liebte, sich unter die Dorfbewohner zu mischen. Besonders freute es sie, wenn sie mit Kindern zusammen sein konnte. Hier auf dem Dorf schätzte man auch ihr Schwäbisch, zumal dieses Barrieren abbaute. Von einem peinlich wirkenden Anbiedern konnte bei ihr aber nie die Rede sein.[177]

Als Angehörige des württembergischen Königshauses und als Kaiserliche Hoheit genoss sie besondere militärische Ehren. Vor ihrer Wohnung in der „Akademie" hatte Tag und Nacht ein Wachtposten Dienst zu leisten. Jedes Mal wenn sie das Haus verließ, um etwa im Akademiehof ihr Gefährt zu besteigen, präsentierte der Wachtposten gemäß seiner Dienstinstruktion das Gewehr. Sie versäumte es dann nie, im Vorbeigehen den Soldaten freundlich zu grüßen und zu sagen: „Ich danke schön, Grenadier".[178] Ihr Mitleid erregte der Wachtposten, wenn dieser in kalten Winternächten frierend vor seinem Schilderhäuschen auf- und abging. Regelmäßig erschien dann, von dem Soldaten sehnsüchtig erwartet, ein Lakai der Herzogin und servierte dem durchgefrorenen Wachtposten auf silbernem Tablett ein Gläschen feinen Likörs. Wenn dann der Soldat pflichtschuldigst erklärte, es sei ihm im Dienst streng verboten, etwas anzunehmen, beruhigte ihn der Lakai mit den Worten: „Trinken Sie nur! Ihre Kaiserliche Hoheit wird es vor Seiner Majestät dem König verantworten."[179]

Ungeachtet ihres leutseligen Wesens, ihrer Herzenswärme, die Menschen jedweden Standes und Berufs und vor allem mittellosen Waisen, bedürftigen Alten und Kranken sowie geistig und körperlich Behinderten zugute kam, war sich Herzogin Wera ihres hohen Standes stets bewusst. Sie bejahte den monarchischen Staat, eine ständisch gegliederte Gesellschaft. Politische Äußerungen sind von ihr nicht bekannt. Dass sie in ihrer Einstellung ihrem Vetter König Wilhelm II., Württembergs geliebtem Herrn, nahe stand, ist zu vermuten. Sein Regierungsprogramm von 1891, stetiger besonnener Fortschritt auf allen

Herzogin Wera in späteren Jahren

Gebieten des staatlichen Lebens, Pflege der Religion und die Fürsorge für das geistige und sittliche Wohl des Volkes[180], hätte sie bestimmt unterschreiben können. Nun besaßen Frauen, selbst die Angehörigen des Hochadels, keinerlei politische Rechte. Sie waren im Staatsleben auf eine gänzlich passive Rolle beschränkt. Wera hat dies akzeptiert und ihr öffentliches Betätigungsfeld im sozialen und karitativen Bereich gefunden. Davon wird noch die Rede sein.

An der personellen Zusammensetzung des Hofstaats von Herzogin Wera änderte sich im Lauf der Jahre nur wenig. 1894 hatte noch immer Herr von Baldinger-Seidenberg das Hofmarschallamt inne. Dienst tuender Kammerherr war Curt Freiherr Seutter von Lötzen. Die Freiinnen Klothilde von Roeder und Charlotte von Racknitz standen als Hofdamen der

Herzogin besonders nahe. Weitere Bedienstete waren: Kammerfrau Wurster, Küchenmeister Eisenmann, ferner eine Garderobejungfer, drei Kammerjungfern, vier Lakaien, vier Kutscher, ein Jockey sowie ein Hausdiener.[181] An die Stelle des Freiherrn von Lötzen trat 1898 Hauptmann Karl Freiherr von Valois.[182] Vermögensverwalter von Herzogin Wera war, wie schon erwähnt, von 1874 bis zu seiner Pensionierung 1905 Rechtsanwalt Karl Friedrich von Schumacher. Wera schätzte Schumacher sehr. Er war während drei Jahrzehnten Chef der Hofverwaltung und Sekretär von Prinzessin Marie von Württemberg Gräfin von Neipperg, der Tochter König Wilhelms I. und Königin Katharinas, bis zu deren Tod 1887 und beriet und betreute auch noch andere Mitglieder des württembergischen Königshauses. Durch seine berufliche Tätigkeit erwarb er sich den Ruf eines uneigennützigen Sachwalters, und er genoss allenthalben großes Vertrauen. Über ihren Mann machte die Schriftstellerin Tony Schumacher, die Tochter des württembergischen Generals Fidel von Baur-Breitenfeld und von Jugend an mit der höfischen Gesellschaft vertraut, gleichfalls die Bekanntschaft von Herzogin Wera. Die beiden Frauen freundeten sich an. Tony Schumacher verbrachte manchen Tag auf der Villa Berg. Wera nahm sie immer wieder mit nach Bayreuth und erreichte, dass auch sie zur Wagner-Verehrerin wurde.[183]
Der Hofmarschall von Herzogin Wera, Kammerherr von Baldinger-Seidenberg, hatte in seinem Amt hohes Ansehen erlangt. Die Herzogin wünschte, dass dies auch öffentlich anerkannt und gewürdigt werde. König Wilhelm II. erfüllte diesen Wunsch und verlieh von Baldinger-Seidenberg am 16. Februar 1902 den Rang auf der zweiten Stufe der Rangordnung. Dies bedeutete, dass von Baldinger-Seidenberg den obersten Hofbeamten rangmäßig gleichgestellt war. Im November 1904 übernahm an Stelle des aus Altersgründen in den Ruhestand Versetzten Kammerherr Major z. D. von Vischer-Ihingen bei Herzogin Wera das Amt des Hofmarschalls.[184]
Klothilde Freiin von Roeder, seit den 1870er Jahren als Hofdame im Dienst Weras, verstand sich bestens mit ihrer Chefin. Sie wurde deren engste Freundin. In Anerkennung ihrer treuen Dienste verlieh ihr König Wilhelm II. am 8. Mai 1910, dem 34. Jahrestag der Hochzeit von Herzogin Wera, den Rang auf der dritten Rangstufe[185] – eine hohe Auszeichnung und eine

Würdigung ihres vorbildlichen menschlichen Engagements. Bereits im März 1884, anlässlich der zehnten Wiederkehr ihres Dienstantritts, hatte Wera rühmend festgestellt: „Zehn Jahre hat es diese treue Seele bei mir ausgehalten, und sie ist mir mit Leib und Seele ergeben.“[186]

Nach dem Tod von Königin Olga im Oktober 1892 fiel Wera als Universalerbin auch die Villa Berg zu. Für die Verwaltung dieses Besitzes bedurfte die Herzogin zusätzlichen Personals. Im Jahr 1900 waren dies: Verwalter Koch, Hofgarteninspektor Stiegler, außerdem zwei Portiers und ein Maschinist.[187] Doch bezog Wera weiterhin nur im Sommerhalbjahr die Villa, im Winterhalbjahr behielt sie ihre Stadtwohnung in einem Flügel der „Akademie“ bei. In Berg bewohnte sie allerdings nicht die Villa selbst, sondern wie schon bisher ein Nebengebäude bei der Orangerie. Von einem herrschaftlichen Lebensstil konnte, sieht man von den Bediensteten ab, indes nicht die Rede sein. Wera führte in der „Akademie“ wie auf der Villa Berg einen ausgesprochen bescheidenen Haushalt.[188] Dabei verstand sich die russische Großfürstin durchaus auf höfische Repräsentation, und sie wusste, was sie, die Adoptivtochter eines Königspaars, nach damaligen Erwartungen ihrem Stand schuldig war. Bei Empfängen, die sie gab, fehlte es an nichts. Fanden solche Empfänge auf der Villa Berg statt, dann erstrahlten Gebäude und Park in märchenhaftem Glanz. Freilich hielt Wera wenig von bloßem Schaugepränge. Feste und Empfänge sollten den Besuchern Freude vermitteln, ihnen etwas vom reichen geistigen Erbe ihres Landes und der Nachbarvölker nahe bringen. Am 16. und 19. März 1889 beispielsweise gab die Herzogin in der „Akademie“ zwei „große Gesellschaften“, zu denen sich 190 und 160 Gäste einfanden. Dabei wurde, wie sie der Schwiegermutter berichtete, „jedesmal musiziert und deklamiert“.[189]

Bei offiziellen Anlässen achtete Herzogin Wera auf standesgemäßes Auftreten. Zum Volksfest fuhr sie im vierspännigen Wagen. Dasselbe geschah, wenn sie das Ulanenregiment König Karl Nr. 19, dessen zweiter Chef sie seit 1879 war, in Ulm besuchte oder wenn ein Manöver des württembergischen Armeekorps in der Nähe Stuttgarts stattfand.[190]

Begehrt war bei Geschäftsleuten in Stuttgart und Umgebung die Führung des Zusatzes zur Firmenbezeichnung: „Hoflieferant Ihrer Kaiserlichen Hoheit der Herzogin Wera von Würt-

Speisesaal der Villa Berg in den 1860er Jahren

temberg". Dieser Zusatz wurde vom Hofmarschallamt der Herzogin verliehen. In Stuttgart führte ihn beispielsweise die Firma „Johann Rominger: Kunst-Abteilung, Porzellan, Jagd- und Sportgegenstände etc". Der Hoflieferantentitel durfte auch nach dem Tod von Herzogin Wera weiterhin als Geschäftsempfehlung benutzt werden, allerdings musste der „Herzogin Wera" ein „weiland" vorangestellt werden. So konnte sich noch 1914 der Konditoreibesitzer Albert Ulmer in Esslingen selbstbewusst in dieser Funktion präsentieren.[191]

Anfang der 1890er Jahre lernte Herzogin Wera die Gräfin Fanny Pauline zu Inn- und Knyphausen auf Schloss Remseck am Neckar kennen. Aus der Bekanntschaft wurde bald zwischen beiden Frauen eine Freundschaft. Fanny Pauline Gräfin zu Inn- und Knyphausen, eine geborene Freiin von Gemmingen-Guttenberg-Bonfeld, hatte am 31. Oktober 1845 in Meiningen das Licht der Welt erblickt. Am 11. Juni 1863 hatte sie Edzard Wilhelm Alco Graf zu Inn- und Knyphausen geheiratet. Die Ehe war kinderlos geblieben, der Graf bereits 1887 gestorben. Gräfin Fanny Pauline hatte ihren bisherigen Wohnsitz auf dem um 1850 erbauten neugotischen Schloss Remseck beibehalten, das samt einem Gut von 27 Hektar seit 1863 im Besitz der zu Inn- und Knyphausen war. Dort starb sie auch am 11. Dezember 1924.[192]

Im Fremdenbuch I (1863–1899) und im Gästebuch (1900–1945)[193] sind zwischen 1894 und 1910 insgesamt 19 Besuche von Herzogin Wera vermerkt. Die Herzogin kam häufig mit ihren Töchtern, gelegentlich auch ohne sie ins Schloss Remseck. Begleitet war sie regelmäßig von einer oder auch zwei ihrer Hofdamen: Klothilde Freiin von Roeder und Charlotte von Racknitz. Oft befand sich in ihrer Begleitung Johanna Freifrau von Gemmingen. Einmal, beim ersten Besuch am 14. Mai 1894, war auch der Bruder der Freiin von Roeder, der Oberstleutnant und Kommandeur eines Dragonerregiments E. von Roeder, unter den Gästen.

Herzogin Wera unterstützte Fanny Pauline Gräfin zu Inn- und Knyphausen bei ihren sozialen Aktivitäten. So gehörte sie am 27. Dezember 1900 zu den zahlreichen Besuchern eines Konzerts in der Neckarremser Kirche, das die Gräfin angeregt hatte und dessen Erlös der Finanzierung einer Kleinkinderschule in Neckarrems dienen sollte. An dem für eine kleine Landgemeinde im Jahr 1900 beachtlichen Konzert mit Kirchenchor, Solisten, Violinvortrag sowie einem Duett für Tenor und Bass wirkten die Herren Sautter, Schäffer und Fräulein Müller aus Stuttgart mit. Unter den Zuhörern waren Damen und Herren mit illustren Namen: Johanna Freifrau von Gemmingen, Antonie Gräfin von Scheler, B. Gräfin von Scheler, Baron Brüsselle mit den Töchtern Marie und Leopoldine, Freifrau von Thüngen mit zwei Töchtern, Mia von Bredow.

Bei der Einweihung der Kleinkinderschule am 8. Mai 1903 gehörte Wera mit ihrer Tochter Prinzessin Elsa zu Schaumburg-Lippe sowie den Hofdamen Klothilde Freiin von Roeder und Baronin von La Roche wiederum zu den Ehrengästen. Dass die Einweihung auf den 8. Mai anberaumt war, den Hochzeitstag Weras, war eher eine liebenswürdige Aufmerksamkeit von Gräfin Fanny Pauline als ein Zufall. Weiterhin konnte die Gräfin zu Inn- und Knyphausen den württembergischen Außenminister Julius Freiherr von Soden und zahlreiche andere Adlige (unter anderem Palm, Scheler, Gemmingen-Babstatt) begrüßen.

Bei ihrem Besuch am 2. November 1897 in Remseck widmete Herzogin Wera der menschlich so einfühlsamen, einem Christentum der Tat verpflichteten Gräfin ein Gedicht „Die Gastlichkeit“. Sie wollte damit zum Ausdruck bringen, wie sehr sie den guten Geist im Remsecker Schloss schätzte und wie gerne sie, aber auch andere, Junge und Alte, Fröhliche und Trauernd-Bedrückte hierher kämen:

„Wer kennt mich nicht in diesem Haus,
Wo ich so viel kehr' ein und aus
Und spende Glück und Freundlichkeit?
Ihr wisst's! – Ich bin – **Die Gastlichkeit!**
Ich bin der Nächstenlieb' verwandt
Und komme, wenn mit milder Hand
Die Herrin Kranke lässet ein,
Dass sie der Ruhe sich erfreu'n.
Doch nicht nur Sieche hier genesen,
Auch lustige und junge Wesen
Im Hause sollen munter sein
Verbreitend Licht und Sonnenschein!
Drum ist das Remseck-Schlösslein hier
Für Gastlichkeit ein reich Revier!
Als sichtbar Zeichen nun ich bringe
Das holde Sinnbild jener Dinge
Die wir in Nahrung dürfen wenden
Und unserm Leben Würze spenden.
Denn wo kein Brot und Salz im Haus
Ist meine Tätigkeit bald aus.
Drum Kraft und Würze haltet fest
Unausgebraucht soll ja ein Rest
Im Witwenkrüglein immer bleiben
Und Sorgen aus dem Haus vertreiben.
O lasst auch ferner oft mich weilen
Und noch recht viele Kranke heilen
Im Schloss, wo neben Lust und Freud'
So gern auch weilt: die Dankbarkeit!"

Ein enges Vertrauensverhältnis zur Schwiegermutter

Herzogin Mathilde von Württemberg geborene Prinzessin zu Schaumburg-Lippe (1818–1891), die Mutter von Herzog Eugen, muss eine warmherzige, einfühlsame, intelligente und künstlerisch talentierte Frau gewesen sein. Leider wissen wir über sie nur wenig. Die vielen Briefe, die sie zwischen 1874 und 1891 an ihre Schwiegertochter geschrieben hat, sind nicht erhalten, auch sonst keine Briefe von ihrer Hand oder sonstige schriftliche Dokumente. Ihr Leben, ihr Denken und Handeln erschließen uns indirekt lediglich die Briefe, die Herzogin Wera, die beiden Töchter Weras und deren Erzieherinnen in den Jahren 1874 bis 1891 an sie gerichtet haben.

Herzogin Mathilde verlor bereits Anfang 1875 ihren Mann, zwei Jahre später den einzigen Sohn. Es verblieben ihr danach noch die Töchter Wilhelmine Eugenia (1844–1892) und Pauline (1854–1914). Wilhelmine Eugenia hatte am 8. Mai 1868 den Halbbruder ihres Vaters, Herzog Nikolaus von Württemberg (1833–1903) geheiratet, den späteren österreichischen Feldmarschallleutnant und Divisionskommandeur. Seit 1888 lebte sie mit ihrem Mann in Karlsruhe. Ihre Ehe blieb kinderlos. Die jüngere Tochter Pauline ging ihre eigenen Wege, verzichtete auf ihre Zugehörigkeit zum württembergischen Königshaus und heiratete 1880 den bürgerlichen Breslauer Arzt Dr. Melchior Willim (1855–1910). Die Mutter – und dies war keineswegs selbstverständlich – hatte für die Entscheidung der Tochter, auf alle Vorrechte ihres fürstlichen Standes zu verzichten, großes Verständnis gezeigt. Sie hatte bei König Karl die Genehmigung zu dieser ersten „morganatischen Ehe“ einer württembergischen Prinzessin erwirkt und der Tochter, die nunmehr durch „königliche Entschließung“ den Namen eines Fräuleins von Kirbach führte, im heimatlichen Karlsruhe am 1. Mai 1880 die Hochzeit ausgerichtet. Pauline wurde wie zuvor schon ihr Mann ein engagiertes Mitglied der Sozialdemokratie. Aus ihrer Ehe gingen zwei Kinder hervor.[194]

Wera beschäftigte sich erstmals am 3. April 1880 in einem Brief an die Schwiegermutter mit der bevorstehenden Heirat Paulines. Sie schrieb: „Jetzt werdet ihr wohl im Besitz der Verzichtsurkunde sein, die Pauline im Einvernehmen mit ihrem künftigen Gatten zu unterzeichnen hat. Da sie auf Rang, Titel und dergleichen überhaupt nichts gehalten hat, so wird ihr der Verzicht nicht schwer fallen, was aber der Herr Doktor zu dem sagen wird, ist eine andere Frage. Wenn nun beide damit einverstanden sind, so ist die Sache als erledigt, bewilligt und abgemacht anzusehen und braucht sich Pauline nicht zu fürchten, dass es jemand hintertreiben könne, wenn's nur nicht sie **selbst** noch zu guter Letzt tut, was ja bei ihrem Charakter kein Ding der Unmöglichkeit wäre! Jetzt hoffe ich nur, dass sie bei ihrem Entschluss bleibt, glücklich wird und auch glücklich **macht** und nicht auch ihren Mann durch Eigensinn und Verrücktheit zur Verzweiflung bringt! – Alle Deine Fragen sind jetzt **geschäftlich** im offiziellen Schreiben beantwortet worden." Für Wera war nun der Hochzeitstermin wichtig. Sie hielt den 8. Mai für ideal, hatten doch an diesem Tag 1868 die Schwester Wilhelmine Eugenia und 1874 der Bruder Eugen, damit also auch sie selbst geheiratet. Allerdings räumte sie ein, dass dieser Hochzeitstermin in Anbetracht der noch zu treffenden Vorbereitungen möglicherweise zu früh liege. Pauline erschienen solche Überlegungen uninteressant; sie legte den Tag ihrer Hochzeit bereits auf den 1. Mai fest. Als Hochzeitsgeschenk hatte Wera wertvolles Silberbesteck vorgesehen, sie bat aber die Schwiegermutter um eine kurze Äußerung, ob sie damit richtig liege. Auf alle Fälle wollte sie Pauline etwas Praktisches und Brauchbares schenken. Schmuck kam ihrer Ansicht nach schon deshalb nicht in Betracht, weil Pauline von Schmuck wenig hielt und weil sie als Arztfrau keine Gelegenheit hatte, solchen zu tragen. Abschließend bat Wera die Schwiegermutter, ihr doch Näheres über die Person und den Beruf ihres künftigen Schwagers mitzuteilen.

Dies dürfte geschehen sein, denn in ihrem Brief vom 12. April meinte Wera, der Doktor scheine ein vernünftiger Mann zu sein. Doch müsste Pauline unbedingt ihren Eigensinn und ihren Widerspruchsgeist ablegen. Wera hatte keine standesbedingten Vorurteile. Daher ihre überraschende Feststellung: „Prinz oder Doktor gilt gleich, wenn's ein Ehrenmann ist." Nicht recht verständlich war ihr, dass Dr. Willim erst kürzlich den Weg nach Karlsruhe gefunden hatte, um bei der Herzogin Mathilde um die Hand ihrer Tochter anzuhalten, nachdem er doch mit Pauline längst verlobt war. Dass dieser Schritt dem der Adelswelt ferne stehenden, selbstbewussten jungen Arzt nicht leicht gefallen war, konnte sie, die sie in einer anderen Welt lebte, bei allem Verständnis für Herzensangelegenheiten junger Menschen nur schwer begreifen. Wera wollte sich wegen einiger praktischer Fragen mit der Mutter ihres künftigen Schwagers in Verbindung setzen und bat um deren Anschrift.

Offensichtlich weigerte sich Pauline, ihre künftige Schwiegermutter und deren Töchter zur Hochzeit einzuladen. Wera war empört. Erstmals bekam ihre Schwiegermutter harte Worte von ihr zu hören. „Du warst für Deine Töchter immer zu gut und zu nachgiebig und hast zu viel ihre Fehler entschuldigt. Du entschuldigst Paulines Unarten viel zu sehr. Pauline hat keine Achtung vor der Mutter ihres Verlobten, hört nicht auf sie." Für Herzogin Wera stand außer Frage, dass die Mutter und die Schwestern des Bräutigams an der Hochzeitsfeier teilnahmen. „Nichts auf der Welt darf einer Frau heiliger sein als die Mutter des Mannes."

Herzogin Mathilde ließ sich allem Anschein nach den harten Tadel der ihr besonderes Vertrauen besitzenden Schwiegertochter gefallen, denn Wera machte in ihren nächsten Briefen auch nicht einmal die Andeutung einer Entschuldigung. Freilich, Herzogin Mathilde wusste, wie streng, ja drakonisch das verhaltensgestörte Mädchen Wera dereinst erzogen worden war und was diese einer solch harten Erziehung verdankte. Dass sie selbst aber ihren Töchtern gegenüber zu nachsichtig gewesen sei, vermochte sie wohl kaum in Abrede zu stellen.

In Stuttgart verurteilten einzelne Angehörige des Königshauses diese „Mesalliance", doch die Mehrheit hielt sich mit Äußerungen sehr zurück. Es gab sogar durchaus positive Reaktionen. So wünschte Prinz Willy, der nachmalige König Wilhelm II., dem Brautpaar Glück. Man sei, schrieb Wera, an dergleichen Heiraten ja schon so gewohnt, dass man weder Entsetzen noch Erstaunen äußere. Anscheinend waren in etlichen deutschen Fürstenhäusern damals bereits Ehen mit bürgerlichen Partnern nicht ganz selten.

Am 8. Mai 1880 war Herzogin Wera dann im Besitz eines Fotos von ihrem Schwager, und sie zeigte sich angenehm überrascht. Das Foto, so äußerte sie, sei „allerliebst". Der Schwager erscheine hier noch knabenhaft jung, aber, fügte sie verschmitzt hinzu, „man korrigiere sich täglich“ von diesem Fehler (des allzu jugendlichen Aussehens). Sein Gesicht sei höchst sympathisch und lieb, und sie könne nur hoffen, dass sein Inneres dem Gesicht entspreche. Wenig Verständnis hatte sie für Bemerkungen, Pauline habe mit ihrer Ehe und dem Verzicht auf Standesprivilegien ein zu großes Opfer gebracht. Für die Liebe war ihrer Ansicht nach kein Opfer zu groß. Deshalb sollte man Paulines Opfer nicht so sehr hervorheben.

Erfreut zeigte sich Wera am 17. Mai 1880 darüber, dass Pauline glücklich sei und dass sie die Güte ihres Mannes zu schätzen wisse. Ihr Wunsch: „Gebe Gott, dass sie [Pauline und Melchior] glücklich bleiben!“ Eine Art Fazit der jungen Ehe zog Wera in einem späteren Brief: Was Gouvernanten in zehn Jahren nicht gelungen sei, das habe Paulines Mann in einem Jahr zuwege gebracht, nämlich dass die einstige Herzogin ruhiger und vernünftiger geworden sei.[195]

Wera war, wie sich am Beispiel ihrer Schwägerin Pauline nachweisen lässt, eine beredte Anwältin für das Recht des Menschen jeden Standes, die ihn mit einem anderen Menschen verbindende Liebe in der Verantwortung vor Gott zu leben. Sie nannte einmal die Menschenliebe die Paradieses-Rose, die als einziges Himmelsgut dem armen aus dem Garten Eden vertriebenen Menschenpaar verblieben sei, und damit ein „Sinnbild der über uns waltenden Liebe Gottes“. Die Frau, die nach kurzer Ehe ohne Partner blieb, hat ihr weiteres Leben in den Dienst engagierter Nächstenliebe gestellt. Sie bekannte: „Wenn Liebe meinem Herzen fehlt, fehlt mir die ganze Welt“.[196] Und dieser Ausspruch hatte mit romantischer Schwärmerei auch nicht das Geringste zu tun; er war vielmehr das Fazit einer aus schweren Schicksalsschlägen erwachsenen und errungenen Lebenserfahrung.

Wera hat der Schwiegermutter in ihren vielen Briefen über ihren Alltag, über ihre Sorgen und Nöte, über die Entwicklung der beiden Töchter berichtet, sie hin und wieder auch um Rat gefragt, hat Anteil am Ergehen der „Großmama“ ihrer Kinder genommen. Sie war wiederholt zu Besuch in Karlsruhe, und auch Mathilde kam offensichtlich gerne nach Stuttgart. In den beiden ersten Jahren nach dem Tod Eugens schrieb sie ausschließlich Briefe mit schwarzem Trauerrand. Auch trug Wera während dieser Zeit nach ihrer eigenen freien Entscheidung

Trauerkleidung.[197] Neben ihr berichteten hin und wieder die Betreuerinnen der beiden Mädchen über deren Ergehen. Später schrieben die Betreuerinnen auch im Namen von Elsa und Olga – mitunter sogar in deren Formulierungen.[198]

In den Briefen Weras aus den beiden ersten Jahren nach dem Tod Eugens steht der Verstorbene nicht selten im Mittelpunkt. Das trauernde Gedenken bestimmte wesentlich das Leben der jungen Witwe.

Am 6. April 1877 schrieb sie: „Diese Woche gehe ich täglich zweimal in die Kirche, bleibe oft über eine Stunde dort, gestern Abend sogar zwei Stunden. Morgen gehe ich zum dritten Mal zum Abendmahl, folglich heute Abend zur Beichte." Einen Monat später, am 7. Mai 1877: „Aber die drei verflossenen Jahre bieten so viel zum Dank gegen Gott, dass man im Rückblick für diese goldene Zeit danken muss, dass man sie überhaupt erleben durfte. Wie viele schöne Erinnerungen bleiben mir und welch vollständiges seltenes Glück durfte ich in dieser kurzen Frist genießen. Das Andenken meines teuren Verklärten ist ein solch ungetrübt schönes, reines und edles, wie man kaum es wieder findet, so dass der erste Kummer, den er mir bereitete, sein Scheiden von mir war. Er ist heimgegangen und zieht uns himmelan."[199]

In einem Brief vom 15. Juni 1877 bedauerte sie, dass Eugen in ihr keine lenksame und nette Frau gehabt habe. Er habe deshalb oft viel Geduld mit ihr gebraucht, sei aber stets mild und geduldig geblieben. Bitter empfinde sie es, dass sie ihm dies nicht habe vergelten können.[200]

Wie wir wissen, vermochte Wera auch als erwachsene Frau ihr cholerisches Temperament nicht immer zu zügeln. Marie Freiin von Redwitz schilderte sie in ihrer Hofchronik 1888 bis 1912 als wild und eigensinnig.[201] Vermutlich reagierte Wera auch ihrem Mann gegenüber, wenn ihr etwas nicht zusagte oder zuwider war, mitunter recht unbeherrscht.

König Karl hatte direkt beim Spielplatz von Elsa und Olga im Park der Villa Berg eine Büste von Herzog Eugen aufstellen lassen. Dies war wohl kein sonderlich glücklicher Gedanke, doch Herzogin Wera hatte dagegen keine Einwände. Sie beobachtete, dass die beiden anderthalb Jahre alten Mädchen jedes Mal, wenn sie an der Büste vorübergingen, „Papa" sagten, und dies rührte sie.[202]

Am 22. April 1878 schrieb Wera der Schwiegermutter: „... am Donnerstag (dem 25.) ist russischer Gründonnerstag, und ich gehe abermals zum Tisch des Herrn [zum Abendmahl] und bedarf Deiner Verzeihung und Deines Segens. Am Karfreitag, dem Tag, an welchem mein Eugen immer zur Kommunion ging, war ich auch heuer wieder in der [Schloss-]Kirche, unter deren Altar Eugen jetzt ruht, und [ich] gehe am Mittwoch vor der Beichte hinunter, um am lieben Sarg zu beten."[203]

Immer wieder erzählte Wera der Schwiegermutter von den Fortschritten, die ihre kleinen Töchter machten, weil sie sie damit aufheitern, ihr Freude bereiten konnte. Diese Briefe gehören zu den reizvollsten persönlichen Dokumenten, die sie hinterlassen hat. Am 21. März 1877 berichtete sie: „Den lieben Kleinen geht es gottlob ganz gut. Sie sind wohl und munter und lieb. Heute ging ich mit ihnen zu Fuß bis zum Kronprinzenpalais, wo ich Besuch machte. Von da gingen sie [mit ihrer Kinderfrau] allein weiter. Sie hatten große Freude an diesem kleinen Spaziergang mit ihrer Mama." Am 3. Mai 1877: „Den Kinderchen geht's, gottlob, ganz gut. Olga macht starke Gehversuche, Elsa wird vom Nachtschoppen entwöhnt, sie ist aber noch sehr nervös und zart, hat jetzt sechs Zähnchen. Morgen möchte ich sie zum Fotografen bringen und hoffe, dass etwas zustande kommt. Sie sind jetzt so nett, verständig und groß! Olga versteht alles, was man ihr sagt und küsst jeden Abend das Bild von Papa mit solcher Freude und Gewissenhaftigkeit, dass es wirklich herzig und zugleich rührend ist. Elsa tut es auch, aber nur wenn sie guter Laune und nicht zu schläfrig ist."[204]

Im Oktober 1877 kam Herzogin Mathilde zum ersten Mal seit dem Tod ihres Sohnes zum Besuch der Schwiegertochter und der Enkelkinder nach Stuttgart. Auf der Villa Berg, wo sie während ihres Aufenthalts in der württembergischen Haupt- und Residenzstadt gastfreundliche Aufnahme fand, tat Wera alles, um ihr frohe Tage im engsten Familienkreis zu bereiten.[205]

Auf Wunsch von Königin Olga, der sich mit ihren eigenen Besuchsplänen deckte, unternahm Wera im Herbst 1878 eine Reise nach St. Petersburg, um Eltern, Geschwister und andere nahe Verwandte wiederzusehen. Auf der Rückfahrt machte sie zur großen Freude der Schwiegermutter in Karlsruhe Station.[206] Im Februar/März 1883 besuchte Herzogin Mathilde wiederum die Schwiegertochter und deren Kinder in Stuttgart.

Elsa und Olga, inzwischen sieben Jahre alt, freuten sich sehr, dass sie für einige Wochen tagtäglich die sonst so weit entfernte Großmama um sich hatten und ihr viel Schönes zeigen konnten. Wera selbst dürfte die Gelegenheit genutzt haben, um mit der Mutter ihres verstorbenen Mannes gute und beiden hilfreiche Gespräche zu führen.[207]

Am 18. Mai 1884 kündigte Hofmarschall von Baldinger-Seidenberg von St. Petersburg aus Herzogin Mathilde den Besuch Weras an. Diesmal befand sich in ihrer Begleitung ein erheblicher Teil ihres Hofstaats: neben dem schon genannten Hofmarschall Hofdame Klothilde Freiin von Roeder, eine Kammerfrau, eine im Dienste der Freiin von Roeder stehende Kammerjungfer, ein Kammerdiener sowie ein Lakai. Herzogin Wera hatte einen viertägigen Aufenthalt in Karlsruhe vorgesehen.[208]

Wohl erstmals gemeinsam mit ihren Kindern kam Wera im September 1887 nach Karlsruhe. Dem Besuch in Schlesien ging eine Rheinreise voraus. Von Koblenz aus fuhr die Herzogin auch diesmal mit stattlichem Gefolge, darunter der „Bonne", dem Kindermädchen, sowie Fräulein Harper, der Erzieherin, mit der Bahn nach Breslau und von dort weiter zur Residenz der geliebten Großmama. Herzogin Mathilde erwiderte den Besuch im Mai/Juni 1890 in Stuttgart.[209]

Im Frühjahr 1891 begann Mathilde zu kränkeln. Sie litt unter starken Schmerzen. Wera war sehr besorgt. Indes steigerten sich die Schmerzen noch. Vermutlich war Mathilde an einem Krebsleiden erkrankt. Am 27. Juli 1891 riet Wera der Schwiegermutter, es doch einmal mit der „Omnopathie" (wahrscheinlich der Homöopathie) zu versuchen. Am 7. August äußerte sie sich in einem Brief aus St. Moritz tief beunruhigt darüber, dass Mathildes Schmerzen fast unerträglich geworden waren. Und eine Woche später schrieb sie: „Ich habe in letzter Zeit für Dich gebetet. Der liebe Heiland möge Deine Schmerzen lindern und Dir helfen, sie zu ertragen." Noch immer erhoffte sie sich für die Kranke eine Besserung. „Wir dürfen die Hoffnung und Geduld nicht aufgeben."[210] Dieser Brief erreichte die Schwerkranke nicht mehr. Sie starb an dem Tag, dem 14. August 1891, an dem Wera diesen Brief geschrieben und zur Post gegeben hatte.[211]

Mit Herzogin Mathilde verlor Wera eine mütterliche Freundin, die mit ihr viele Jahre im Wortsinn Leid, aber auch Freud' geteilt hatte.

Eine geistig und kulturell interessierte und vielseitig engagierte Fürstin

Herzogin Wera begann schon früh, ihren Gefühlen und Stimmungen, Schmerz, Freude, beglückenden Erlebnissen, begeisternden nationalen Ereignissen, ebenso faszinierenden Naturschönheiten, in Gedichtform Ausdruck zu verleihen. Sie war keine große Dichterin, verfügte aber über die Gabe des treffenden Worts, der einfühlsamen, bilderreichen Sprache. Offensichtlich begann sie schon in jungen Jahren mit Gelegenheitsgedichten. Der jähe Tod ihres Mannes im Januar 1877 dämpfte vorübergehend ihre Freude an der heiteren Muse der Dichtkunst. Doch bald erwachte sie aufs Neue.[212] Im Mai jenes Umglücksjahrs besang sie in einem Gedicht, das sie ihrer Schwiegermutter nach Karlsruhe sandte, diesen wunderschönen Monat mit seiner Blumen- und Blütenpracht. Doch dann überkam sie der Schmerz über den Verlust des Gatten:

„In kalter Nacht ward mir entrissen,
was meines Lebens Stütze war.
Kein Maienglanz kann das verwischen,
Was ich verlor auf immerdar!
Nur du, o reine Himmelsbläue
strahlst mildernd in mein Herz hinein.
In mir empfind' ich seine Weihe,
Die tröstend deutet himmelwärts."[213]

Freundschaftlichen Kontakt hatte Wera zu ihrem früheren Musiklehrer, dem Komponisten Gottfried Linder, der 1872 mit seiner Rokokooper „Dornröschen" einige Aufmerksamkeit erregt hatte. Für seine Oper „Konradin von Schwaben", mit der er 1879 an die Öffentlichkeit trat, schrieb die Herzogin das Libretto[214], und sie freute sich, dass die Erstaufführung in Stuttgart ein Erfolg war. Der Schwiegermutter gegenüber bekannte sie, dass die gute Aufnahme des „Konradin von Schwaben" beim Opernpublikum auch ihrer Eitelkeit schmeichelte. „Das Werk hat aber viele sehr schöne Partien, ganz in der Wagner'schen Art, obgleich mehr Melodie, die auch leichter zu fassen ist."[215]

Engen Kontakt unterhielt Wera zu dem Germanisten Julius Klaiber (1834–1892), Professor für deutsche Literatur, Ästhetik

und Redeübungen am Stuttgarter Polytechnikum, der späteren Technischen Hochschule und der heutigen Universität, dem Nachfolger Friedrich Theodor Vischers. Klaiber war dereinst gleichfalls ihr Lehrer gewesen. Sein Fachgebiet, die deutsche Dichtung, interessierte sie sehr.[216] Ihm zeigte sie ihre Gedichte. Sein Urteil war ihr wichtig. Freilich, wenn er sich kritisch zu Bildern und Formulierungen äußerte, die ihr besonders am Herzen lagen oder die ihre persönliche Eigenart berührten, dann verteidigte sie ihre Sicht- und Ausdrucksweise leidenschaftlich.[217]
Es scheint, dass Wera Phasen hatte, in denen sie besonders gerne den Pegasus ritt. So schrieb sie der Schwiegermutter am 3. Mai 1889: „Gedichte habe ich schon viele gemacht, jetzt muss die Musenbestie ausschnaufen."[218]

Größeren Erfolg in der Öffentlichkeit hatte Wera lediglich mit ihrer 1890 publizierten vaterländischen Dichtung „Die Württemberger vor Paris". In ihr erinnerte sie in pathetisch-patriotischer Weise an die blutigen Kämpfe bei Villiers und Champigny sowie an die Kavallerieattacken am 30. November und 2. Dezember 1870 während des Deutsch-Französischen Kriegs. Es waren schlichte eingängige Verse, den Eberhardballaden von Ludwig Uhland nachempfunden. Sie sprachen den einfachen Mann an, den Veteranen wie den Rekruten, ebenso den Schuljungen, und sie lieferten den Rahmen, die historisch faktengetreue Erläuterung zu den eindrucksvoll gestalteten Schlachtenbildern von Braun und von Faber du Faur.[219] Wera bekam aus deutschpatriotisch gesinnten Kreisen viel Lob, ja Schmeicheleien zu hören. Ein General von Brandenstein beispielsweise schrieb am 2. Mai 1890 ihrem Hofmarschall: „... einzelne Schönheiten desselben [Gedichts] können unstreitig den besten epischen Erzeugnissen unserer Literatur zur Seite gestellt werden."[220] Davon konnte indes nicht die Rede sein. Herzogin Wera gab mit ihrer Dichtung dem stolzen Selbstgefühl der Wilhelminischen Gesellschaft Ausdruck, die auch nach 20 Jahren noch immer die großen Siege von 1870/71 über Frankreich glorifizierte.

Sehr viel sprechender und menschlich bewegender sind die Gedichte Weras, die die jeweilige Lebenssituation der Herzogin widerspiegeln, die Freude und Glück oder auch Schmerz, seelische Bedrängnis, schwere Schicksalsschläge in häufig überschwänglich gefühlvoller Weise in Worte zu fassen versuchen.

Wera schrieb Gedichte über den Tod ihres Söhnchens, ihres Mannes und der Königin Olga, ebenso über den Tod ihres Großonkels Kaiser Wilhelms I., das Ableben anderer ihrer deutschen und russischen Verwandten. So trauerte sie über eine ihr nahe stehende Tote:

„Ja, weine nur! Gott zählt die Tränen,
Die tropfenweise du geweint,
Er kennt und er versteht dein Sehnen. –
Er ist dir unsichtbar vereint ...
Ja, weine nur! Sah man nicht weinen
Selbst Jesus an des Freundes Grab?
Wie? Diese Heilandstränen scheinen
Nicht lindernd auch auf dich herab? ...“

Zum Geburtstag ihrer Mutter in Russland schlug sie sehr besorgte, mitfühlende Töne an. Leider wissen wir nicht, ob es sich auf einen erst kurz zurückliegenden schweren Schicksalsschlag (Tod eines Sohnes) oder auf persönliche unglückliche Lebensumstände (Ehe) bezieht:

„Wenn ich gleich einem Vögelein
könnt zieh'n zu dir,
Wie gerne wollte dann ich sein
bald dort, bald hier!
Bei jedem frohen Sonnenblick
eilt ich zu dir,
Damit du klagest dein Geschick
Ganz leis nur mir,
Und wenn dein Leid du ausgeweint
am Herzen mir,
Und wenn die Sonne wieder scheint
im Auge dir, –
Dann kehr' ich wieder voll Vertrau'n
Zurück, wo vier
Der Äuglein aus dem Nestchen schau'n
sich um nach mir!“

Einen vertrauten Bekanntenkreis bedachte sie mit einem gedruckten „Geburtstagsbuch“. Dieses Buch enthielt für jeden Tag ein Blatt zum Eintragen von Geburtstagen, und auf jedem Blatt stand ein Gedicht. Diese wurden ergänzt durch Monatsgedichte, illustriert mit Federzeichnungen einer Schweizer Künstlerin.

Dass Wera nationale Gedenktage oder Gedenktage für bedeutende Persönlichkeiten mit teilweise panegyrischen Hymnen feierte, verwundert nicht. Doch widmete sie nicht allein Heroen der eigenen Nation rühmende Gedichte, sondern auch historische Persönlichkeiten aus anderen Ländern, so Napoleon, stellte sie in Reimen vor. Mit tiefer Wehmut beispielsweise schilderte sie in emphatischen Wendungen das traurige Geschick des früh verstorbenen Herzogs von Reichstadt, des Sohns von Napoleon Bonaparte:

„Die Seinestadt, das stolze Frankenland,
Sie blickten selbstbewusst auf deine Wiege;
Das Szepter schon sie sah'n in deiner Hand
Und träumten schon vom Glanz der künft'gen Siege.
Und ruhmestrunken lag vor dir im Staub
Die Schar der altehrwürd'gen Grenadiere;
Sie schmückten dich mit ihres Lorbeers Laub,
Dass es den Führer ihrer Enkel ziere!
Doch dieses Lorbeerreis – es welkte bald! ...
Noch eh' die Hand zum Schwertstreich dir erstarkte. –
Im Siechtum sank die blühende Gestalt.
Die gleich dem kranken Baume rasch entmarkte. –
Erloschen war der wunderbare Stern,
Der deinem Vater wies die Siegesbahnen –
Er selbst, – im Felsengrabe ruhend, – fern! –
... In Staub zertreten seine blut'gen Fahnen! ...“[221]

Wera besaß einen Blick für Naturschönheiten. Feld und Wald hatten es ihr angetan. Frühmorgens, im Winter oft schon, wenn noch der Mond am Himmel stand und zaghaft rosiges Dämmerlicht den nahenden Tag ankündigte, war sie unterwegs. Sie liebte es, den Sonnenaufgang in der freien Natur zu erleben. Und sie kehrte oft bereits von ihrem Morgenausflug zurück, wenn viele Stuttgarter erst aus dem Schlaf erwachten oder gerade beim Frühstück saßen. Ihr Wagen fuhr durch stille, fast unbelebte Straßen zu ihrer Wohnung in der „Akademie“ oder zur Villa Berg.[222] Auch abends war sie oft unterwegs. Der verdämmernde Tag beflügelte ihre Fantasie:

„Der Tannen schlanker Schatten
lag auf der goldnen Flur,
Im letzten Sonnenstrahle
erglänzte die Natur,

Und dunkler ward's im Tale,
und Nebel stieg empor;
Allmählich aus den Wolken
kam leis der Mond hervor."[223]

Ihrer Schwiegermutter gab sie am 28. August 1883 eine begeisterte Schilderung von Wiesen in der Schweiz, „einem herrlichen Fleckchen Erde": „So still und friedlich und die Natur so großartig und mannighaltig, immer geht's rauf und runter, um jede Ecke eröffnet sich eine tiefe romantische Schlucht mit Gebirgsbächen, Felsen und Wäldern. Ich, die schon viel schöne Naturgegenden bereist habe, sah noch nichts Derartiges. Dort blieb ich zwei Tage, die ich zu wundervollen dreistündigen Fußpromenaden benutzte."[224]

In der Gebirgswelt der Alpen offenbarte sich ihr die göttliche Schöpfermacht. Besonders eindrücklich ihr Erleben nach stiller Andacht in einer Bergkirche beim Blick über die Gebirgslandschaft:

„Tret' ich heraus aus der erhab'nen Stille,
Die mich umfing im heil'gen Gotteshaus,
Wo ich vernahm des Worts gewalt'ge Fülle
So überzeugend wahr – tret' ich heraus,
So schaut mich an mit lichter weißer Stirne
Der Bergkoloss, der hoch gen Himmel ragt,
Vom Schöpfer aller Welten und Gestirne
Stumm, doch beredt ein großes Wort er sagt.
Und dieses Wort mit Gottes Wort verbunden
So wunderbar erhebend sich ergänzt,
Dass, was in dieser Kirche ich empfunden,
An Paradieses lichte Wonne grenzt."

Eine enge Seelenverwandtschaft verband Wera mit dem begnadeten Kanzelredner Karl Gerok (1815–1890), dem Dichter der „Palmblätter". Wie Gerok war sie weltoffen, naturverbunden, den Menschen zugewandt, dabei erfüllt von einem tief gegründeten Gottesglauben, der Frucht langer innerer Kämpfe. In einem Gedicht bekannte sie:

„Ich habe lange kämpfen müssen,
Bis ich mein Herz dir aufgetan,
Ich wandelte in Finsternissen
Und suchte lang die rechte Bahn, –
Ich hab' dich nun, mein Gott, gefunden,

Dich, der du mein Erlöser bist!
Ich hab' den Zweifel überwunden
Und glaub' an dich, du heil'ger Christ."

Angesichts des nächtlichen Sternenhimmels, der sie immer wieder aufs Neue faszinierte, kam ihr einmal ein russisches Lied in den Sinn, das sie im Deutschen mit den Worten wiedergab:

„Klar und ruhig ist der Himmel,
Glänzend strahlt herab ein Stern.
Ist's für dich wohl, dass er strahlet?
Denn du hast ihn ja so gern. –
Ob für mich? Ich kann's nicht wissen,
Doch sein Anblick tut mir gut;
Ich empfinde Gottes Frieden,
Fühle mich in seiner Hut."[225]

Obwohl das Deutsche die Sprache war, die sie liebte, in der sie sich in Wort und Schrift am Geläufigsten auszudrücken vermochte und in der sie ihre Gedichte und Lieder schrieb, behielt das Russische für sie einen hohen Stellenwert. Sie lebte in dieser Sprache, korrespondierte in ihr mit ihren nächsten Angehörigen und ebenso mit ihrer Tante Olga, die ausdrücklich gewünscht hatte, dass sie ihr nur russische Briefe schreibe.[226] Gerne betätigte sie sich auch als Übersetzerin von russischen Texten ins Deutsche. Ihr Bruder Konstantin, der Skakespeare und Schiller ins Russische übersetzte und daher um die Schwierigkeiten wusste, die mit einer solchen Tätigkeit verbunden waren, schätzte ihre Leistung als Übersetzerin sehr hoch ein.[227] Herzogin Wera, die übrigens nach der Schilderung von Zeitgenossen ein sehr hartes Deutsch sprach[228], besaß auch die Gabe, sich knapp und treffend auszudrücken. Kleine Zettel mit Mitteilungen von ihrer Hand an Freunde und Vertraute hatten wegen ihrer knappen präzisen Formulierungen einen besonderen Reiz und wurden von den Empfängern nicht selten lange aufbewahrt. Gelegentlich übte sich Wera auch im Zeichnen. Im September 1888 beispielsweise schickte sie ihrer Schwiegermutter eine von ihr gefertigte Federzeichnung.[229] Schon Ende der 1870er Jahre hatte sie für sich das Fotografieren entdeckt, und es machte ihr offenbar viel Freude. Auch ließ sie sich und ihre beiden Töchterchen gerne fotografieren.[230]

Technische Neuerungen faszinierten sie. Im Juli 1882 fand sie die Gotthardbahn „großartig und interessant".[231] Im Februar 1887 besaß sie bereits ein eigenes Telefon, das sie etwa für Einladungen benutzte.[232] 1892 ermöglichte sie der Firma Wilhelm Emil Fein die erste telegrafische Opernübertragung in Stuttgart. Mit Hilfe frei schwebend aufgehängter Mikrofone, die in manchem bereits den späteren Aufnahmeapparaturen für den Rundfunk ähnelten, gelang es, eine Opernaufführung im Hoftheater in ihre Stadtwohnung zu übertragen. Mit dem Namen von Herzogin Wera ist daher eine bedeutsame technische Neuerung in Stuttgart verbunden.[233]

Sehr erfreut war sie, als sie im August 1890 in St. Moritz die Bekanntschaft des damals schon berühmten Afrikareisenden und -forschers Henry Morton Stanley (1841–1904) und dessen Frau machte. Sie erhoffte sich von ihm interessante Aufschlüsse über seine Entdeckungsreisen. Leider kam aber kein Gespräch zustande, da Stanley nur englisch sprach und die englischen Sprachkenntnisse, die Wera, wie wir wissen, besaß, dafür anscheinend nicht ausreichten. Den Afrikareisenden schilderte die Herzogin als klein, untersetzt, als sehr schüchtern und still, dabei aber gutmütig, durchaus nicht blasiert und flegelhaft, wie sie vermutlich zuvor gehört hatte.[234]

Wera war eine große Verehrerin des Komponisten Richard Wagner (1813–1883). Sein Werk kam ihrem romantischen Kunstverständnis sehr entgegen. Jahr für Jahr fuhr sie zu den Wagner-Festspielen nach Bayreuth und fühlte sich jedes Mal aufs Neue reich beschenkt. „Hinreißende Vorstellung“, schrieb sie 1881 über eine Wagner-Oper. In den beiden folgenden Jahren begeisterte sie die Parsifal-Aufführung. 1886 besuchte sie in Bayreuth die Parsifal- sowie die Tristan- und Isolde-Aufführungen. Als „vollendet schön“ empfand sie die Tristan- und Isolde-Inszenierung. In jenem Jahr drängten sich Fürstlichkeiten und andere illustre Persönlichkeiten in Bayreuth. Auch „die Willys“ waren dort, also Prinz Wilhelm und seine Frau Charlotte, das spätere württembergische Königspaar. „Die Willys“ waren von den Vorstellungen in gleicher Weise wie Wera beeindruckt. 1888 traf die Herzogin in Bayreuth erneut viele Bekannte. Die Vorstellungen beschrieb sie wiederum als „vollendet schön“. Sie nahm auch am Empfang im Haus Wahnfried teil, den die Witwe des Komponisten, Cosima Wagner (1837–1930), gab, und äußerte sich anschließend darüber sehr befriedigt. Dem Hofmarschall von Baldinger-Seidenberg indes missfiel Weras Besuch bei Cosima Wagner. Er hielt ihn für deplaziert und meinte, dies sei für seine Herzogin nicht die richtige Gesellschaft, nicht der passende Umgang. Auch im Juli 1891 bot ihr, wie sie der Schwiegermutter berichtete, Bayreuth „einen ganz eigenartigen und hervorragenden Genuss“. Sie besuchte Aufführungen von „Parsifal“, „Tristan und Isolde“ sowie „Tannhäuser“. Darauf hatte sie sich schon lange zuvor gefreut. Die Musikgesellschaft bei Cosima Wagner im Haus Wahnfried versäumte sie auch diesmal nicht.[235]

In Stuttgart gehörte Wera zu den eifrigsten Theaterbesuchern. Sie war eine große Schiller-Verehrerin. „Wallenstein“ bezeichnete sie als ihr Lieblingsdrama. Ihre beiden Töchter nahm sie schon im Alter von 15 Jahren mit ins Theater. Im April 1891 beispielsweise durften Elsa und Olga die „Schiller-Abende“ mit „Demetrius-Fragment“, dem „Lied von der Glocke“ und der „Wallenstein-Trilogie“ „genießen“.[236] Am 12. Oktober 1902 wurde von König Wilhelm II. und Königin Charlotte das Stuttgarter Interimstheater mit einer Aufführung von Richard Wagners „Tannhäuser“ eingeweiht. Das Interimstheater hatte nach der Entscheidung des Königs das neun Monate zuvor durch Feuer vernichtete Hoftheater zu ersetzen, bis ein repräsentativer Neubau errichtet und bezogen werden konnte. Unter den zahlreichen Ehrengästen befand sich auch Herzogin Wera.[237]

Die Interessen Weras waren breit gefächert. Um an bedeutsamen kulturellen Ereignissen teilhaben zu können, scheute sie selbst weite Wege nicht. Im Oktober 1883 besichtigte sie in München eine Gemäldeausstellung und verband diese mit einem Besuch des Oktoberfests und des Theaters, wo die Operette „Der Bettelstudent“ von Karl Millöcker und die Wagner-Oper „Tannhäuser“ aufgeführt wurden. Ende Juli 1888 besuchte sie wiederum in München eine Kunst- und Kunstgewerbeausstellung.[238]

Am 26. April 1887 beteiligte sie sich mit ihren beiden Töchtern in Stuttgart an der Feier zum 100. Geburtstag von Ludwig Uhland. Damit Mutter und Töchter die Veranstaltung überblicken und den Chorgesang gut hören konnten, nahm Königin Olga sie mit in ein Haus auf dem Marktplatz. Zwei Tage darauf besuchte Wera ohne Begleitung eine Uhland-Feier in der Liederhalle, wo Uhland-Dichtungen gesungen und das Leben und Werk des schwäbischen Dichters und Politikers gewürdigt wurden.[239]

Allgemein begrüßt wurde, dass Herzogin Wera neben Königin Charlotte der Eröffnung der Ausstellung des Württembergischen Malerinnenvereins am 8. November 1899 beiwohnte.[240] Ein herausragendes Ereignis für Stuttgart war im folgenden Jahr 1900 das vom Verein zur Förderung der Kunst veranstaltete sechste große Musikfest. Unter den Besuchern der Eröffnungsveranstaltung des Musikfests im Königsbau am 29. Mai befanden sich das Königspaar, Herzogin Wera sowie der Ehrenpräsident des Festkomitees Prinz Hermann zu Sachsen-Weimar.[241] Ein gesellschaftliches Ereignis war bereits im Juni 1891 das damalige große Musikfest gewesen, zu dessen Abschluss König Karl nach Cannstatt in die Wilhelma eingeladen hatte. Zahlreiche Gesangvereine waren an dem Fest beteiligt gewesen, so die Vereine von Stuttgart, Cannstatt und Ludwigsburg. Wera, die die Abschlussveranstaltung besucht hatte, sprach von einem kleinen Volksfest.[242] An allen drei Abenden des vom Verein zur Förderung der Kunst vom 25. bis 27. März 1907 veranstalteten achten Musikfest befanden sich das Königspaar sowie Herzogin Wera unter den Gästen. Zur Aufführung kamen unter anderem „Der Messias“ von Händel, die Reformationskantate von Bach, das Tedeum und die Neunte Symphonie von Bruckner, das Meistersingervorspiel von Wagner, die Präludien für Orchester von Liszt, das Violinkonzert von Brahms.[243]

Am 15. März 1907 wurde im Festsaal der Liederhalle das Passionsspiel „Kaiphas und Pilatus“ achtmal hintereinander mit großem Erfolg aufgeführt. Das Protektorat über die Veranstaltung hatte Herzogin Wera übernommen.[244]

Von 1893 bis zu seinem Tod 1911, von 1900 bis 1908 als Direktor, gehörte Samuel de Lange dem Lehrkörper des Konservatoriums für Musik an. Das Stuttgarter Musikleben bereicherte er durch seine Dirigententätigkeit beim Verein für klassische Musik, wo ihm die Vermittlung namentlich der Werke von Johann Sebastian Bach und Johannes Brahms ein besonderes Anliegen war, sowie als Leiter des Orchestervereins und des Lehrergesangvereins. Auch als Komponist von Klavier- und Kammermusik, Chor- und Orchesterwerken trat er hervor.[245] An der Feier seines 70. Geburtstags am 22. Februar 1910 ehrte ihn neben Kultminister Karl von Fleischhauer und Oberbürgermeister Heinrich von Gauß auch Herzogin Wera durch ihre persönliche Anwesenheit.[246]

Gerne übernahm die Herzogin das Protektorat über die Aufführungen der Bühnendichtung „Der Messias“ von Franz Kaim an drei Abenden der Karwoche sowie am Osterfest und an den beiden folgenden Tagen. Am Osterfest befand sie sich selbst unter den Zuhörern, am Tag zuvor war es das Königspaar gewesen.[247]
Bei Wohltätigkeitsveranstaltungen fehlte Wera selten. So kam sie zusammen mit dem Königspaar zu dem am 20. April 1911 von Kammersänger Anton Scholl veranstalteten „Populären Liederabend“. Der Abend erbrachte den für die damalige Zeit beachtlichen Reinertrag von 2300 Mark.[248]
Viel Freude bereitete Herzogin Wera im September 1883 das noch nie erlebte Schauspiel eines Fischerstechens mit einer Regatta auf dem Neckar in Cannstatt. Es stand im Zusammenhang mit dem Volksfest. Wera war die Protektorin des Cannstatter Rudervereins.[249]
Wera liebte es, ferne Gegenden und fremde Länder kennen zu lernen. Im Juli 1891 unternahm sie eine ausgedehnte Reise. Diese führte sie über Ulm und Kempten nach Oberstdorf und Hohenschwangau. Dort begeisterte sie das von König Ludwig II. erbaute Schloss Neu-Hohenschwangau (Neuschwanstein), das sie bereits von einem früheren Besuch her kannte. Ihr erschien das Schloss „märchenhaft, traumhaft schön, eine wahre Gralsburg“. Sie sah in ihm eine großartige Dekoration für Wagner-Opern, sprach von „etwas noch nie Dagewesenem“. Sicher war ihr bekannt, dass der nach den Plänen des Theatermalers Christian Jank errichtete theatralisch übersteigerte Bau das sprechendste Monument der Wagner-Verehrung König Ludwigs II. war.[250] Von Hohenschwangau aus setzte sie die Reise nach München und Herrenchiemsee fort. Über Innsbruck ging es dann nach Norditalien. Auf dem Gardasee machte Wera eine Dampferfahrt. Auf ihrer weiteren Reiseroute lagen der Comersee, sodann Colico, Chiavenna und schließlich St. Moritz, wo sie wie fast jedes Jahr einige Ferienwochen verbrachte. In Norditalien wurden ihr zwei wertvolle Broschen, eine davon ein Andenken an Herzog Eugen, gestohlen. Die Broschen, Schätzwert 1100 Mark, für die damalige Zeit ein sehr hoher Betrag, befanden sich in einem kleinen Kästchen im verschlossenen Handkoffer. Damals waren Diebstähle auf italienischen Eisenbahnen recht häufig. Obwohl Wera von St. Moritz aus sofort nach der Entdeckung des Diebstahls die italienische

Polizei einschaltete, blieben die Broschen unauffindbar. Unter den gestohlenen Wertsachen, die bei einem gewissen Augusto Mancinello in Florenz 1888 sichergestellt wurden, befanden sie sich nicht.[251]

Etwas für Stuttgart gänzlich Neues war ein an Pfingsten 1898 veranstalteter Blumenkorso, an dem 115 mit Blumen geschmückte Wagen teilnahmen. Angeführt wurde der Blumenkorso, an dem sich Angehörige fürstlicher, sonstiger adliger Familien und Bürgerliche beteiligten, vom Königspaar. Auch Herzogin Wera war mit von der Partie. In ihrem Wagen saßen neben ihr ihre Tochter Elsa und deren Mann Prinz Albrecht zu Schaumburg-Lippe. Der Blumenkorso war eine große Attraktion. Insgesamt wurden 53 000 Zuschauerkarten verkauft. Der Reinerlös belief sich auf 8000 Mark. Von diesem Betrag erhielt die Hälfte der veranstaltende Verein für Fremdenverkehr. 2000 Mark flossen Stuttgarter Wohltätigkeitseinrichtungen zu. Der Rest wurde unter anderem zu Ehrenpreisen bei Pferderennen in Weil bei Esslingen, zur Finanzierung von Freikonzerten im Königlichen Schlossgarten und als Prämien für Stuttgarter Droschkenkutscher verwendet.[252]

Drei Jahre später, am Pfingstsonntag, dem 26. Mai 1901, nahmen König Wilhelm II. und Königin Charlotte sowie Herzogin Wera, Herzog Albrecht von Württemberg mit Gattin, Herzog Ulrich von Württemberg, ferner Prinz Hermann und Prinzessin Olga zu Sachsen-Weimar, Prinz Maximilian und Prinzessin Olga zu Schaumburg-Lippe an einem als Wohltätigkeitsveranstaltung aufgezogenen Blumenkorso teil. Der Wagen des Königs war hauptsächlich mit Maiblumen, der Wagen der Königin mit Marschall-Niel-Rosen und Goldregen geschmückt. Beide Majestäten und wohl auch Herzogin Wera beteiligten sich rege am Blumenwerfen. Die Veranstaltung hatte 3000 Menschen angelockt. Sieben Militärkapellen sorgten in den Anlagen für musikalische Unterhaltung.[253]

Am 31. Oktober 1902 fand auf dem Cannstatter Exerzierplatz das Herbstrennen des Schwäbischen Reitervereins statt. Diese Veranstaltung hielt Herzogin Wera für förderungswürdig. Sie stiftete daher für das Halbblut-Jagdrennen einen Ehrenpreis.[254]

Im September 1906 feierte der Württembergische Obstbauverein mit einer Ausstellung in der Stuttgarter Gewerbehalle sein 25-jähriges Bestehen. Neben König Wilhelm II. bekundete auch Herzogin Wera durch ihren Ausstellungsbesuch ihr Interesse an der Zielsetzung des Vereins, den Obstbau im Königreich Württemberg zu fördern. Am 4. und 5. März 1911 organisierte der Erste Württembergische Schoßhundeclub Stuttgart in den Sälen des Stadtgartens die Zweite Internationale Zwerghundeausstellung. Auf ihr wurden rund 150 Tiere im Gesamtwert von 300 000 Mark gezeigt. Unter den zahlreichen Besuchern befand sich auch Herzogin Wera.[255]

Selbst in ihren letzten Lebensjahren war Herzogin Wera nach dem Urteil des Erziehers ihrer beiden Ludwigsburger Enkel, Dr. Rudolf Thietz (1885–1966), noch „von solcher Vitalität und geistiger Regsamkeit", dass ihre beiden Hofdamen „ihren Ansprüchen kaum gewachsen" waren. Befand sich Dr. Thietz mit seinen Zöglingen zu Besuch bei ihr in der Villa Berg oder in der „Akademie", bat ihn die Kaiserliche Hoheit öfters darum, sie zu begleiten, und dies mit der Begründung, ihre Damen seien „erschöpft". Sie besuchten zusammen „Vorträge und religiöse Veranstaltungen, für die Herzogin Wera große Anteilnahme zeigte".

Einmal kam Dr. Thietz dabei in große Verlegenheit. Die Herzogin hatte nach der gemeinsam besuchten Veranstaltung noch eine Einladung bei König Wilhelm II. Sie schickte daher Dr. Thietz mit dem Wagen allein zur Villa Berg zurück. Da auf dem Bock neben dem Kutscher der Leibjäger mit Dreispitz und Federbusch saß, gingen die Stuttgarter, denen der Wagen begegnete, davon aus, dass ein Mitglied des württembergischen Königshauses an ihnen vorbeifahre. Sie grüßten den mit Gehrock und Zylinder bekleideten, im Fonds des Wagens sitzenden bürgerlichen Erzieher ehrerbietig: Die Frauen und Mädchen übten sich im Hofknicks, und die Männer machten Front und zogen den Hut. Dr. Thietz zog jedes Mal seinerseits den Zylinder, fühlte sich dabei aber sehr unbehaglich. Als er das für ihn peinliche Vorkommnis bei Tisch erzählte, beruhigte ihn die Herzogin. Er habe, meinte sie schmunzelnd, richtig gehandelt und „kein monarchisches Kapital vergeudet".

Sehr beeindruckt war er von der Wohnung der Kaiserlichen Hoheit in der „Akademie", „der berühmten Karlsschule Schillers", in der er zusammen mit der Familie von Prinzessin Olga zu Schaumburg-Lippe einige Tage an Weihnachten 1910 verbrachte. Er beschreibt sie als einen sehr großen, niedrigen

Bau. Die Zimmer waren nicht so hoch wie im Ludwigsburger Schloss, aber prächtiger ausgestattet. „Überhaupt", so berichtete er seinen Eltern, „geht's hier prunkvoller zu. Mein Zimmer ist mit reizenden Empire-Möbeln ausgerüstet, alles hell und freundlich ... Das Mittagessen war gründlich. Sieben Gänge musste ich über mich ergehen lassen. Dann gingen wir ins Lesezimmer der Großfürstin hinüber. Die Räume sind reich ausgestattet. Alles macht einen fabelhaft vornehmen Eindruck, und dabei ist es hier doch menschlich-behaglich. Zigaretten wurden gereicht. Als ich verzichtete, ließ mir Ihre Kaiserliche Hoheit Zigarren holen. Inzwischen studierte ich die Bilder. Frau Herzogin machte mich in liebenswürdigster Weise auf die bedeutendsten aufmerksam und erklärte die, an welche sie besondere Erinnerungen knüpfte. Mir schwirrt noch der Kopf von den vielen russischen, griechischen, deutschen und anderen Fürstlichkeiten; ich könnte sie jetzt nicht mehr alle aufzählen ..."
Überrascht war Dr. Thietz, dass ihn die Herzogin bei der abendlichen Bescherung, obwohl er doch „dienstlich nichts mit ihr zu tun hatte", mit einem Geschenk bedachte. Neben dem üblichen Teller voll feinsten schwäbischen Gebäcks überreichte sie ihm eine hübsche grünlederne Schreibmappe. Er hatte nicht erwartet, dass für ihn „das Christkind hier auch noch etwas bringen würde". Begeistert zeigte sich der junge Erzieher von der Villa Berg. Er nannte sie „ein ganz würdevolles Schmuckkästchen von wahrhaft kaiserlicher Pracht, reich an guten Gemälden und riesig kostbaren Vasen und Skulpturen". Auch der die Villa umgebende, bis zum Neckar reichende „herrliche Park" hatte es ihm angetan.[256]

Im engsten Zirkel des württembergischen Königshauses

Als Nichte und seit 1871 zugleich als Adoptivtochter von Königin Olga und König Karl stand Wera im engsten verwandtschaftlichen Verhältnis zum regierenden König. Ihr öffentliches Auftreten fand daher stets besondere Beachtung. Am 29. November 1879 beispielsweise nahm sie neben dem königlichen Onkel am Eröffnungsgottesdienst in der Stuttgarter Marienkirche teil, die sich an die Weihe des zweiten katholischen Gotteshauses in der württembergischen Haupt- und Residenzstadt anschloss. Anwesend war auch der gesamte Hofstaat. Da Königin Olga wegen Krankheit hatte absagen müssen, vertrat Wera gewissermaßen die Tante.[257] Auch sonst wurde die junge Herzogin als nächste Verwandte des Königspaars respektiert.

Ein besonders enges menschliches Verhältnis verband Königin Olga mit ihrem einstigen Sorgenkind, das ihr so viel zu verdanken hatte. Sie nahm an ihrem Leben mütterlichen Anteil, war ihren Kindern eine liebevolle Omama, und sie machte sie zu ihrer Helferin und gelehrigen Schülerin bei ihren vielfältigen karitativen Aktivitäten. Andererseits legte sie Wert darauf, dass Wera in ständiger Verbindung mit Eltern und Geschwistern blieb und dass sie sich die Kenntnis ihrer russischen Muttersprache erhielt. Deshalb ermunterte sie sie nicht nur zu häufigen Besuchen in St. Petersburg, sondern verlangte auch von ihr, wie schon in anderem Zusammenhang erwähnt, dass sie mit ihr in russischer Sprache korrespondierte. Die aus dem Nachlass Olgas stammenden Briefe Weras an die Tante aus den Jahren 1889 bis 1892 sind fast ausschließlich russisch. Lediglich bei der Anrede, dem Datum und der Grußformel bediente sich die Briefschreiberin auch der deutschen Sprache.[258]

Im letzten Lebensjahr Olgas, als diese bereits schwer krank war, übernahm Wera für die Tante repräsentative Aufgaben. So besuchte sie im September 1892 das Töchterinstitut Korntal und dankte im Namen von Königin Olga Lehrerinnen und Schülerinnen für die geleistete Arbeit. Sie unternahm auch einen Rundgang durch die Anstalt sowie den Garten und besichtigte kurz das Knabeninstitut.[259]

König Karl und Königin Olga von Württemberg im Jahr ihres Regierungsjubiläums 1889

Beim 25-jährigen Regierungsjubiläum des Onkels Karl im Juni 1889 fiel Wera als Adoptivtochter eine wichtige Rolle zu, die sie offensichtlich gerne wahrnahm. Auf dem bei dieser Gelegenheit entstandenen Familienfoto nehmen sie und ihre Töchter Elsa und Olga zusammen mit dem Königspaar den Mittelpunkt des Bildes ein, wogegen die übrigen Angehörigen des Königshauses, Prinzessin Auguste und Prinz Hermann zu Sachsen-Weimar, der Thronfolger Prinz Wilhelm mit Frau Charlotte und Tochter Pauline sowie Mutter Katharina, ebenso Herzog Albrecht von Württemberg, rechts und links von ihnen gruppiert sind.[260]

Die württembergische Königsfamilie um 1889. Rechts im Bild neben König Karl und Königin Olga Herzogin Wera mit ihren Töchtern Elsa und Olga

Wera stand dem Königspaar zur Seite, als dieses im Beisein der Mitglieder des Königlichen Hauses und der bereits eingetroffenen fremden Fürstlichkeiten am Montag, dem 24. Juni 40 Deputationen zur Übermittlung ihrer Glückwünsche empfing: die Mitglieder der beiden Kammern der Landstände, die Staatsminister, die Generalität, die Vertreter der bayerischen, preußischen, österreichischen und russischen Regimenter, deren Inhaber König Karl war, die Vertreter sämtlicher Oberämter, die Abgeordneten der kirchlichen Gremien und der Israelitischen Religionsgemeinschaft, der Hochschulen, der größten Städte des Königreichs, der Vereine und Organisationen. Am Abend gab es vom Verein zur Förderung der Kunst veranstaltete Festspiele, und den Abschluss des Tages bildete ein Ball.

Höhepunkt der Festlichkeiten war der 25. Juni, der Jahrestag der Thronbesteigung König Karls. Im Neuen Schloss stellten sich zahlreiche Gratulanten ein: Kaiser Wilhelm II., der König von Sachsen, die Großherzöge von Baden und von Hessen, der russische und der griechische Thronfolger, Erzherzog Franz Ferdinand von Österreich-Ungarn, Prinz Ludwig von Bayern, Erbgroßherzog Karl August von Sachsen-Weimar sowie zahlreiche andere Repräsentanten verwandter und befreundeter fürstlicher Häuser. Anschließend fanden auf dem Cannstatter Wasen eine Große Militärparade sowie ein militärisches Diner im Landhaus Rosenstein statt. Der Jubiläumstag endete mit einem riesigen Fackelzug, an dem sich Tausende beteiligten. Die Lichterfülle mit zum Teil ganz neuartigen Beleuchtungseffekten ähnelte einem Märchen aus Tausendundeiner Nacht. Herrliches Sommerwetter vereinte dann die Fürstlichkeiten und 4000 geladene Gäste aus allen Ständen und aus sämtlichen Gegenden des Landes am späten Nachmittag des 26. Juni in der Wilhelma und auf dem Rosenstein bei einem zwanglos-heiteren Gartenfest. Am Abend des 27. Juni endeten die offiziellen Jubiläumsfeierlichkeiten mit einem vom Verein für klassische Kirchenmusik in der Stiftskirche veranstalteten Konzert.[261]

Wera war von der Großen Parade auf dem Cannstatter Wasen begeistert. Bei dem Vorbeimarsch der Ulanen, denen sie sich besonders verbunden fühlte, stand sie in ihrem Wagen auf. Beeindruckt war sie von dem jungen Kaiser, der sich während dieses glänzenden militärischen Spektakels plötzlich zu Pferd an die Spitze des württembergischen Regiments setzte, dessen

Inhaber er war, und es zweimal dem aus gesundheitlichen Gründen im Wagen gebliebenen König Karl vorführte. Wera empfand dies zu Recht als hohe Ehrerweisung für den Onkel, und nicht nur bei ihr erwarb sich Kaiser Wilhelm II. mit dieser noblen militärischen Geste viele Sympathien. Ihr selbst oblag es dann, der Kaiserin, die, wie sie ihrer Schwiegermutter schrieb, durch ihr liebenswürdiges Verhalten alle Herzen gewann, die Olgaheilanstalt für Kinder, die Kinderkrippe und das Diakonissenhaus zu zeigen. Von den angereisten Fürstlichkeiten gefiel ihr vor allem der russische Thronfolger, der nachmalige Kaiser Nikolaus II. (1894–1917). Ihm traute sie zu, dass er dereinst sein Riesenreich klug und verantwortungsbewusst regieren werde.[262]

Militärisches Diner im Schloss Rosenstein anlässlich des 25-jährigen Regierungsjubiläums von König Karl am 25. Juni 1889

Wenige Wochen vor ihrem Tod schenkte Königin Olga der Nichte wertvolle Möbel für deren Gastzimmer. Wera bedankte sich dafür am 1. Oktober 1892 sehr herzlich.[263] Am 30. Oktober 1892 starb die Königin, 70-jährig. Sie hinterließ ihr gesamtes persönliches Vermögen ihrer Nichte Wera. Der Wert dieses Vermögens wurde sehr unterschiedlich veranschlagt. Es war von 23 bis 30 Millionen Mark die Rede, selbst 70 Millionen wurden

genannt. Das „Stuttgarter Tagblatt" bezifferte den Nachlass auf 6 bis 7 Millionen Mark. Auch dies war für damalige Verhältnisse eine ungewöhnlich hohe Summe. Wera erhielt außerdem den sehr kostbaren Schmuck Olgas, darunter Brillanten und Perlen von ausgesuchter Schönheit, sowie die Villa Berg mit dem gesamten Mobiliar (zusätzlich etwa 5 Millionen Mark). Außerdem hatte die Königin verfügt, dass jede der beiden Töchter Weras bei ihrer Heirat einen Anspruch von 1 Million Mark aus dem Nachlass hatte. Indes musste aus dem hinterlassenen Geldvermögen die Versorgung des Hofstaats der Königin (Beamte, Hofdamen, Dienerschaft) bestritten werden. Da die Königin hier großzügige Verfügungen getroffen hatte, übernahm Wera als Universalerbin auch eine erhebliche finanzielle Belastung.[264]
Am 30. Oktober 1902, zehn Jahre nach dem Tod von Königin Olga, fand in der Gruft der Schlosskirche eine Gedenkfeier statt. Den Anlass bildete die Fertigstellung der von Herzogin Wera gestifteten und in ihrem Auftrag von dem Bildhauer Adolf Donndorf (1835–1916) geschaffenen Sarkophagstatuen von König Karl, Königin Olga und Herzog Eugen. Der Erinnerung an ihre Tante war dann auch eine am Abend desselben Tages von der Herzogin initiierte und unter ihrem Protektorat stehende Feier im Festsaal der Liederhalle gewidmet. Hervorragende Künstler gestalteten die sehr gut besuchte Feier, an der auch König Wilhelm II. und Königin Charlotte sowie andere Angehörige des Königshauses teilnahmen.[265]
Herzogin Wera verfügte übrigens testamentarisch, dass Adolf Donndorf nach ihrem Tod für sie gleichfalls eine solche Sarkophagstatue anfertigen sollte. Dies geschah mehr als ein Jahrzehnt später (Statue 1914 vollendet). Trotz dieses nicht unerheblichen zeitlichen Abstands erscheinen die vier Sarkophage mit den auf ihnen ruhenden Personenstatuen wie aus einem Guss. Der Aufbau der Sarkophage ist klassisch. Bei den vollplastischen Personenstatuen hat Donndorf die Kleidung realistisch gestaltet, die Gesichtszüge der dargestellten Persönlichkeiten aber idealisiert. So strahlt das harmonische Antlitz von Königin Olga eine innere Ruhe aus, das vollere Gesicht von Herzogin Wera aber menschliche Wärme.[266]
Am elften Jahrestag des Todes von Königin Olga, am 30. Oktober 1903, wurde ihrer in einem geistlichen Konzert im Saal des Königin-Olga-Baus gedacht. Das Konzert hatte Herzogin Wera

angeregt, und sie hatte auch das Protektorat über die Veranstaltung übernommen. Ausgeführt wurde das sehr gut besuchte Konzert vom Chor der Kaiserlich Russischen Gesandtschaftskirche unter Mitwirkung des blinden Cellovirtuosen Reinhold Schaad. Der Reinertrag der Veranstaltung floss der Lieblingsstiftung der Königin, der Olgaheilanstalt, zu.[267]

Ein sehr freundschaftliches Verhältnis pflegte Wera um 1880 mit Prinz Willy, dem Thronfolger. Sie schätzte besonders die Frau Willys, Marie, eine geborene Prinzessin zu Waldeck-Pyrmont. Als diese am 28. Juli 1880 dem Sohn Ulrich das Leben schenkte, gab sie in einem Brief an die Schwiegermutter ihrer Freude über die Geburt eines Thronerben Ausdruck. „Der Wunsch des ganzen Landes ist in Erfüllung gegangen", schrieb sie. Natürlich überkam sie in Gedanken an den kleinen Erdenbürger und Hoffnungsträger des Königshauses bitterer Schmerz über den Verlust des eigenen Söhnchens vor kaum fünf Jahren. Doch es war jetzt nicht die Zeit, sich Herzeleid und Trauer hinzugeben. „In diesem Augenblick der allgemeinen Freude", so äußerte sie, „kann ich für Wehmut keinen Raum finden, und es ist ja auf Erden alles zu unserem Besten!"[268]

Prinz Wilhelm von Württemberg, der nachmalige König Wilhelm II.

Leider starb der kleine Ulrich bereits Ende Dezember 1880, gerade fünf Monate alt, an einem heftigen Brechruhrdurchfall, den die Ärzte nicht in den Griff bekamen. In Wera brachen kaum vernarbte Wunden aufs Neue auf. Der Schwiegermutter schrieb sie: „Recht wehmütig hat mich dieser trostlose Fall berührt und viele alte Wunden aufgerissen. Besonders schwer und schmerzlich war es bei der Leichenfeier, die so ganz der damaligen von Egi [?][269] glich, nur mit dem Unterschied, dass ich seitdem noch den teuren Mann auch begraben musste. Immer hofften wir noch, den kleinen Ulrich retten zu können, aber es war nicht Gottes Wille, uns das teure kleine Leben zu erhalten! Nun auch dies muss getragen werden ... Die armen Willys dauern mich namenlos, sie waren so glücklich in ihrem schattenlosen Glück!"[270]

Indes sollte es noch schlimmer kommen. Am 30. April 1882 starb, kaum 25 Jahre alt, Prinzessin Marie, wenige Tage, nachdem sie ein totes Mädchen zur Welt gebracht hatte. Wera war zutiefst betroffen. „Der arme Willy dauert mich namenlos sowie das arme verwaiste Paulinchen." Paulinchen war das viereinhalb Jahre alte Töchterchen von Marie und Willy. Wera wurde schmerzlich bewusst, dass die beiden Vettern Eugen und Willy in der Ehe „das gleiche Schicksal" – richtiger: ein vergleichbares Schicksal – erlitten hatten. Beide hatten den Sohn im Alter von wenigen Monaten verloren, und in einem Fall war rasch der Vater, im anderen Fall die Mutter dem Söhnchen in den Tod nachgefolgt.[271] Ihrer Schwägerin Wilhelmine Eugenia, in der Familie Wilma genannt, der Frau von Herzog Nikolaus von Württemberg, schrieb sie: „Der arme Willy genoss sein Eheglück so vollkommen. Marie war ein so rechtschaffener, pflicht[ge]treuer Charakter, war solch eine ausgezeichnete Gattin und Mutter."[272]

Prinzessin Charlotte zu Schaumburg-Lippe, die zweite Frau von Prinz Wilhelm von Württemberg und spätere Königin

Dennoch missfiel ihr, dass Prinz Willy nach dem Tod der geliebten Frau allzu lang im Zustand des trauernden Witwers verharrte, sich in der Öffentlichkeit rar machte und selbst seine Pflichten als Thronfolger vernachlässigte. Den kränkelnden Onkel vor Augen, dem die Rolle des Staatsoberhaupts zunehmend beschwerlicher wurde, fürchtete sie, der Nachfolger werde, wenn er weiterhin so apathisch in den Tag hineinlebe, keine Wende zum Besseren bewirken. Sehr erleichtert war sie deshalb, als sich Willy endlich 1885 zu einer zweiten Ehe durchrang. Die Frau, für die er sich entschieden hatte und mit der er dann am 8. April 1886 vor den Traualtar trat, war die 21-jährige Prinzessin Charlotte zu Schaumburg-Lippe. Dass Charlotte wie schon Marie, die erste Frau Willys „eine politisch geringe Partie" war, also keinem der großen europäischen Fürstenhäuser entstammte, wie man am Stuttgarter Hof enttäuscht feststellte, focht Wera nicht an.

Ihr lag vielmehr am Herzen, dass es Charlotte schaffe – wie sie am 17. Januar 1886 gegenüber ihrer Schwiegermutter äußerte –, ihrem künftigen Mann mehr Pflichtgefühl beizubringen, „Pflichten gegen den Hof und die Gesellschaft, Repräsentation und Disziplin, was ihm gänzlich fehlt“.[273]
Seine zweite Ehe spornte Prinz Willy in der Tat zu größerer öffentlicher Aktivität an. Er nahm nunmehr die ihm als Thronfolger obliegenden Pflichten gewissenhaft wahr. Den Vorwurf, er liebe seine Bequemlichkeit, lasse die Dinge einfach treiben, konnte man ihm jetzt nicht mehr machen. Wera zeigte sich von Charlotte entzückt. Ein Frühstück, zu dem sie die Neuvermählten neben anderen Freunden Ende April 1886 eingeladen hatte, verlief sehr harmonisch. „Es war gemütlich und heiter“, stellte sie im Nachhinein fest.[274]
Gerne hätte sie es gesehen, wenn sich die neunjährige Prinzessin Pauline, die Tochter Willys, und ihre beiden knapp zwei Jahre älteren Töchter angefreundet hätten.[275] Doch sie hatte mit ihren Bemühungen offenbar wenig Glück. Pauline verhielt sich abweisend. Sie schrieb viele Jahre später in ihren Erinnerungen: „Oft haben diese beiden Zwillinge mein Leben gekreuzt, ohne dass zwischen uns je ein wärmeres Gefühl aufkommen konnte.“ Auch für Herzogin Wera hatte Pauline wenig übrig. In ihren Erinnerungen fiel ihr lediglich ein, dass „diese Abgabe des Zarenreichs vom Veitstanz befallen“ gewesen sei und von einem Unteroffizier habe gebändigt werden müssen[276] – eine Behauptung, die so nicht zutrifft.
Ende der 1880er Jahre scheint sich Charlotte von Wera etwas zurückgezogen zu haben. Wera bedauerte dies, meinte, vielleicht sei schuld, dass Charlotte mit ihr, der zehn Jahre Älteren, wenig anfangen könne.[277] Nun war Charlotte stark gehemmt, dabei aber sehr empfindlich. Sicher litt sie neben ihrer Kinderlosigkeit auch darunter, dass sie schon wegen ihrer Scheu vor öffentlichen Auftritten durch ihre vorbildliche karitative Tätigkeit nicht in gleicher Weise wie Wera die Herzen zu gewinnen vermochte.[278] Indes scheint die Entfremdung zwischen den beiden Frauen nicht von längerer Dauer gewesen zu sein.
Im Oktober 1891 trat Prinz Willy die Nachfolge König Karls an. Der neue Monarch, Wilhelm II., erwarb sich als Regent rasch die Wertschätzung von Herzogin Wera, zumal er der Monarchie in Württemberg durch seinen Gerechtigkeitssinn und seinen

volksnahen Regierungsstil neues Ansehen verschaffte. Falls die Herzogin bislang noch Vorbehalte gegen Willy gehabt hatte, so rückte sie jetzt rasch von ihnen ab. Die zuvor schon freundschaftlichen Beziehungen zwischen ihr und dem Königspaar wurden zunehmend enger, herzlicher. Bei offiziellen Anlässen, ebenso bei Feiern, Gedenktagen, freudigen oder traurigen Ereignissen im Königshaus befand sich Wera gewöhnlich an der Seite des Königspaars. Seitdem ihre beiden Töchter mit zwei Brüdern von Königin Charlotte verheiratet waren, zählte sie zu dessen nächsten Verwandten.
Am 27. Februar 1903 nahm sie zusammen mit dem Königspaar sowie Herzog Albrecht von Württemberg und Prinz Max zu Schaumburg-Lippe an der Beisetzung ihres fünf Tage zuvor verstorbenen Schwagers Herzog Nikolaus von Württemberg in Karlsruhe/Schlesien teil. Wiederholt besuchte sie auch das Königspaar in seiner Sommerresidenz im Schloss Friedrichshafen, so im September 1904 und im Juli/September 1907.[279]
Am 7. und 8. April 1911 feierten König Wilhelm II. und Königin Charlotte unter reger Beteiligung aller Bevölkerungsschichten das Fest ihrer Silbernen Hochzeit. Zu den Ehrengästen gehörten Herzogin Wera und ihre Töchter mit Familien. Das Fest, an dem die Württemberger in vielfältiger Weise ihrer Liebe und Verehrung für das Königspaar Ausdruck gaben, machte der Herzogin offensichtlich schon deshalb Freude, weil sich die Feiernden ihrer Verpflichtung gegenüber sozial Benachteiligten bewusst waren. Im ganzen Land wurden Millionen von Nelken, die Lieblingsblumen der Königin, verkauft. Den Erlös, 522 000 Mark, bestimmten König und Königin, die diesen Betrag noch wesentlich aufgestockt hatten, für Zwecke der Tuberkulosebekämpfung und für die Jugendfürsorge. Stuttgart erlebte einige glanzvolle Tage. Am 7. April erschien das Zeppelin-Luftschiff „Deutschland" über dem Neuen Schloss und warf ein Blumengebinde ab. Am Abend fand eine Galavorstellung im Hoftheater mit einer Huldigung für das Königspaar statt. Danach erwiesen im königlichen Privatgarten die Stuttgarter Künstlervereinigungen mit 200 Fackelträgern und 200 Mädchen in antiker Festgewandung König und Königin ihre Reverenz. Den Hauptfesttag, den 8. April, eröffneten die vereinigten Musikkorps der Stuttgarter Regimenter im Hof des Wilhelmspalais mit einem Ständchen. An den Festgottesdienst im Marmorsaal des

Neuen Schlosses mit zahlreichen erlauchten Gästen, dem Oberhofprediger Prälat D. Christoph von Kolb das Bibelwort „Bis hierher hat der Herr geholfen“ (1. Samuel 7,12) zugrunde legte, schloss sich eine Gratulationscour im Thronsaal an. Einen Höhepunkt bildete am Nachmittag die Fahrt des Königspaars im offenen, von Spitzenreitern angekündigten Wagen durch die innere Stadt. Eine riesige Menschenmenge, die König und Königin zujubelte, säumte die Straßen. Dem königlichen Wagen folgte in einem zweiten Wagen die Tochter des Königs, die Fürstin Pauline zu Wied, mit Familie, und in einem dritten Wagen Herzogin Wera mit ihren Töchtern.

Am Abend war Galatafel im Neuen Schloss, bei der am Schluss Großherzog Friedrich II. von Baden einen Toast auf das königliche Jubelpaar ausbrachte. Im Schlosshof huldigten zur gleichen Zeit Mitglieder von 40 Stuttgarter Sängervereinen König Wilhelm II. und Königin Charlotte mit festlichen Chören. Den Abschluss des Abends gestaltete die Stadt Stuttgart mit einem grandiosen Feuerwerk: „Heil dem Königspaar“ war die erste, „Hie gut Württemberg alleweg“ die letzte Flammenschrift, die am nächtlichen Himmel aufleuchtete.[280]

Zwischen Württemberg und Russland: Trotz früher Trennung enge Bindung an Eltern und Geschwister

Da Wera bereits als Neunjährige nach Stuttgart kam und am württembergischen Hof von ihrer Tante Olga erzogen wurde, hätte man denken können, dass sie sich Eltern und Geschwistern entfremdet hätte und dass auch die Erinnerung an die russische Heimat bald verblasst wäre. Dem war indes nicht so. Die Eltern kamen wiederholt nach Stuttgart, um nach der Tochter zu sehen, und Königin Olga legte ihrerseits, wie schon früher erwähnt, Wert darauf, dass Wera die Zugehörigkeit zum Zarenhaus stets bewusst war und dass sie in ihrer russischen Muttersprache verwurzelt blieb. Anfänglich empfand das junge Mädchen Stuttgart als Zwangsaufenthalt und die Tante bekam harte Vorwürfe zu hören. Allmählich aber fand es sich in die veränderten Lebensverhältnisse. Eltern und Geschwistern fühlte sich Wera, nicht zuletzt dank des taktvollen Verhaltens ihrer Tante Olga, dennoch weiterhin verbunden. Sie hatte einen älteren Bruder Nikolaus (geboren 1850) und eine ältere Schwester Olga (geboren 1851) sowie drei jüngere Brüder: Konstantin (geboren 1858), Dimitri (geboren 1860) und Wjetscheslaw (geboren 1862). Die Schwester Olga heiratete, 16-jährig, König Georg I. von Griechenland (geboren 1845; er regierte von 1863 bis zu seiner Ermordung 1913). Georg I. war der Sohn von König Christian IX. von Dänemark. Die Brüder blieben in Russland und übernahmen mit Ausnahme von Wjetscheslaw, der bereits im Alter von 17 Jahren starb, Funktionen im Militär oder in der staatlichen Verwaltung.[281]

Wera nahm Anteil an Freud und Leid nicht nur in der engeren Familie, sondern im gesamten Zarenhaus. Im Oktober 1877 verlor ihr Vetter Sergej sein Leben im Russisch-Türkischen Krieg. Sergej hatte einen ganzen Winter in Stuttgart gelebt. Hier hatte ihn Wera kennen gelernt und seine freundschaftliche Zuneigung gewonnen. Sein Tod schmerzte sie zutiefst. Sergej, schrieb sie, sei ein edler, lebensfroher und humorvoller Mensch gewesen, über den man sich habe kranklachen können. Sie habe ihn wie einen Bruder geliebt. Freilich Schmerz und Trauer waren die eine Seite. Sergejs Soldatentod, so meinte sie – und dies war

bezeichnend für ihre Einstellung – erhöhe das Ansehen der Familie.[282]
Mit Stolz erfüllte sie die Nachricht, dass ihr Bruder Konstantin in demselben Feldzug wegen Tapferkeit mit dem Georgskreuz 4. Klasse ausgezeichnet wurde. Konstantin, so stellte sie fest, sei der erste minderjährige Großfürst, der noch vor der üblichen Eidesleistung dekoriert worden sei.[283]
Ein halbes Jahr später kam Konstantin zur Schwester nach Stuttgart. Die beiden Geschwister, die sich viele Jahre nicht gesehen hatten, verstanden sich sofort. Wera behielt den viertägigen Besuch des Bruders in bester Erinnerung. Sie sprach von einer sehr herzlichen Atmosphäre und nannte den 20-Jährigen einen reizenden „Jüngling".[284]
Im Oktober 1878 traf sie sich mit ihrem Vater Konstantin, der in Deutschland weilte, um mit ihm zusammen nach Russland zu reisen. In St. Petersburg angekommen, berichtete sie der Schwiegermutter: „Ich genieße in vollen Zügen das Glück, im Vaterland zu sein, im Kreis meiner Eltern, Brüder und Verwandten, wie ich es kaum schöner erwartet und geträumt habe. Alle Räume und Gegenden, deren viele ich seit 17 Jahren nicht wieder gesehen, erkannte ich freudig und fühlte mich wie aus einem langen Traume erwacht, denn jetzt mit dem Wiedersehen kehrt das Gefühl der Empfindung des Genusses, der bei einem Kind ja nie so groß wie bei einem Erwachsenen ausgesprochen [!] ist ..."
Wera unternahm bei fast frühlingshaftem Wetter gemeinsame Spaziergänge und -fahrten mit den Brüdern und mit der Mutter. Die Mauer des Fremdseins stürzte rasch in sich zusammen. Vertrauen, liebevolle Zuwendung, freundschaftliche Hilfsbereitschaft bestimmten jetzt das wechselseitige Verhältnis. Besonders hilfsbereit zeigte sich Bruder Konstantin, der Wera ja von Stuttgart her schon kannte. Herzogin Wera blieb etliche Wochen in St. Petersburg. Die Rückreise nach Deutschland trat sie erst im Dezember an.[285] Als Briefkopf führte sie in der Folgezeit das württembergische Königs- und das russische Kaiserwappen.[286]
Am 27. Februar 1879 starb Großfürst Wjetscheslaw, der jüngste Bruder Weras, nach zwölftägigem Krankenlager an einer Hirnhautentzündung. Bei der Obduktion wurde eine große Geschwulst im Kopf entdeckt. Wera war sehr betroffen. Der Schwiegermutter gegenüber äußerte sie am 1. März, nach-

Großfürstin Alexandra von Russland, die Mutter von Herzogin Wera

dem sie zusammen mit Königin Olga bei der Abendmahlsfeier in der russisch-orthodoxen Schlosskapelle gewesen war, sie komme aus der Trauer gar nicht mehr heraus. Noch habe sie die Trauerkleidung wegen ihres Mannes nicht abgelegt, und schon wieder gebe es in der Familie einen Todesfall. „In acht Tagen reise ich nach Petersburg, um meiner Mama etwas Trost und Zerstreuung zu bieten, so viel ich halt vermag." Die Reise unternahm sie zusammen mit ihrem Hofmarschall von Linden und ihrer Hofdame von Roeder. Am 21. April kehrte sie nach Stuttgart zurück.[287]

Große Freude bereitete es ihr, dass ihr Bruder Konstantin, mit dem sie sich besonders gut verstand, im Dezember 1880 für vier Tage in Stuttgart Station machte, ehe er zu einer zweijährigen Seereise rund um die Welt aufbrach.[288]

Mit großer Bestürzung und tiefer Trauer nahm man am Stuttgarter Hof die Nachricht auf, dass Zar Alexander II., der Onkel Weras, am 1. März 1881 in St. Petersburg das Opfer eines Attentats geworden war. Die erste Bombe am Katharinen-Kanal verfehlte ihr Ziel. Der Zar hätte die Möglichkeit gehabt, sich in Sicherheit zu bringen. Doch statt dass er den Kutscher aufforderte, die Fahrt raschmöglichst fortzusetzen, befahl er ihm anzuhalten. Er stieg aus, um sich um die von der Bombe getroffenen Verwundeten zu kümmern. In diesem Augenblick warf einer der Terroristen eine zweite Bombe; sie verletzte Alexander II. tödlich. In den Winterpalast gebracht, starb der Zar schon kurze Zeit später.[289] In St. Petersburg hätte man es gerne gesehen, wenn Wera zur Beisetzung des Onkels nach Russland gekommen wäre. Sie aber lehnte eine solche Reise ab, wollte lieber bei ihren Kindern bleiben.[290]

Im November 1881 unterbrach Großfürst Konstantin, der Vater Weras, auf dem Weg nach Paris, wo er den Winter verbringen wollte, für fünf Tage in Stuttgart seine Reise. Wera fand den Vater, der eine „Riesenfreude" an den Enkeln hatte, „sehr herzlich und lieb". „Er machte mir einen recht fröhlichen und befriedigten Eindruck, auch fand ich ihn in seinem Urteil recht mild und mäßig [gemäßigt], aber glücklich, all den traurigen und eigentümlichen Verhältnissen in Russland fern sein zu dürfen."[291] Auf der Rückfahrt aus Paris nach St. Petersburg im Mai 1882 schaute Großfürst Konstantin wieder in Stuttgart vorbei und blieb drei Tage dort. Einen Monat später stellte sich dann sein gleichnamiger Sohn in der württembergischen Haupt- und Residenzstadt ein. Wera begrüßte Vater wie Bruder mit großer Freude.[292]

Im Frühjahr 1883 entschloss sich Herzogin Wera zu den für den 27. Mai in Moskau vorgesehenen Krönungsfeierlichkeiten für Zar Alexander III. nach Russland zu reisen, zumal sie ihre beiden Töchterchen bei Fräulein Harper in bester Obhut wusste. Bei den Krönungsfeierlichkeiten hoffte sie, ihre Schwester Olga zu treffen, die sie seit 21 Jahren nicht mehr gesehen hatte. Auch auf das Wiedersehen mit der Mutter, den Brüdern und den sonstigen Verwandten freute sie sich. Zudem erwartete sie sich von dem Aufenthalt in Russland viel Interessantes und Sehenswertes. Übrigens hatte sie in ihrem ersten 1882 hinterlegten Testament Eltern und Geschwister mit Vermächtnissen bedacht. Die Abreise hatte sie für den 1. Mai, die Rückreise nach Stuttgart für den 22. Juni vorgesehen.[293]

Wera reiste mit ihrem Vater nach St. Petersburg, wo dieser zunächst die Festung aufsuchte, um an den Gräbern der Eltern, des Bruders und des Sohns zu beten. Das Kaiserpaar empfing Wera in Gatschina sehr freundlich. Zusammen mit Freiin von Roeder unternahm die Herzogin regelmäßig am Morgen Spaziergänge zu Fuß. Die Nachmittage widmete sie Mutter und Brüdern. Die Krönungsfeierlichkeiten in Moskau behielt sie als glanzvolles Ereignis in Erinnerung. Allein vier Stunden nahm die kirchliche Feier in Anspruch. Wera gefiel am meisten die Parade. Unter den vorbeimarschierenden Truppen befand sich auch das Taurische Grenadierregiment, dessen Chef „Großpapa Eugen“ (Herzog Eugen (II.) von Württemberg 1788–1857) gewesen war und dessen Uniform Kaiser Alexander II. Herzog Eugen (IV.), dem Mann Weras, verliehen hatte.[294]

Im Anschluss an die Krönungsfeierlichkeiten verbrachte sie noch eine Woche mit Eltern und Geschwistern in Pawlowsk. Sie unternahm einige Ausflüge, so an die Meeresküste und nach Peterhof. Offensichtlich vermochte sie, die vielseitig interessierte und ihre Tage mit sinnvoller Beschäftigung ausfüllende Fürstin, an dem Schaugepränge und dem mit manchem unnützem Zeitvertreib verbundenen Leben am St. Petersburger Hof wenig Gefallen zu finden. Auch wurde ihr Russland zunehmend fremder. Württemberg war seit langem ihre Heimat. „Aber ich bin glückselig“, bekannte sie, „wieder zu Hause zu sein, in der teuren Heimat, bei den lieben Kleinen, auf der schönen Villa. Das alles ist ein Glück, das sich nicht beschreiben lässt! Erst in der Fremde, da lernt man die Heimat recht schätzen und freut sich, wieder nach Hause zu kommen.“[295]

Allein schon ein knappes Jahr später reiste Wera wiederum nach St. Petersburg, diesmal zur Hochzeit des Bruders Konstantin mit Prinzessin Elisabeth von Sachsen-Altenburg. Bei der am 27. April 1884 stattfindenden Trauung und in den Tagen darauf traf Wera mit ihrer Mutter, ihrer Schwester, ihren Brüdern und der „reizenden neuen Schwägerin“ zusammen. Dieses Familientreffen bereitete ihr große Freude. Allerdings fehlte Vater Konstantin. Seine angeschlagene Gesundheit hatte ihn bewogen, auf die Krim zu reisen, um sich dort einer Kur zu unterziehen.[296]

1887 hätte Großfürst Konstantin seine beiden Stuttgarter Enkeltöchter gerne einmal bei sich in Russland gehabt. Doch Wera hatte keine Lust zu einer Reise ins Zarenreich. Sie begründete dies mit der derzeitigen russischen Politik, die sie empörend fand. Ihr widerstrebte aufs Äußerste das reaktionäre anachronistische Regiment Alexanders III., der ihre liberal eingestellten nächsten Verwandten übel behandelte.[297] Im Juni 1889 beklagte sie das traurige Los ihrer seelisch schwer belasteten „armen Mama", die ihr „einen sechs Bogen langen trostlosen Brief" geschickt hatte. „Der Kaiser", schrieb Wera der Schwiegermutter, „ist von einer empörenden Rücksichtslosigkeit und Härte gegen die Meiningen und vergisst ganz, dass mein Vater sozusagen sein Onkel ist. Auf die schonungsloseste Art ist er seiner Ämter entlassen und von der Residenz verbannt worden ..." Nikolaus, ihren ältesten Bruder, hatte Alexander III. gar nach Taschkent in Turkestan zwangsversetzt. „Ich danke Gott", so schloss sie ihren Brief, „dass ich von all dem fern bin, aber das Herz trifft es doch, und [es] blutet, wenn man seine Lieben im Kummer weiß."[298]

Da ihr Vater seinen Wunsch, die Stuttgarter Enkelinnen bei sich zu sehen, wiederholt hatte, beabsichtigte Wera im Sommer 1889 nun doch eine Reise mit den Töchtern nach Russland zu unternehmen. Im Juli jenes Jahres erhielt sie die telegrafische Nachricht, dass ihr Vater einen Schlaganfall erlitten habe und es ihm schlecht gehe. Jetzt wollte sie sich sofort mit den Kindern auf den Weg machen. Doch König Karl und Königin Olga untersagten ihr die Mitnahme der beiden Mädchen, und sie begründeten dies mit „bevorstehenden Emotionen, Gesundheit, Klima usw." Wera reagierte verärgert, weil die Gründe, die das Königspaar für sein Verbot genannt hatte, ihrer Meinung nach nicht stichhaltig waren. Doch sie fügte sich und brach sofort nach Russland auf – der geplante Ferienaufenthalt in St. Moritz wurde gestrichen. In Pawlowsk, dem Wohnsitz der Eltern, erschütterte sie der Anblick des durch den Schlaganfall schwer gezeichneten Vaters. Er konnte nicht reden, gab aber zu verstehen, wie sehr enttäuscht er sei, dass Wera ohne ihre Kinder gekommen war. Sein Zustand besserte sich langsam. Allerdings war nach ärztlichem Urteil kaum damit zu rechnen, dass er jemals wieder werde sprechen können. Auch werde er wohl seine gleichfalls von der Lähmung betroffene rechte Hand nicht mehr gebrauchen können. Wera entschloss sich, vorläufig in Pawlowsk zu bleiben.[299]

Auf ihre dringende Bitte gab das Königspaar jetzt nach. Die beiden Mädchen durften mit ihren Betreuerinnen zu den Großeltern reisen, und sie machten mit ihrem Besuch dem Großvater eine große Freude. Beiden gefiel es in Pawlowsk und überhaupt

in Russland gut. Dort lernten sie auch ihre Tante Olga kennen, die Königin von Griechenland, die gleichfalls aus Sorge um den kranken Vater nach Pawlowsk gekommen war. Die Kinder blieben nur kurze Zeit bei „Anpapa und Ammama" in Pawlowsk und fuhren dann mit Freiin von Roeder nach Württemberg zurück.[300]
Großfürst Konstantin, der Vater Weras, wirkte zeitweilig sehr apathisch. Seine Reaktionen waren sehr unterschiedlich und unberechenbar. Oft begriff er schwierige Zusammenhänge, dann wieder verstand er das Einfachste und Alltäglichste nicht. Lesen konnte er überhaupt nicht. Dagegen spielte er leidenschaftlich Domino. Sprechen vermochte er auch Anfang Oktober noch nicht. Dies machte ihn häufig sehr ungeduldig. Auf die Bitte ihrer Mutter blieb Wera noch bis zum 30. Oktober bei den Eltern. So hatte sie erstmals seit 16 Jahren die Gelegenheit, mit Mutter und Geschwistern ihren Namenstag zu feiern.[301]
Dass Zar Alexander III. und seine Frau den kranken Onkel besuchten, freute diesen wegen des gespannten Verhältnisses, das seit längerer Zeit zwischen dem Zaren und ihm herrschte, besonders. Wera folgte mit ihrem Bruder Konstantin am 21. Oktober einer Einladung des Zarenpaars zum Frühstück in Gatschina. Enttäuscht war sie von der oberflächlichen Unterhaltung.[302] Nach ihrer Rückkehr nach Stuttgart äußerte sie am 14. November 1889 gegenüber ihrer Schwiegermutter unter dem Eindruck eines Luther-Festspiels, sie sei sehr dankbar „für Luthers kräftiges klares Wort", nachdem sie erfahren habe, wie viel Verblendung und Einseitigkeit in Russland vor allem in religiöser Hinsicht herrsche.[303] Es scheint, dass ihr bereits damals die protestantische Glaubenswelt eines Martin Luther näher stand als das russisch-orthodoxe Christentum, in das sie hineingeboren worden war.
Großfürst Konstantin erholte sich nicht mehr vollständig von seinem Schlaganfall. Am 25. Januar 1892 starb er, 64-jährig.[304] Zwischen Wera und ihrer Mutter Alexandra bestand zumindest seit der schweren Erkrankung des Vaters eine sehr enge menschliche Bindung. Alexandra kam Jahr für Jahr nach Stuttgart, um einige Zeit mit der Tochter und den Enkeltöchterchen zusammen zu sein. Als ihr aber dies mit fortschreitendem Alter und aus gesundheitlichen Gründen nicht mehr möglich war, reiste Wera fast jedes Jahr einmal nach Russland. Hierbei schreckten sie

selbst die revolutionären Unruhen 1905/06 nicht, die auch ein Opfer unter den russischen Verwandten forderten. Es handelte sich um den Moskauer Generalgouverneur Großfürst Sergej Alexandrowitsch, einen Onkel von Zar Nikolaus II. Außerdem unterhielt Wera mit dem „teuersten Mamachen" das Jahr über einen sehr regen Briefwechsel.[305]

Als Großfürstin Alexandra dann im Juli 1911, 81-jährig, starb, sagte Herzogin Wera einen Kuraufenthalt in Marienbad ab und fuhr nach St. Petersburg, um zusammen mit den Geschwistern der Mutter die letzte Ehre zu erweisen. In Stuttgart ordnete König Wilhelm II. Hoftrauer an. In der russisch-orthodoxen Kirche fand ein von der russischen Gesandtschaft in Stuttgart veranstalteter Trauergottesdienst statt, an dem Herzog Robert von Württemberg als Vertreter des Königs teilnahm.[306]

Wenn Stuttgart seit mehr als hundert Jahren eine russisch-orthodoxe Kirche, die St.-Nikolaus-Kathedrale, Seidenstraße 69, besitzt, dann ist dies der Initiative von Herzogin Wera zu verdanken. Schon ein Vierteljahr nach dem Tod von Königin Olga wurde die russisch-orthodoxe Hofkapelle im Residenzschloss (im Neuen Schloss) abgebaut und die gottesdienstlichen Utensilien sowie die sonstigen Einrichtungsgegenstände zur Villa Berg gebracht. Der dort für die Kapelle vorgesehene Raum erwies sich jedoch als ungeeignet. Auch hatte Herzogin Wera offensichtlich wenig Interesse an einer solchen sakralen Einrichtung in der von ihr geerbten Villa. Gottesdienste, Taufen und Trauungen der zu einem guten Teil aus Angehörigen der russischen Gesandtschaft bestehenden russisch-orthodoxen Gemeinde in Stuttgart fanden daher während der folgenden beiden Jahre in der Grabkapelle auf dem Rotenberg statt.[307] Dies hieß allerdings für die kleine Gemeinde, weite Wege selbst bei ungünstiger Witterung in Kauf zu nehmen.

Herzogin Wera, unterstützt vom russischen Gesandten am württembergischen Hof, richtete ein Gesuch an Zar Alexander III., den Bau einer russisch-orthodoxen Kirche durch die Bereitstellung der finanziellen Mittel zu ermöglichen. Der Zar bewilligte 50 000 Rubel. Mit dem Bauauftrag wurden die Stuttgarter Architekten Ludwig Eisenlohr und Karl Weigle betraut. Die Grundsteinlegung erfolgte im März 1895 im Rahmen einer gottesdienstlichen Feier in Anwesenheit von Herzogin Wera.[308]

Die St.-Nikolaus Kathedrale in Stuttgart

Noch im gleichen Jahr, am 17. Dezember 1895, konnte das im Stil einer russischen Dorfkirche erbaute Gotteshaus geweiht werden.[309] Wera stiftete für die neue Kirche eine Glocke, die dann auch ihren Namen erhielt; ebenso schenkte sie einen Teil der Kultgegenstände.[310]

Die Herzogin war schon in jungen Jahren eine eifrige Gottesdienstbesucherin. Sie hatte Freude an der russisch-orthodoxen Liturgie, insbesondere an den Männerchören. Die Teilnahme am sonntäglichen Gottesdienst war für sie ein bereitwillig auf sich genommenes Muss. Sehr häufig suchte sie in der stillen Zeit nach Fasching die Kirche auf. In der Karwoche kam sie gar einmal morgens und einmal abends zum ein- bis zweistündigen Gottesdienst.[311]

Nach der Weihe der russisch-orthodoxen Kirche in der Seidenstraße fuhr sie mit einem aus Russland stammenden „Einspann" (einem von einem Pferd gezogenen leichten Gefährt), wie sich

Zeitgenossen erinnern, zum Gottesdienst. Der Kutscher, ein Russe mit Namen Wassily Wassilywitsch Schatin, trug einen Zylinder und den für Kutscher typischen Bart; Wagen und Wagenlenker hatte Wera von Königin Olga übernommen. Auch jetzt versäumte sie keinen Gottesdienst, selbst die Nachtwache vor Ostern, die um Mitternacht begann, machte sie mit. Ihre Schwester Olga, die Königin von Griechenland, weilte oft in Stuttgart und begleitete sie dann in die Kirche. Bei festlichen Gottesdiensten, so in der Osternacht, konnte man zahlreiche glanzvolle Uniformen und prächtige Damenroben bewundern. Die Kirche erstrahlte bei solchen Feiern im Lichterglanz, und am Altar brannten besonders viele Kerzen.

Auch nach ihrem Übertritt zur evangelisch-lutherischen Kirche kam Herzogin Wera noch hie und da in das russisch-orthodoxe Gotteshaus. Als sie einmal am Pfingstfest in der Grabkapelle auf dem Rotenberg am Gottesdienst teilnahm, bedachte sie der Geistliche mit den für Angehörige der russisch-orthodoxen Konfession üblichen Pfingstblumen.[312]

Von den Gebieten der Politik und der Diplomatie hielt sich Wera fern. Nur einmal, 1910, soll sie hier ihren Einfluss geltend gemacht haben. Sie soll sich nach dem Bericht des preußischen Gesandten am württembergischen Hof dafür eingesetzt haben, dass Konstantin Baron Staël von Holstein, Sekretär bei der russischen Gesandtschaft in Stockholm, die Stelle des russsischen Gesandten/Ministerresidenten in Stuttgart bekam. Baron Staël von Holstein, der einst das Vizthum'sche Gymnasium in Dresden besucht hatte, war schon einmal in jungen Jahren an der russischen Gesandtschaft in Stuttgart tätig gewesen und war der Herzogin als ständiger Gast ihrer Tanzfeste bekannt. Leider starb der als sehr liebenswürdig geschilderte Diplomat schon im Mai 1912.[313]

Bereits 1879 hatte Kaiser Alexander II. seine Nichte Wera zur Inhaberin beziehungsweise zum Chef des 22. Russischen Infanterieregiments Nijci-Nowgorod oder Nischny-Nowgorod (auch Nijni-Nowgorod) ernannt. Dieses Regiment bildete in der russischen Armee das 2. Regiment der 1. Brigade der 2. Division. Wera hatte sich über die hohe Ehrung durch den Onkel sehr gefreut. „Ich werde“, schrieb sie der Schwiegermutter, „mir jetzt die Uniform hier machen lassen und vielleicht mich auch darin fotografieren lassen.“

Als besondere Auszeichnung empfand es die Herzogin, dass am 17. Februar 1904 eine Deputation ihres russischen Regiments nach Stuttgart kam, um ihr zum 50. Geburtstag und gleichzeitig zum 25. Jahrestag ihrer Ernennung zur Chefin des Regiments zu gratulieren. Zwei Tage darauf, am 19. Februar luden König Wilhelm II. und Königin Charlotte die russischen Gäste zur festlichen Tafel ins Residenzschloss ein. Zu dem Empfang, in dessen Mittelpunkt Herzogin Wera stand, waren auch der russische Gesandte in Stuttgart sowie der russische Militärattaché in Berlin erschienen.[314]

1904 erregte der Russisch-Japanische Krieg die Gemüter. In Stuttgart und Württemberg gehörten die Sympathien mehr dem zaristischen Russland als der expandierenden ostasiatischen Großmacht Japan. Am 22. März 1904 wurde im Residenztheater ein Wohltätigkeitsfest mit einer bunten Vielfalt künstlerischer Darbietungen veranstaltet. Der Erlös dieser Veranstaltung, bei der auch das Königspaar und Herzogin Wera anwesend waren, sollte verwundeten russischen Soldaten zugute kommen.[315] Der für das Zarenreich ungünstige Verlauf des Kriegs bereitete der Herzogin arge Sorgen. Sie dachte an ihre Mutter und an ihre Brüder. Indes befanden sich diese nie in akuter Gefahr.

Nach dem Scheitern der ersten russischen Revolution im Jahr 1905 flohen zahlreiche Russen, vor allem Studenten, ebenso eine Reihe Adliger, nach Stuttgart. Herzogin Wera, obwohl Angehörige der den Revolutionären verhassten Zarenfamilie, und andere Mitglieder der russisch-orthodoxen Gemeinde, nahmen sich der Flüchtlingen an und halfen ihnen bei der Suche nach einer vorläufigen Bleibe.[316]

Eine deutsche Patriotin und stolze Württembergerin

Die großen deutschen Siege im Krieg gegen Frankreich 1870/71 und die allerdings nur knapp drei Jahre währende Ehe mit einem Kavallerieoffizier und Angehörigen des württembergischen Königshauses, der an diesem Krieg teilgenommen hatte, doch in gleicher Weise auch das Vertrautwerden mit Land und Leuten ließen Wera zur Württembergerin und zur Deutschen werden. Die zunächst bedrückende Fremde, in der die Tante, die Schwester des Vaters, lebte, wandelte sich zur Heimat, und die Heimat der frühen Kindheit, Russland, wurde mehr und mehr zur Fremde. Schon in den 1870er Jahren konnte sich Wera nur noch schwer eine Rückkehr in das Land der Eltern und der Brüder vorstellen. Stuttgart und Württemberg waren ihr ans Herz gewachsen. Sie hatte Gefallen an den hier herrschenden Sitten und Bräuchen gefunden. Auch hatte sich ihr der reiche Schatz ihrer neuen Heimat an geistigen und kulturellen Gütern erschlossen. Als sie nach vielen Jahren – es war wohl 1878 – wieder nach Russland kam und es ihr im Kreis von Eltern und Brüdern so sehr gefiel und sie sich in St. Petersburg beinahe wieder wie zu Hause fühlte, legten ihr die Brüder nahe, doch im Zarenreich zu bleiben. Sie aber schüttelte den Kopf. „Ach nein, dazu bin ich doch zu deutsch!“ Eine endgültige Rückkehr nach Russland war für sie längst kein Thema mehr.[317]

Der Deutsch-Französische Krieg von 1870/71 und die Bismarck'sche Reichsgründung bildeten für sie eine Art von Schlüsselerlebnissen. Für sie, die Enkelin von Zar Nikolaus I., besaß, ähnlich wie für diesen, alles Militärische einen Glorienschein. Daher sah sie auch den Sieg über Frankreich und die Schaffung des von Preußen dominierten Deutschen Reichs, eines monarchischen Obrigkeitsstaats, in einem rosigen Licht. Die Schattenseiten blieben ihr weitgehend verborgen.

Ein großes Erlebnis für sie war eine Reise nach Frankreich im März/April 1882 zu den Schauplätzen der Kämpfe von 1870/71: Metz, Gravelotte, Saint Privat, Mars la Tour, Colombey, dann Paris, wo sie im Hotel de Londres – Inhaberin war die Comtesse Hohenberg – abstieg. Von Paris aus besuchte sie

Champigny, „wo Taubes [die Brüder Grafen Taube] und all unsere Braven ihr teures Blut vergossen". Der Schwiegermutter bekannte sie: Diese Reise „ist mir wie eine Pilgerfahrt". In Paris wollte sie sich mit ihrem dort weilenden Vater treffen.[318] Freilich, in der französischen Hauptstadt nahm sie sich auch viel Zeit für Sehenswürdigkeiten und kulturelle Angebote, so für Theateraufführungen. Ebenso besuchte sie Geschäfte für Bekleidung und für Modeartikel. Zudem beanspruchte sie die Dienste von Schneiderinnen und Putzmacherinnen.

Wie nie zuvor auf ihren Reisen plagte sie das Heimweh. Ihr Schluss: „Vielleicht kommt's daher, weil ich hier in Feindesland bin" – erstaunliche Feststellung elf Jahre nach Friedensschluss. Und weiter schrieb sie: „Paris interessiert mich sehr, allein, es ist doch französisch ... Champigny machte mir einen wehmütigen Eindruck. Ich dachte an Taubes. Ich sah auch das Schlösschen von Villiers, in das die Granate einschlug, während Eugen auf dem Dache stand ... mein deutsches Herz schlug in der Spiegelgalerie [von Versailles, wo am 18. Januar 1871 die Kaiserproklamation stattfand]. In Trianon dachte ich an Marie Antoinette. Die Schlachtfelder von Metz sind auch sehr schön. Morgen passiere ich Straßburg, um Münster und Uhr zu besichtigen."[319]

Nach ihrer Rückkehr nach Stuttgart schrieb sie: „... Täglich freue ich mich übers Daheimsein und schätze erst recht die Heimat und das Wohnen daselbst! Bei jedem Spaziergang in der herrlichen Umgegend, an allen Plätzen, die mein Herz so liebt, bin ich glückselig. Ich kann Gott nicht genug danken, dass er mich hierher versetzte und [ich] meine zweite Heimat hier finden durfte. Was wäre aus mir anderswo geworden? Nach 18 Jahren sehe ich's dankbar ein!"[320]

Im gleichen Jahr 1882 schrieb Wera einer württembergischen Dame ins Stammbuch:

„Hie gut Württemberg alleweg!
Dies Wort ist mir ins Herz gefallen
Schon in der Jugend gold'ner Zeit,
Sollt's jetzt nicht mächt'ger widerhallen,
Seit Schwaben ich mein Herz geweiht?
Für's Land, das Liebe mir beschieden,
Das seinen Namen mir verlieh'n
Und mir bescheret Glück und Frieden,

Sollt wahre Lieb' nicht ewig glüh'n?
Und ist dereinst mein Nam' vergessen,
Der Leib schon Asche längst und Staub,
Mein Dank, den Württemberg besessen,
Wird nie der flieh'nden Zeiten Raub."[321]

Seit der Reichsgründung von 1871 sah Wera in Kaiser Wilhelm I., ihrem Großonkel, eine Heroengestalt. Er verkörperte für sie das neue Deutsche Reich. Die Kaisermanöver in Württemberg 1885 versetzten sie in eine euphorische Stimmung. Die Stuttgarter Kaisertage schilderte sie der Schwiegermutter in einem mit 15 kleinformatigen Seiten ungewöhnlich langen Brief. Sie begeisterte sich an dem Fackelzug, den die Stuttgarter zu Ehren des greisen Reichsoberhaupts veranstalteten. Mit der Bahn fuhr sie nach Ludwigsburg, um die Kaiserparade bei Ludwigsburg-Pflugfelden zu erleben, und nach Ditzingen zu den Manövern. Über ihre persönlichen Begegnungen mit dem Großonkel schrieb sie: „Der Kaiser war von einer rührenden, herzgewinnenden Leutseligkeit, Rücksicht, Aufmerksamkeit, verbunden mit Bescheidenheit und Zartgefühl. Gegen mich und die Kinder war er unsagbar liebenswürdig."[322]

Im Gegensatz zu ihren Adoptiveltern, König Karl und Königin Olga, die sich nur schwer mit dem Verlust der Souveränität des Königreichs Württemberg abfanden, kostete es Wera und offensichtlich auch Prinz Wilhelm (Willy) keine Überwindung, nach Berlin zu reisen und dort am 22. März 1887 dem Kaiser an seinem 90. Geburtstag die Honneurs zu erweisen. Sie war außerordentlich beeindruckt von den Feierlichkeiten, zu denen sich „94 Fürstlichkeiten" eingefunden hatten, so dass die verfügbaren Paradewagen kaum ausreichten: großes Gedränge bei der Gratulationscour, Familiendiner beim Deutschen Kronprinzen, „Fütterung der 94 Fürstlichkeiten" in drei großen Sälen.[323]

Als der 91-Jährige ein knappes Jahr später starb, vermochte sie es, wie sie der Schwiegermutter schrieb, gar nicht zu fassen, dass „dieser herrliche, unvergleichliche, unersetzliche Heldenkaiser" nicht mehr war. Tragisch nannte sie es, dass Wilhelm I. das schwere Kaiseramt dem sterbenden Sohn überlassen musste. An der großen Trauerfeier in Stuttgart, zu der sich 3000 Menschen versammelt hatten, nahm auch sie teil.[324]

Schon gute drei Monate später starb am 15. Juni 1888 Kaiser Friedrich III. Wera sprach von einer Erlösung. Ihre Hoffnung setzte sie auf den jungen Kaiser Wilhelm II. Er sei, meinte sie, „ein solch tatkräftiger, pflicht[ge]treuer, durch den Ernst schon gereifter Mensch", dass sie „mit Zuversicht der Zukunft Deutschlands entgegensehen" könne. Von seiner ersten Reichstagsrede war sie „ganz begeistert". „In seinen festen Händen ist unser Reich gut bestellt."[325] Dass Kaiser Wilhelm II. solch hohe in ihn gesetzte Erwartungen nicht erfüllte, konnte Wera nicht ahnen. Leider wissen wir nicht, wie sie später über ihn urteilte.

Von Reichskanzler Otto Fürst von Bismarck und dem genialen Strategen Generalfeldmarschall Helmut von Moltke hatte sie eine hohe Meinung. Freilich, für sie als Angehörige des russischen Kaiserhauses und als Herzogin von Württemberg rangierten selbst herausragende Staatsmänner und Militärs deutlich hinter souveränen Kaisern und Königen. Sie freute sich aber, als ihr die Schwiegermutter zu Weihnachten 1887 eine Bismarck-Büste schenkte, eine Moltke-Büste besaß sie bereits.[326] Einseitig für Kaiser Wilhelm II. Partei ergreifend, ging sie mit Bismarck im Frühjahr 1890 hart ins Gericht. Sie gab ihm die Schuld an seiner Entlassung durch „den lieben jungen Kaiser". „Denn", so stellte sie fest, „er hatte nicht das Recht, das, was er durchsetzen wollte, beim Kaiser erzwingen zu wollen, und mit dem Abgang zu drohen." Wilhelm II. habe richtig gehandelt und Bismarck vor einer großen Blamage bewahrt. Der Despotismus des Kanzlers sei zuletzt unerträglich gewesen. Doch gab sie zu, „ein so großer Mann wäre eines schöneren Abschlusses würdig gewesen".[327]

Im Januar 1891 reiste Wera mit einem Teil ihres Hofstaats nach Berlin. Am Bahnhof erwartete sie ein großer Empfang unter anderem durch Herzog Wilhelm von Urach, den württembergischen Gesandten Friedrich Rudolf Karl von Moser, den württembergischen Militärbevollmächtigten Neidhart. Kaiser und Kaiserin behandelten sie mit Auszeichnung. Sie luden sie zum Frühstück ein. Herzogin Wera nutzte die Gelegenheit, sich mit dem Kaiser über Politik zu unterhalten, und sie war von den „herrlichen, klaren und offenen Antworten" Wilhelms II. sehr angetan. Auch „Kaiserin Friedrich", die Witwe Kaiser Friedrichs III., besuchte sie. Im Mausoleum stand sie vor dem Sarg „des herrlichen Heldenkaisers und seiner idealen Mutter". Die Mutter Wilhelm I., Königin Luise von

Preußen, war, wie schon früher erwähnt, die Urgroßmutter Weras. Ein Höhepunkt ihres Berlinbesuchs war die Taufe eines Kaiser-Söhnchens, zu der sie gleichfalls eingeladen war.[328]
Zwanzig Jahre nach den Kämpfen von Villiers, Mont Mesly und Champigny am 30. November und 2. Dezember 1870 verfasste Herzogin Wera, wie bereits erwähnt, ein aus 88 Vierzeilern bestehendes „vaterländisches Gedicht“: „Die Württemberger vor Paris“, eine Art Heldenepos nach dem Muster der Ballade

Kaiser Wilhelm II. in jungen Jahren

Ludwig Uhlands von der Döffinger Schlacht (1815). Die Herzogin muss sich sehr sorgsam über das Kriegsgeschehen vor Paris Ende November / Anfang Dezember 1870 informiert, sich eingehend mit Gefechtsberichten der Regimenter, Rapporten, Tagesbefehlen und Lagekarten sowie anderem einschlägigem Dokumentationsmaterial beschäftigt haben. In ihrem Gedicht vermittelt sie ein eindrückliches Bild von den blutigen Kämpfen, dem Mut und der Tapferkeit von Offizieren und Soldaten, aber auch vom bitteren Los der Verwundeten, von den Qualen der Sterbenden. Die Sprache ist pathetisch, reich an sprechenden Bildern, an superlativischen Ausdrücken, manches Schreckliche rosig verklärend. Es fällt dem heutigen Leser schwer, dieses Gedicht zu lesen. Sein Pathos wirkt mehr als 110 Jahre nach seiner Entstehung übertrieben, die Wortwahl oft kaum erträglich. Hier die Einleitung des Gedichts:

„Bei Champigny in Frankreich,
da focht'st du, kühne Schar
Der teuren Württemberger,
bis der Sieg errungen war.
Ach! Deiner Jugend Blüte
war jäh dahingemäht,
Stumm zeugend von des Todes
gewalt'ger Majestät!
Mit Eurem Blute habt Ihr
das Schlachtfeld überschwemmt
Und der Franzosen Durchbruch
mit starker Hand gehemmt,
Bis hinter Wall und Mauer,
dort in Paris der Feind
Sich Deutschland fest gegliedert
in Einheit stolz vereint!
Mit Eurem Blut besiegelt
habt Deutschlands Macht auch Ihr,
Die furchtlos-treu getragen
des Reiches Sturmpanier,
Noch kommenden Geschlechtern
ein Vorbild groß und kühn, –
So mag dies Bild aufs Neue
an uns vorüberzieh'n."

Und noch zwei Vierzeiler über die Schlacht von Villiers:

„Mit hunderttausend Kriegern
will heute der Franzos
Das schwache Häuflein treffen
mit einem Riesenstoß.
Es sprach Ducrot verwegen,
mit Übermut im Blick:
‚Als Toter oder Sieger
nur kehre ich zurück!‘
Doch nein! Die Schwabenstreiche,
sie tun noch ihre Pflicht!
Des blut'gen Tages Lorbeer,
für Euch er blühet nicht!
Seht! Wie voll banger Ahnung
blutrot die Sonn' erwacht,
Verkündend künft'gen Zeiten
den Tag von Villiers Schlacht."

Indes sollten wir trotz des schwer erträglichen Pathos das Anliegen von Herzogin Wera ernst nehmen. Sie wollte die unter schweren Verlusten vereitelten letzten massiven Versuche der Franzosen, den Belagerungsring um Paris zu sprengen, in Erinnerung bringen, und dies gelang ihr auch. Zunächst ließ sie das Gedicht nur in einer kleinen Auflage drucken und es an einen beschränkten Kreis von nahen Verwandten, von Adligen und hohen Offizieren sowie von Gymnasialdirektoren verteilen.

Zu ihrer großen Freude überreichten ihr im Mai 1891 die Offiziere, die sie in ihrem Gedicht genannt hatte, ein großes Foto von dem Champigny-Panorama. Das Foto zeigte genau die Seite, auf der das 1. (württembergische Infanterie-)Regiment beim Ausfall aus der Parkmauer von Coeuilly seine Ausgangsposition hatte.[329]

Neun Jahre später überließ Herzogin Wera ihr Gedicht der Redaktion der „Württembergischen Kriegerzeitung". Diese veröffentlichte es am 2. Dezember 1900 als Beilage der Zeitung. Dadurch wurde es weiteren Kreisen, so namentlich auch den noch lebenden Veteranen von 1870/71, bekannt. Die Herzogin bekam viel Zustimmung, gaben „Die Württemberger vor Paris" doch dem herrschenden Zeitgeist Ausdruck. Wegen der damals jedem Schulkind geläufigen Uhland'schen Balladen vermittelte das patriotische Gedicht Weras vertraute, eingängige Klänge.[330]

Nunmehr ließ die Herzogin alljährlich am Jahrestag der Schlachten von Villiers und Champigny Exemplare einer mit Bildern von L. Braun und Faber du Faur ausgestatteten Ausgabe an die Schüler Stuttgarter Schulen verteilen. Außerdem ließ sie im Park der Villa Berg ein Denkmal errichten, das an die siegreichen Abwehrkämpfe der Württemberger vor Paris 1870 erinnern sollte.[331]

Damit den Stuttgartern im Gedächtnis blieb, dass Schwäbische Kreistruppen am 23. Dezember 1688 durch die Vertreibung ihrer französischen Gegner gewissermaßen in letzter Stunde die Stadt vor der Einäscherung bewahrt hatten, stiftete Herzogin Wera 1899 eine Erinnerungstafel an der Stützmauer der alten Bopsersteige bei der Bopserbrunnenanlage. Die Inschrift der Tafel lautete: „Hier haben Schwäbische Kreistruppen die Hauptstadt von Melacs Überfall befreit, 23. Dezember 1688." Auch diese Stiftung zeugt von der patriotischen Gesinnung der Herzogin.[332]

Freude
an der „schimmernden Wehr“

Wäre Wera als Junge geboren worden, hätte sie sehr wahrscheinlich die Offizierslaufbahn eingeschlagen. Das Militär, insbesondere die Kavallerie, faszinierte sie. Sie selbst sprach von dem alten Soldatenblut, das in ihr walle. Es war dies das Erbe des Großvaters, des Zaren Nikolaus I., das sie in sich trug. Militärmusik konnte sie in Begeisterung versetzen. In einem Gedicht bekannte sie dies:

„Trompeten schmetternd blasen
Fanfaren und Signal!
Das schallt herauf vom Wasen
So froh durch Wald und Tal!
Da wallt unwiderstehlich
Mein alt Soldatenblut ...“[333]

Obgleich eine Zeitgenossin übertreibt, wenn sie behauptet, alle Möbel in der Wohnung Weras seien mit Uniformtuch überzogen gewesen[334], ist doch sicher, dass ihre Freude am Soldatentum auch in der Ausstattung ihrer Wohnung deutlich erkennbar war. So besaß sie die Abbildung des im Original in Weimar befindlichen Kollers, den König Gustav Adolf von Schweden in der Schlacht von Lützen getragen hatte. Auch bewahrte sie manche interessanten militärgeschichtlichen Erinnerungsstücke in ihren Wohnräumen auf. Über ihrem Bett hing die Ulanenmütze ihres Mannes.[335]

Als ihr Onkel Zar Alexander II. sie 1879, wie schon erwähnt, zur Inhaberin eines russischen Regiments ernannte, war ihre Freude groß. Sie telegrafierte umgehend dem Regimentskommandeur, Oberst Tikolsky, nach Plotzk in Polen, um sich ihm in ihrer neuen Würde bekannt zu machen. Der Schwiegermutter schrieb sie: „Das Regiment ist in der Farbe gerade wie das von Eugen, nur dass der Fonds der Epaulettes nicht gelb, sondern rot ist, der Kragen und die Mütze sind auch blau.“

Eine zweite Freude wurde ihr fast gleichzeitig mit der Verleihung des russischen Ordens des Roten Kreuzes durch die Zarin zuteil. Auch wenn sie, so äußerte sie, diese Auszeichnung nicht verdiene, so sei sie doch beglückt, denn für Orden habe sie eine kleine Schwäche.[336]

Mit dem Ulanenregiment König Karl (1. Württ.) Nr. 19, dessen 5. Eskadron Herzog Eugen nach dem Krieg von 1870/71 geführt hatte, blieb Wera eng verbunden. Im April 1883 nahm sie am Ulanenfest und auch an dem Bankett teil, das König Karl gab. Im September desselben Jahres fanden die Herbstmanöver der württembergischen Truppen in der Gegend von Friedrichshafen statt, wo sich die Herzogin gerade mit ihren Kindern aufhielt. Sie war „glückselig", dass die Ulanen in der Bodenseestadt ihre Quartiere bezogen, und sie fuhr ihnen mit ihren beiden Töchtern entgegen. Am 10. September beobachtete sie vom Manövergelände aus die Übungen, die sie sehr beeindruckten. Das große Diner mit „55 Militärs" fand sie höchst unterhaltend, zumal sie die meisten Offiziere bereits persönlich kannte. Kaum war sie von Friedrichshafen in die Villa Berg zurückgekehrt, rückten die Ulanen aus dem Manöver wieder in ihre Stuttgarter Garnison ein. Die Herzogin und ihr Hofstaat waren begeistert, als sie unterhalb der Villa mit klingendem Spiel vorbeizogen.[337]
Im September 1884 besuchte Wera die beiden Ulanenregimenter während der Korpsmanöver im Biwak. Die militärische Atmosphäre sprach sie, wie sie der Schwiegermutter berichtete, sehr an. Der Kommandeur des Ulanenregiments Nr. 19, „der Roten Ulanen", Ferdinand Graf von Zeppelin, der spätere General und Erfinder des Luftschiffs (1838–1917), bot ihr Mannschaftserbsensuppe an, die sie dann in seinem Zelt verzehrte. Die Trompeter spielten derweil, um ihr eine besondere Freude zu machen, „einen Marsch, mit der russischen Hymne verflochten".[338]
Größere Paraden in Stuttgart und Umgebung ließ sie sich kaum einmal entgehen. Im August 1886 freute sie sich darüber, dass dem Bruder ihrer Hofdame, dem Freiherrn von Roeder, an Stelle des zum württembergischen Militärbevollmächtigten in Berlin ernannten Grafen von Zeppelin mit der Beförderung zum Oberst das Kommando über „die Roten Ulanen" übertragen wurde.[339]
Im Februar 1887 tanzte die 33-jährige Herzogin auf dem Ball des Kommandierenden Generals des XIII. (Württ.) Armeekorps „so ausgelassen", dass sie sich eine Venenentzündung zuzog, die ihr eine Zeitlang starke Gehbeschwerden verursachte.
Damals übte sie sich jeden Samstag im Marstall-Reithaus bei Ulanenmusik im Reiten. Mit von der Partie waren auch Kusinen

und Vettern, die Ulanenoffiziere und deren Frauen sowie diejenigen Damen der Gesellschaft, die reiten konnten. Wera fand diese Reitübungen „sehr amüsant und hübsch". Am 19. April desselben Jahres nahm sie mit ihren Kindern an einem Scherzabend der Ulanen teil. In den Kasinoräumen musizierten, sangen, deklamierten und zeichneten die Offiziere „in den komischsten Kostümen". Oft ritt sie auch zu den Ulanen. Diese bliesen ihr einmal den Defiliermarsch ihres Mannes vor, während zwei Eskadrons einen „Privat-Parademarsch" vorführten.[340]

Am 10. Juni 1888 telegrafierte sie überglücklich ihrer Schwiegermutter: „Der König ernannte mich gestern zum zweiten Chef seines Ulanenregiments in Erinnerung an Eugen. Freude unbeschreiblich. Wera".[341] Etliche Tage später berichtete sie über diese für sie einmalige Auszeichnung: „Selten oder noch nie habe ich eine derartige Freude erlebt, dass ich vor Glück schluchzen musste. Mein sehnlichster Traum, an dessen Erfüllung ich nie zu hoffen wagte, ist nun erfüllt, und bin ich jetzt mit Eugens Regiment und Kameraden noch inniger und berechtigter verknüpft! ... Er [der König] ist seit seiner Krankheit wie umgewandelt. Allen möchte er Freude bereiten ... und wie wurde mir sonst über den Mund gefahren, wenn ich nur vom Militär sprach. Und nun ernennt er mich – neben sich – zum Chef des Regiments.

Am Dienstag kam Oberst von Roeder ... zu mir, um sich bei seinem neuen Chef zu melden, und überreichte mir den ‚Regimentsrapport'. Am Donnerstag gab ich großes Diner dem Offizierskorps. Unten im Gewächshaus war die Tafel für 23 Gedecke gerichtet. Auch diesen Raum hatte mir der König zur Verfügung gestellt, da meine Zimmer [in der Villa Berg] viel zu klein gewesen wären, alles reizend mit Blumen und Gewächsen hergerichtet. Leider goss es in Strömen, weshalb sich die Herren gleich in der Orangerie (und nicht, wie anfangs bestimmt, in Eugens Zimmer) versammeln mussten. Da ich mir eine kleine Rede vorbereitet hatte, fing die Emotion (trockener Hals) bei mir schon vor 12 Uhr an und dauerte bis zum Rehbraten, d. h. bis ich die Rede glücklich geredet hatte. Vorher konnte ich keinen Bissen hinunterbringen. Dem Oberst, der mich lange kennt und lieb hat, ging's ebenso – aus freudiger Bewegung, mich seinerseits als Regimentsangehörige zu begrüßen und

[hoch] leben zu lassen. Zuerst brachte ich die Gesundheit des Königs aus, auf unseren ersten Chef, worauf die Ulanenmusik die Hymne spielte, dann ließ der Oberst mich [hoch] leben (trotz seiner Bewegung sprach er sehr hübsch), worauf die Musik den Marsch meiner Mutter spielte. Nun stand ich auf und ließ meine Rede vom Stapel laufen (beiliegend der Wortlaut). Stecken blieb ich durchaus nicht und sprach deutlich und laut, allein geklungen soll meine Stimme sehr merkwürdig haben, eigentlich gar nicht, denn sie war tonlos wie bei einem Berufsredner – ganz anders als sonst. Der Oberst sagte später zu mir, es sei ihm lieber, wenn man einer Frau die Befangenheit etwas anmerkt (ohne dass sie gerade stecken bleibt), als dass sie so flott und ungeniert rede –.

Nach meiner Rede spielten die Ulanen den König-Karl Marsch, worauf ich wieder Farbe bekam. Sowie der offizielle Teil des Essens vorüber war, wurde es gemütlich. Der Oberst flüsterte mir zu, dass es beim Regiment Sitte sei, die Neubeförderten zu fatieren [bekennen, angeben, hier wohl: hochleben lassen], weshalb ich als nunmehrige Regimentsangehörige die Gelegenheit ergriff, um auf die neuen Premiers [Premierleutnants, Oberleutnante] und unseren jüngsten Secondeleutnant [Leutnant] (Fürst Hohenlohe-Bartenstein) zu trinken. Dadurch bekam das Fest einen ganz intimen Charakter.

Nach Tisch ging's über Strohmatten aus dem Gewächshaus in Eugens Zimmer und die beiden anschließenden Zimmer, wo geraucht wurde. Kaum war der Kaffee herumgereicht, so erschien – als Überraschung – die Königin und erfreute jeden der 20 Offiziere durch einige freundliche Worte. Dann forderte sie die Künstler auf, sich zu produzieren. Einer musste Klavier spielen, ein anderer singen.

Sonntagfrüh sollte ich auf den Exerzierplatz kommen, um das Regiment zu sehen, was aber durch eine Trauerbotschaft [vermutlich Tod von Kaiser Friedrich III. am 15. Juni 1888] vereitelt wurde. Von vielen Seiten bekam ich Gratulationen, sogar Sandro von Bulgarien schrieb mir freundliche Glückwünsche."[342]

Am 16. Juli 1888 besichtigte Herzogin Wera, die jetzt den Ehrenrang eines Generalmajors innehatte, das Regiment. Wegen der Hoftrauer um Kaiser Friedrich III. konnte dies allerdings nur inoffiziell geschehen. Sie erschien im Wagen auf dem Exerzierplatz

und fuhr die Front jeder Schwadron ab. Ihren Gruß „Guten Morgen, Ulanen" erwiderten diese mit dem Gruß „Guten Morgen, Kaiserliche Hoheit". Ein Parademarsch im Schritt und im Galopp schloss sich an.
Auch in den folgenden Jahren fand sich die Herzogin gerne auf dem Exerzierplatz ein. Freude bereitete es ihr, wenn Spielleute, Trommler und Pfeifer den Parademarsch übten und wenn die Ulanen ihr „vorexerzierten".[343]
An ihrem Geburtstag überreichte ihr gewöhnlich eine Deputation ihres Ulanenregiments einen Blumenstrauß. Dasselbe geschah, wenn sie nach längerem Aufenthalt in Russland in die Heimat zurückkehrte.[344] An ihrem 36. Geburtstag am 16. Februar 1890 spielte morgens um 8 Uhr die „Ulanenmusik". Um 10 Uhr folgte ein Gottesdienst in der russisch-orthodoxen Hofkapelle. Danach kamen alle in Stuttgart befindlichen Russen zum Tee. Im Anschluss an viele Gratulationen überbrachte um 1 Uhr eine sechsköpfige Delegation die Glückwünsche des Regiments und überreichte ein Blumenbouquet mit Schleifen, beides in den Regimentsfarben. Die sechs Herren behielt Wera gleich zum Essen da. Anschließend gab sie ihnen in ihrem Privatzimmer Gelegenheit, „gemütlich ihre Zigarren zu rauchen". An das Abendessen beim König schloss sich ein Theaterbesuch an.[345]
Im Mai 1891 lud Wera die Kinder ihrer Ulanenoffiziere mit Müttern in den Garten der Villa Berg ein. Weil aber einige der Kinder gerade krank waren, kamen statt 15 Kindern und sieben Müttern nur sieben Kinder und zwei Mütter.[346]
Nach seiner Thronbesteigung bestätigte König Wilhelm II. Herzogin Wera als „zweiten Chef" des Ulanenregiments König Karl (1. Württ.) Nr. 19. 1894 wurde das Regiment von Stuttgart nach Ulm verlegt. Dies hinderte indes Herzogin Wera nicht daran, ihre „Roten Ulanen" einmal oder auch mehrmals im Jahr in ihrer neuen Garnison zu besuchen. Bei den großen Paraden in der Friedrichsau führte sie in Uniform ihr Regiment wiederholt dem König vor.[347] Am 7. Mai 1907 beispielsweise nahm König Wilhelm II. in Begleitung von Herzogin Wera in der Friedrichsau die Frühjahrsparade der Truppen der Standorte Ulm und Wiblingen ab. Bei der Paradetafel im „Russischen Hof" brachte der Monarch den Trinkspruch auf Kaiser Wilhelm II. aus.[348]

Im Gedenken an den nun 40 Jahre zurückliegenden Deutsch-Französischen Krieg von 1870/71 veranstalteten die Veteranen dieses Kriegs aus Württemberg – es waren 9700 Mann und 200 Offiziere – am 4. Dezember 1910 einen Appell vor dem König. Neben Königin Charlotte und anderen Damen des Hofs war auch Herzogin Wera anwesend. Ihre Sympathien gehörten den württembergischen Frontsoldaten von 1870/71 und ihren bemerkenswerten militärischen Leistungen.[349]
Damit die zahlreichen militärischen Gegenstände und Erinnerungsstücke, die sich in ihrem Besitz befanden, nach ihrem Tod nicht vernichtet wurden, bestimmte Wera in ihrer letztwilligen Verfügung vom 17. April 1906, dass sämtliche Objekte aus ihrem Nachlass, die Bezug auf die Kriege von 1866 und 1870/71 hatten, ebenso die Uniformen und Orden ihres Mannes dem Württembergischen Armeemuseum übergeben werden sollten.[350]
Alljährlich am 18. Mai, dem Geburtstag von Zar Nikolaus II., lud die Herzogin die in Stuttgart lebenden Russen sowie die Offiziere ihres Ulanenregiments zu einer Feier in die Villa Berg ein. Bei dieser Gelegenheit trug sie die Uniform ihres russischen Regiments.[351] Anlässlich ihres 25-jährigen Jubiläums als Chef des 22. Russischen Infanterieregiments Nischny Nowgorod, das mit ihrem 50. Geburtstag zusammenfiel, kam, wie schon in anderem Zusammenhang erwähnt, eine Delegation dieses Regiments am 4./17. Februar 1904[352] nach Stuttgart, um zu beiden festlichen Anlässen zu gratulieren. Es war dies für die württembergische Haupt- und Residenzstadt ein bedeutsames Ereignis. König und Hof bereiteten der Delegation einen ehrenvollen Empfang.[353] Gleichfalls 1904 feierte das Ulanenregiment Nr. 19 sein 225-jähriges Bestehen. Auf die Bitte der Herzogin Wera verlieh König Wilhelm II. Oberstleutnant von Schweinichen, dem Regimentskommandeur, ferner Major Freiherr von Gemmingen sowie anderen Offizieren Orden.[354]

Herausragendes Wirken auf dem Gebiet der Sozialfürsorge

Ihr karitatives Engagement war Herzogin Wera gewissermaßen in die Wiege gelegt worden. Zwei ihrer Urgroßmütter und eine ihrer Großmütter hatten durch ihr karitatives Wirken einen großen Namen erlangt. Ihre Urgroßmütter väterlicherseits waren Kaiserin Maria Feodorowna von Russland (1759–1828), die Schwester König Friedrichs von Württemberg, und Königin Luise von Preußen (1776–1810), eine geborene Prinzessin von Mecklenburg-Strelitz, ihre Urgroßmütter mütterlicherseits Herzogin Henriette von Württemberg (1780–1857), eine geborene Prinzessin von Nassau-Weilburg, und Herzogin Charlotte von Sachsen-Altenburg (1769–1818), eine geborene Prinzessin von Mecklenburg-Strelitz und Schwester von Königin Luise von Preußen.[355] Von diesen vier Urgroßmüttern leisteten Kaiserin Maria Feodorowna von Russland und Herzogin Henriette von Württemberg auf den Gebieten der Sozialfürsorge und im Bildungswesen Herausragendes. Maria Feodorowna erwarb sich große Verdienste um das zuvor arg vernachlässigte Mädchenschulwesen in Russland; sie rief zahlreiche Wohltätigkeitsanstalten für Kranke, Witwen und Waisen ins Leben und sorgte für deren gesicherte wirtschaftliche Ausstattung.[356] Herzogin Henriette vereinigte in ihrer Person eine hohe intellektuelle Begabung mit einer reichen Herzensbildung. Das von ihr gelebte weltoffene Christentum der Tat ließ sie zu einer der großen Wohltäterinnen im damals noch sehr armen Königreich Württemberg werden.[357] Auch Amalie (1799–1848), die Tochter der Herzogin Henriette und Großmutter Weras, die 1817 Herzog Joseph von Sachsen-Altenburg heiratete, trat auf sozialem Gebiet hervor. Sie errichtete 1819 in Altenburg eine Industrieschule für Kinder unbemittelter Eltern und gab im folgenden Jahr dieser Anstalt durch die Gründung eines Frauenvereins einen gesicherten finanziellen Rückhalt. 1835 und 1837 rief sie Kleinkinderheime ins Leben.[358]

In Württemberg waren es neben ihrer Urgroßmutter Henriette ihre Großtante Königin Katharina und ihre Tante Königin Olga, die Wera ein Vorbild waren bei ihrem Engagement, Notleidenden, Bedürftigen und Kranken durch finanzielle

Königin Katharina von Württemberg (1788–1819)

Zuwendungen ein menschenwürdiges Leben zu ermöglichen. Insbesondere ihre Tante Olga sensibilisierte sie schon früh für die Not der Armen sowie der geistig und körperlich Behinderten, ebenso für eine Verbesserung der Bildungschancen für Mädchen.[359] Am 26. September 1878 nahm sie zusammen mit dem Königspaar an der Einweihung des Schulgebäudes der fünf Jahre zuvor von Königin Olga gestifteten zweiten Stuttgarter höheren Mädchenschule, des Olgastifts, in der Johannesstraße teil.[360] Schon in jungen Jahren war es ihr ein Anliegen, den Insassen von Waisenhäusern und Behindertenheimen an Weihnachten eine Freude zu bereiten. Die Bescherung solcher von einem schweren Schicksal betroffenen Kinder und Erwachsenen besaß für sie zumindest den gleichen Stellenwert wie die häusliche Feier am Heiligen Abend mit ihren beiden Töchtern, ihren Bediensteten und deren Familien. Kaum waren ihre Kinder im schulpflichtigen Alter, hatten sie die Mutter zu Bescherungen in karitativen Anstalten, 1886 und 1887 zur Kinderkrippe in Botnang oder zur Blindenanstalt, zu Waisen- und Behinderten-

anstalten zu begleiten. Nach ihrer Ansicht bildeten solche Bescherungen die Voraussetzung dafür, dass sich die richtige Weihnachtsstimmung einstellte.[361]
Über eine menschenfreundliche selbstlose Tat von Herzogin Wera berichtete am 16.Oktober1887 der „Liegnitzer Anzeiger": Ein unbekannter Mann aus Slawonien, ein Drahtzieher, starb im schlesischen Karlsruhe auf der Durchreise, und er wurde in einem schmucklosen Sarg beerdigt. Außer dem Totengräber und den Trägern war niemand bei der Bestattung dabei. Die bei ihrer Großmutter zu Besuch weilenden beiden Töchter Weras beobachteten den wahrhaft tristen Leichenzug von einem Fenster des Schlosses aus und machten ihre Mutter auf ihn aufmerksam. Diese ließ durch einen Diener umgehend Erkundigungen über die Person des Toten einziehen. Sodann wurden Kränze geflochten, und die gesamte herzogliche Familie begab sich auf den Friedhof, um am Grab des armen Drahtziehers ein Gebet zu sprechen und den Grabhügel zu schmücken.[362]
Anlässlich des 25. Jahrestags ihrer „Ankunft in Württemberg" 1888 stiftete Herzogin Wera der Stadt Stuttgart 10 000 Mark für Notleidende.[363] Damals unterstützte sie außerdem durch finanzielle Zuwendungen unter anderem das „Olgäle" (die Olgaheilanstalt für Kinder und Jugendliche), die Diakonissenanstalt, die Werapflege Botnang und die Nikolauspflege für blinde Kinder. Der erste Geistliche an der Stiftskirche schrieb ihr zu ihrem Jubiläum: „Wir Württemberger sind stolz, dass Sie unseren Namen tragen." Ein anderer Stuttgarter gratulierte ihr mit den Worten: „Möge das Symbol unseres christlichen Glaubens, das Sie so sehr lieben, Sie als Erinnerung an den 2. Dezember 1863 und 1888 immer und überall begleiten und dasselbe in Ihnen wachsen und zunehmen zum Heil und Segen Ihres ganzen Lebens."[364]
Als Wera Anfang November 1889 nach einem längeren Russland-Aufenthalt nach Stuttgart zurückgekehrt war, galt ihre erste Aktivität der Mitwirkung bei einem Wohltätigkeitsbazar.[365] Oft begleitete sie Königin Olga, wenn diese von ihr gestiftete oder wesentlich von ihr mitfinanzierte karitative Einrichtungen einweihte, so am 18. Juni 1891 das neu gegründete Frauenheim.[366] Nach dem Tod der Tante am 30. Oktober 1892 übernahm sie einen guten Teil von deren bisher wahrgenommenen karitativen Verpflichtungen. Sie war jedoch hierbei der gleich-

falls sozial sehr engagierten Königin Charlotte keine Konkurrentin. Das Feld für karitative Betätigungen, das es zu beackern galt, war groß. Freilich, im Gegensatz zu der stark gehemmten Charlotte fiel es ihr leicht, Menschen anzusprechen, sie durch ihre leutselige, unkomplizierte Art für sich zu gewinnen. Obwohl alles andere als eine strahlende Schönheit – wie ihre Tante Olga –, erlangte sie dennoch in allen Bevölkerungsschichten hohe Wertschätzung. Sie erkannte rasch, wo und wie zu helfen war, wie soziale Missstände gemildert oder ganz beseitigt werden konnten, und sie scheute sich auch nicht, heiße Eisen anzupacken, wenn dies Not tat. Es nimmt deshalb nicht Wunder, dass sie von Bittgesuchen und Hilfsappellen geradezu überschwemmt wurde. Mit sicherem Blick sonderte sie die Spreu vom Weizen. Besondere Freude machte es ihr, viel versprechende junge Menschen zu fördern, wenn diese nicht über die Mittel oder Möglichkeiten verfügten, ihre Begabung zur Entfaltung zu bringen.[367] Beispielsweise nahm sie sich des jungen Cellisten Reinhold Schaad an, der als Kind durch einen Unglücksfall das Augenlicht verloren hatte. Sie lud ihn zu sich ein, ließ ihn vorspielen, organisierte oder vermittelte Konzerte, durch die die ungewöhnliche musikalische Begabung Schaads weiten Kreisen bekannt wurde. Sie unterhielt sich mit ihm, ermunterte ihn, spornte ihn an, gab ihm Selbstsicherheit und förderte so entscheidend seine künstlerische Karriere. Auch half sie ihm, sein an Höhen und Tiefen reiches Leben zu akzeptieren.[368]

Zu Veranstaltungen mit karitativen Zielsetzungen kam sie gerne. Zum einen machte es ihr Freude, unter Menschen zu sein und mitzufeiern, zum anderen wusste sie natürlich, dass sich die Spendefreudigkeit der Teilnehmer durch ihre und die Anwesenheit anderer hochgestellter Persönlichkeiten wesentlich erhöhte. Meist ließ sie sich nicht lange bitten, die Schirmherrschaft bei karitativen Vereinen und Veranstaltungen zu übernehmen. Am 31. März 1900 wurde in den Königsbausälen ein Gesellschaftsabend zu Gunsten des Charlottenvereins für arme Augenkranke abgehalten, dem der allseits beliebte Sanitätsrat Dr. Nathan Krailsheimer, Chefarzt am Katharinenhospital und einer der tüchtigsten Augenärzte Württembergs, vorstand. Unter den zahlreichen Besuchern des Abends befanden sich auch Königin Charlotte, die Protektorin des Vereins,

Herzogin Wera beschäftigt sich mit Handarbeiten.

Herzogin Wera und andere Fürstlichkeiten.[369] Am 15. Juni 1901 nahm Wera an der Einweihung des vom Verein für Jugendfürsorge errichteten Jugendvereinshauses zum „Johannes Brenz“ teil.[370] Einige Wochen zuvor hatte sie zusammen mit dem Königspaar den zweiten der vom Verein Charlottenheim und Frauenbazar veranstalteten Gesellschaftsabende besucht.[371]
Im Oktober 1902 übernahm sie das Ehrenpräsidium bei einem zu Gunsten der Olgaheilanstalt und der Paulinenhilfe veranstalteten Wohltätigkeitsbazar, an dem etwa 250 „Damen und Herren der Gesellschaft“ mitwirkten. Königin Charlotte und andere Angehörige des königlichen Hofs beehrten den Bazar mit ihrem Besuch. Großen Anklang fanden einfallsreiche humoristische Darbietungen durch talentierte Laien in reizenden Kostümen. Den Abschluss bildete ein Konzert. Der Bazar erbrachte den ungewöhnlich hohen Ertrag von 46 000 Mark.[372]
Am 21. September 1902 feierte der Stuttgarter Verein vom Blauen Kreuz unter Leitung der Stadtpfarrer Gros und Jehle den 25. Jahrestag seiner Gründung mit einem Gottesdienst und einer geselligen Nachfeier im Brenzhaus. Zur Nachfeier erschien auch Herzogin Wera. Die Einweihung des von dem Architekten

Heinrich Dolmetsch erbauten Vereinsheims des CVJM in der Furtbachstraße hielt die Herzogin für so bedeutsam, dass sie persönlich der Einweihung am 11. Oktober 1903 beiwohnte. Das Königspaar hatte in einem Handschreiben seine Glückwünsche übermittelt. Mit dem CVJM und seinem langjährigen Leiter Wilhelm Elsäßer war Herzogin Wera eng verbunden. Anlässlich der Feier zum 50-jährigen Bestehen des Stuttgarter CVJM ließ sie am 8. Mai 1911 600 Gäste in der Villa Berg bewirten. Unter diesen Gästen befanden sich Pastor Le Seur aus Potsdam, der in der württembergischen Landeshauptstadt mit seinen Evangelisationsveranstaltungen viele Menschen erreicht hatte, Forstmeister Eberhard von Rothkirch, der Vorsitzende des CVJM Wilhelmstraße Berlin und viele andere namhafte Persönlichkeiten. Der Stuttgarter CVJM hatte seiner fürstlichen Gönnerin viel zu verdanken. Nach ihrem Tod im April 1912 schrieb Wilhelm Elsäßer in einem Nachruf: „Wie oft hat sich die Herzogin Wera zu den Niedrigen heruntergehalten und dadurch nichts verloren von ihrem königlichen Adel, aber eine Fülle von Lob und Dankbarkeit geerntet, die über das Grab hinausreicht.“[373]

Viel verdankt das Stuttgarter Waisenhaus Herzogin Wera. Für den um 1895 geborenen Karl Reiber, der als Zweijähriger seine Eltern verloren hatte und im Waisenhaus erzogen wurde, bildete die alljährlich im großen Speisesaal stattfindende Weihnachtsfeier einen Höhepunkt im Jahresablauf, und dies vor allem deshalb, weil bei ihr regelmäßig Herzogin Wera anwesend war. In der Mitte des Saales stand ein riesiger geschmückter Weihnachtsbaum, und jedes Kind wurde mit Weihnachtsgebäck und einem kleinen Geschenk bedacht. Die Feier begann mit einer kurzen Predigt und dem Gesang von Weihnachtsliedern. Ihnen schloss sich meist die Aufführung eines Theaterstücks an. Hierbei durfte Karl Reiber einmal die Rolle des Sohns Walter Tell in der Apfelschussszene des Schiller'schen Dramas „Wilhelm Tell“ übernehmen. Unvergesslich war ihm, dass die kleinen Schauspieler später ins Hoftheater eingeladen wurden. Für die Waisenkinder blieb auch in Erinnerung, dass Herzogin Wera für sie während der Jahre im Heim die mütterliche Wohltäterin, an Weihnachten aber so etwas wie das sie mit Gaben bedenkende und ihnen einige schöne Stunden bereitende Christkind verkörpert hatte.[374]

1903 erneuerten Herzogin Wera und ihre Töchter Elsa und Olga die einst von Königin Olga gemachte Stiftung in Höhe von 20 000 Mark zu Gunsten des „Pensionats“ des Katharinenstifts, die nach dem Übergang des Stifts an die Stadt Stuttgart an die Erben heimgefallen, das heißt zurückgezahlt worden war. Nach dem Willen der nunmehrigen Stifterinnen sollten die Zinsen des Stiftungskapitals von 20 000 Mark künftig armen begabten Schülerinnen des Katharinen- und des Olgastifts zugute kommen.[375] Wohl schon zuvor hatte Herzogin Wera dem Olgastift ein in Öl gemaltes Bild von Königin Olga aus deren Nachlass übergeben.[376]

Ein hundertster Geburtstag war zu Beginn des 20. Jahrhunderts noch ein ungewöhnlich seltenes Ereignis. Als die Stuttgarter Bürgerin Charlotte Wechßler, die Witwe des bereits 1839 verstorbenen Georg Wechßler, am 8. Juni 1903 diesen runden Geburtstag feiern konnte, erfreute sie Herzogin Wera mit ihrem Besuch und ihrer persönlichen Gratulation.[377]

Am 12. Mai 1904 feierte die Evangelische Diakonissenanstalt Stuttgart ihr 50-jähriges Bestehen. Zu den zahlreichen Besuchern des Festgottesdienstes in der Stiftskirche gehörten Königin Charlotte und Herzogin Wera. Nach der von Professor Dr. Theodor Haering gehaltenen Festpredigt gab Dekan Leypoldt einen knappen Überblick über die Entwicklung der Anstalt in dem zurückliegenden halben Jahrhundert.[378]

In Berg an der heutigen Nißlerstraße konnte am 27. März 1904 das Werahaus eingeweiht und bezogen werden, das der auf Initiative von Rektor Kern gegründete Werahaus-Verein geplant und errichtet hatte. In ihm waren eine Kleinkinderschule mit Unterkunftsmöglichkeiten für Betreuerinnen und eine Gaststätte mit einem preiswerten Mittagstisch (Volkskaffeehaus) untergebracht. Außerdem verfügte es über eine Reihe von Zimmern für Lehrlinge und Arbeiter, die hier günstig wohnen konnten und Anschluss an den örtlichen CVJM fanden. Herzogin Wera trug den Bau des ihren Namen tragenden Hauses finanziell und ideell mit. Die Weiherede hielt Stadtdekan Oberkonsistorialrat Dr. von Braun.[379]

Einen hohen Stellenwert hatte für Herzogin Wera auch der Württembergische Frauenverein für hilfsbedürftige Kinder. Deshalb besuchte sie ebenso wie die Frau von Herzog Robert von Württemberg den vom Verein am 29. November 1904

veranstalteten Festabend mit Aufführungen für Kinder und einem Konzert.[380] Dem Stuttgarter Hilfsverein des Gemeindewaisenrats, der 1907 insgesamt 1016 Mitglieder zählte (im Vorjahr waren es 1075 gewesen) und Einnahmen von 9068,49 Mark aufwies, gehörten das Königspaar, Herzogin Wera sowie die Herzöge Albrecht und Robert von Württemberg an.[381]
Dem von ihrer Tochter Prinzessin Olga zu Schaumburg-Lippe 1906 gegründeten und mit einer Spende von 500 Mark bedachten Verein Stuttgarter Säuglingsheim ließ Wera eine Spende von gleichfalls 500 Mark zukommen. König und Königin stifteten je 1000 Mark und Frau Hofrat Johanna Klinkerfuß den Reinertrag eines Wohltätigkeitskonzerts in Höhe von 1379,75 Mark. Im Jahr darauf, am 14. Dezember 1907, konnte das Säuglingsheim in Anwesenheit von Königin Charlotte, Herzogin Wera und der Protektorin Prinzessin Olga zu Schaumburg-Lippe in Verbindung mit der Weihnachtsfeier eingeweiht werden.[382]
25 Jahre nach der Einweihung und dem Bezug des Neubaus der „Olgaheilanstalt für Kinder und jugendliche Arbeiter“ fand am 26. September 1907 in Gegenwart der Protektorin, Herzogin Wera, Vertretern der Stadt, Mitgliedern des Armenrats und der Armenhausverwaltung die Einweihung des nach dem neuesten Stand der medizinischen Wissenschaft und der Technik erbauten und eingerichteten Operationsgebäudes der Anstalt statt. Hofrat Kuhn schilderte die Entwicklung der Olgaheilanstalt im vergangenen Vierteljahrhundert. Herzogin Wera gab in einer Ansprache ihrer Freude und Dankbarkeit Ausdruck. Ein Rundgang durch den Neubau unter der Führung des Geheimen Hofrats Dr. Köstlin, des ärztlichen Leiters des neuen Operationssaals, schloss sich an.[383]
Besonders am Herzen lag Herzogin Wera das Los unbemittelter Sehbehinderter. Deshalb fehlte sie selten bei Gesellschaftsabenden des Charlottenvereins für arme Augenkranke. Zum Gesellschaftsabend des Vereins am 24. Januar 1906 kam auch Königin Charlotte.[384] Jahr für Jahr fand sich Wera zur Weihnachtsbescherung der Patienten der Hofrat Distler'schen Augenheilanstalt für Unbemittelte ein. Die Teilnahme an dieser Feier machte ihr offensichtlich mindestens ebenso viel Freude wie den Kranken.[385]

Im Oktober 1906 konnte die Nikolauspflege für blinde Kinder ihr 50-jähriges Jubiläum feiern – für die Herzogin ein herausragendes Ereignis. Die blinden Kinder freuten sich über die Anteilnahme, die die Kaiserliche Hoheit an ihrem schweren Schicksal nahm, und über deren Lobesworte für das von ihnen veranstaltete Blindenkonzert und die Erzeugnisse ihrer kunsthandwerklichen Arbeiten. Am 24. April 1907 nahm sie zusammen mit dem Königspaar an der Eröffnung des Frühlingsfests im Festsaal der Liederhalle zu Gunsten der Stuttgarter Knaben- und Mädchenhorte teil, und am 19. Februar 1911 besuchte sie zusammen mit anderen Mitgliedern des Königshauses ein von den vereinigten Musikkorps des Grenadierregiments Königin Olga und des Infanterieregiments Kaiser Friedrich veranstaltetes Wohltätigkeitskonzert zu Gunsten der Witwen und Waisen des XIII. (Königlich Württembergischen) Armeekorps.[386]
Wera suchte den Umgang und das Gespräch mit einfachen Menschen, die ihrer christlichen Glaubensüberzeugung entsprechend lebten und selbstlos geistig und körperlich Behinderten halfen. Sie hielt sich zu den Niedrigen, wie in der Festschrift „40 Jahre Heilandskirche“ zu lesen ist. So besuchte sie häufig die Villa Seckendorff in Cannstatt, um mit der einfachen, warmherzigen und zugleich tiefgläubigen Hausmutter Schwester Anna Schlichter ins Gespräch zu kommen und dann geistig bereichert nach Stuttgart zurückzukehren. Die Gebetsheilstätte Villa Seckendorff war 1861 von Henriette von Seckendorff, einer Anhängerin Christoph Blumhardts, gegründet worden.[387]
Die Bodelschwingh'schen Anstalten in Bethel interessierten sie sehr. Sie reiste incognito dorthin und stellte sich mit dem Namen „von Gemmingen II“ vor. Doch Pastor Friedrich von Bodelschwingh oder einer seiner Mitarbeiter deckten die gut gemeinte Täuschung auf. „Mütterchen, Mütterchen“, drohte Bodelschwingh lächelnd, „du hast deinen Namen verleugnet!“[388]
Das bedeutendste Herzogin Wera zu verdankende Liebeswerk ist die von ihr 1908 ins Leben gerufene Stiftung „Zufluchtsstätten in Württemberg“. Den Anstoß dazu gab eine die Öffentlichkeit erregende, ein Schlaglicht auf soziale Missstände werfende Verzweiflungstat einer jungen Frau. Eine ledige Dienstmagd hatte ihr Kind auf dem Stuttgarter Hauptbahnhof getötet. Die Empörung über dieses Verbrechen in der Bevölkerung war

groß, und sie ebbte erst ab, nachdem die Dienstmagd zu einer Gefängnisstrafe verurteilt worden war. Herzogin Wera vermochte nicht zu glauben, dass die junge Mutter ihr Kind vorsätzlich und in verbrecherischer Absicht getötet hatte. Sie ruhte daher nicht, bis sie verlässliche Informationen darüber besaß, welche Gründe die Dienstmagd zu dieser schrecklichen Tat veranlasst hatten. Sie erfuhr: Die junge Frau hatte sich in einer fast ausweglosen Notlage befunden. Vergeblich hatte sie an vielen Türen um Hilfe gebeten. Eine Unterkunft und ein Kostgeld für ihr Kind waren ihr verweigert worden. In ihrer Verzweiflung hatte sie dann den Säugling getötet.

Wera war zutiefst betroffen. Die Gesetze mussten geändert werden, damit künftig mittellosen unehelichen jungen Müttern in ihrer Notlage geholfen werden konnte, damit es künftig nicht mehr zu solchen Taten kam oder dass sich ledige Mütter aus Verzweiflung das Leben nahmen. Allein, Gesetzesänderungen brauchten Zeit, meist sehr viel Zeit, dessen war sich Wera bewusst. Hier aber musste raschestens Abhilfe geschaffen werden. Erforderlich war die Errichtung von Heimen, von Zufluchtsstätten, für solche jungen Mütter. Dies aber setzte die Bereitstellung beträchtlicher Mittel voraus. Mindestens 160 000 Mark wurden benötigt. Die Herzogin sicherte zu, diesen Betrag aufzubringen. Sie bekannte: „Ich bat Gott um Mittel – Gott schenkte sie mir. Das ‚Wie‘ macht nichts zur Sache; kurz, das Geld war da.“ König Wilhelm II. genehmigte die von Wera und einem „Kreis fürstlicher Frauen“ beantragte Stiftung „Zufluchtsstätten in Württemberg“.[389] Die Zufluchtsstätten definierte die Herzogin als „Freistätten für die ärmsten Mitschwestern in Christo“: für ledige Mütter mit Kindern sowie sittlich gefährdete Mädchen und Frauen. In der Chronik der Stadt Stuttgart vom Jahr 1908 wurde festgehalten: „Ihre Kaiserliche Hoheit die Frau Herzogin Wera von Württemberg hat durch Urkunde vom 7. November d[ieses] J[ahres] eine durch Königliche Entschließung vom 23. Dezember d[ieses] J[ahres] genehmigte Stiftung mit einem Vermögen von 166 000 Mark und dem Sitz in Stuttgart errichtet, welche den Namen ‚Zufluchtsstätten in Württemberg‘ führt und dem Zweck dient, unehelichen Müttern mit oder ohne ihre Kinder sowie sittlich gefährdeten und gefallenen Personen weiblichen Geschlechts durch Errichtung von Zufluchtshäusern Unterkunft in der Weise

zu gewähren, dass sie darin nicht bloß für kürzere oder längere Zeit Aufnahme und Beschäftigung, sondern auch Rettung für Seele und Leib finden können."[390]
Das Stiftungskapital von 166 000 Mark vermochte selbst die reiche Herzogin keineswegs ohne weiteres aufzubringen. Doch das Geld stand zur Verfügung. Erst nach dem Tod Weras lüftete Johanna Freifrau von Gemmingen das Geheimnis: Die Herzogin hatte einen erheblichen Teil ihres wertvollen Familienschmucks verkauft, um das Stiftungskapital aufbringen zu können. Auch wenn sie wohl kaum ihren gesamten Schmuck (darunter Erinnerungsstücke, an denen sie besonders hing) veräußerte, so mindert dies nicht ihren wahrhaft hochherzigen Entschluss. Herzogin Wera hat mit der Stiftung „Zufluchtsstätten in Württemberg" dem ihr zur geliebten Heimat gewordenen Land ein einzigartiges Geschenk gemacht.[391]
Vorsitzender der Stiftung wurde Graf von Pückler und Limpurg in Gaildorf, Geschäftsführer wurde der Leiter der Evangelischen Gesellschaft und spätere württembergische Landesbischof D. Theophil Wurm. Um den Zweck der Stiftung erfüllen zu können, wurde in Stuttgart in der Reichelenbergstraße 3 ein Haus, das künftige Weraheim, erworben. Die Stadtmission und Mitternachtsmission der Evangelischen Gesellschaft brachten zudem ein kleines Nachtasyl in die Stiftung ein.[392] Erste Leiterin des Stuttgarter Werahauses wurde die Diakonisse Paula Kolb.[393]
Außerdem kaufte die Stiftung in Hebsack (Gde. Remshalden, Rems-Murr-Kreis) ein 1622 erbautes stattliches Haus mit einem 10 000 Quadratmeter großen Gartengrundstück. Hier sollten Frauen mit Kindern für längere Zeit aufgenommen werden und die Frauen selbst Arbeitsmöglichkeiten bekommen. Das Stuttgarter Haus hingegen war für Frauen bestimmt, die lediglich für kurze Zeit eine Unterkunftsmöglichkeit benötigten. Als tägliches Kostgeld wurden 80 Pfennig in Rechnung gestellt. Frauen, die diesen Betrag nicht bezahlen konnten, erhielten das Kostgeld aus Stiftungsmitteln oder aus Spenden. Der Andrang von Hilfe und Aufnahme suchenden Frauen war groß. Bereits während der ersten beiden Jahre beherbergte das Stuttgarter Haus 373 Frauen und 112 Kinder. Die Frauen kamen aus dem Gefängnis, andere wurden von der Polizeifürsorge geschickt oder baten von sich aus um Aufnahme, weil sie kein Obdach besaßen. Auch verheiratete Frauen mit Kindern suchten in

Das von Herzogin Wera in Hebsack für die Stiftung „Zufluchtsstätten“ gekaufte Haus

dem Haus Zuflucht, wenn sie etwa von ihren trunksüchtigen Ehemännern geschlagen oder auf andere Weise gequält und erniedrigt wurden. Der Reichelenbergstraße 3 fiel damit die Funktion eines ersten Frauenhauses in Stuttgart zu.[394]

Am 1. Oktober 1909 konnte das für seine neue Zweckbestimmung umgebaute Haus in Hebsack eingeweiht werden. Im Gegensatz zu dem Weraheim in Stuttgart, das vornehmlich allein stehende schwangere Frauen aufnahm, um ihnen vor oder nach der Geburt ihrer Kinder behilflich zu sein, schuf die Herzogin in Hebsack eine Zufluchtsstätte für Mütter und Kinder. Von Anfang an wurden daher Mütter samt ihren Kindern aufgenommen. Herzogin Wera war der festen Überzeugung, dass die Mutter-Kind-Bindung durch nichts zu ersetzen sei, sie deshalb keinesfalls gestört oder zerstört werden dürfe. Die Leitung des Hauses oblag Diakonissen des Stuttgarter Mutterhauses. Erst hier in Hebsack fand manche Mutter zu einem gemeinsamen Leben mit ihrem Kind, zu ihrer natürlichen Mutterrolle. Allerdings gab es auch Frauen, die sich gegen diese Rolle sträubten; sie kehrten dem Hebsacker Haus rasch wieder den Rücken. In Hebsack wurden außerdem gefährdete junge Mädchen aufgenommen. Diese kamen direkt aus Krankenhäusern, von der Straße, aus öffentlichen Häusern, ebenso aus Gefängnissen. Zwang wurde indes nicht ausgeübt. Gefährdete Mädchen hatten die freie Wahl, in das Haus einzutreten und die ihnen dort angebotene Hilfe zu akzeptieren, oder aber diese Hilfe abzulehnen und das Haus rasch wieder zu verlassen. Nicht leicht war es, die Mädchen, die an kein geordnetes, arbeitsames Leben gewöhnt waren, zu regelmäßiger Arbeit und zu einer selbstverantwortlichen Lebensführung anzuhalten. Die Anstaltsleitung suchte dies durch häusliche Betätigungen wie Waschen, Bügeln, Nähen und Kochen sowie durch Gartenarbeit zu erreichen.

Herzogin Wera kam oft nach Hebsack. Meist benutzte sie für die Fahrt von Stuttgart hierher die Kutsche. Sie freute sich über die günstige Entwicklung des Heims, nahm Anteil am Leben von Betreuerinnen und Betreuten und war bemüht, wo immer erforderlich, zu helfen.[395]

Herzogin Wera zusammen mit betreuten Kindern

Im geistigen Austausch mit führenden Männern des württembergischen Pietismus und der kirchlichen Erneuerungsbewegung

Schon als Elf- oder Zwölfjährige lernte Wera einen Vertreter der evangelischen Erneuerungsbewegung kennen: Theodor Christlieb (geboren 1833 in Birkenfeld, gestorben 1889 in Bonn), 1865 von König Karl zum Hofprediger in Friedrichshafen ernannt. Dieser, ihr zeitweiliger Geschichtslehrer, verschaffte sich durch seine überlegen-ruhige Art ihren Respekt. Ihn vermochte sie nicht zu ärgern, zu provozieren, ihn beeindruckte selbst die „Kaiserliche Hoheit“ nicht. Er wollte nur den ihm erteilten Lehrauftrag erfüllen, und dies gelang ihm. Bereits 1868 erhielt er einen Ruf als Professor für praktische Theologie an der Universität Bonn. Ihn beunruhigte die fortschreitende Entchristlichung vor allem der Menschen in den großen Städten. Ihr wollte er durch das unverfälschte biblische Zeugnis entgegenwirken. Wichtig war ihm der volksmissionarische Gedanke. Er gründete die Evangelistenschule „Johanneum“, die heute ihren Sitz in Wuppertal hat.[396] Wera ist ihrem Lehrer Christlieb später wohl nicht mehr persönlich begegnet. Aber sie hat sicher seinen weiteren Lebens- und Berufsweg verfolgt, zumal sie sein Hauptanliegen als theologischer Hochschullehrer, Menschen für die christliche Botschaft zu gewinnen, sehr ansprach.

Seit den 1870er Jahren kam Wera in engeren Kontakt zu Oberhofprediger Prälat D. Karl von Gerok (1815–1890), dem bedeutenden Kanzelredner und dem damals viel gelesenen Dichter. Seinen Predigten in der Schlosskirche lauschte sie gerne. In den 1880er Jahren wurde er der Religionslehrer ihrer beiden Töchter.[397] Den Tod des 75-Jährigen im Januar 1890 empfand sie als unersetzlichen Verlust. Sie charakterisierte ihn als eine „stille, schlichte Persönlichkeit, so reich an Gemüt und innerem Leben, so edel durch Vorbild, so überzeugend durch das Wort, das aus seinem frommen Dichtermund floss, so klar und voll“. Besonders schmerzte sie, „dass es den Kindern nicht mehr vergönnt war, von ihm konfirmiert zu werden“.[398]

Im Lauf der Jahre wurde für Herzogin Wera die von dem Rektor des Evangelischen Töchterinstituts Christian Dietrich (1844–1919) geleitete altpietistische Gemeinschaft zu einer Art

Oberhofprediger Prälat D. Karl von Gerok (1815–1890)

geistlichen Heimat.[399] Wann und wie sie die Bekanntschaft Dietrichs machte, ist nicht bekannt. Christian Dietrich erhielt im Haus seines gleichnamigen Onkels, eines Lehrers im Hohenlohischen, entscheidende Anstöße für ein lebendiges Christentum. Da in Hornberg an der Jagst der Pfarrer lediglich fünfmal im Jahr predigte, übernahm der Onkel das Amt des Lektors und las jeden Sonntag und nicht bloß entsprechend seiner Verpflichtung alle vierzehn Tage in der Dorfkirche eine Predigt. Außerdem hielt er im Schulhaus Privaterbauungsstunden, also „Stunde“. Diese Versammlungen übten auf Menschen aus nah und fern eine große Anziehungskraft aus. Selbst Bewohner von vier bis sechs Stunden entfernten Orten scheuten den weiten Weg nicht. Auch kam es im Raum zwischen Schwäbisch Hall und Rothenburg ob der Tauber zu einer Erweckungsbewegung. Der Neffe Christian Dietrich erlebte seine Bekehrung im Alter von 18 Jahren im Lehrerseminar Tempelhof bei Crailsheim, und im reiferen Alter von 26 Jahren wurde ihm nach eigener Aussage die erschütternde Einsicht in seine Sündhaftigkeit zuteil. Von diesem Zeitpunkt an stellte er sein Leben ganz in den Dienst Gottes. Bereits als junger Lehrgehilfe gründete er den „Verein christlicher Lehrgehilfen", aus dem dann 1865 der „Verein christlicher Lehrer in Württemberg" hervorging. Für das Vereinsorgan „Der Lehrerbote" zeichnete er 26 Jahre verantwortlich. Gemeinsam mit seinem Onkel, dem Oberlehrer Christian Dietrich (gestorben 1911), bemühte er sich um die Schaffung einer festeren Organisation der württembergischen Gemeinschaften. Diese trat 1881 als „Engere Konferenz für Gemeinschaftspflege" ins Leben. Beruflich wirkte er 26 Jahre als Lehrer am Evangelischen Töchterinstitut, davon 23 Jahre als Rektor dieser weiblichen Bildungsanstalt. Einer seiner Kollegen war Professor Friedrich Bettex (1837–1905), der auch als Schriftsteller hervortrat.[400]

Rektor Dietrich gründete die „Erbauungszirkel". Hierbei war seine Absicht, durch Evangelisation und Gemeinschaftspflege der fortschreitenden Entchristlichung entgegenzuwirken. In seiner 1887 erschienenen Schrift „Kirchliche Fragen der Gegenwart" gab er ähnlich wie Theodor Christlieb in seiner „Methodischen Frage" der Besorgnis über den um sich greifenden Abfall von Gott und den katastrophalen Zustand von Kirche und Theologie Ausdruck. Das Heilmittel sah er in der evangelischen Bekehrungspredigt und in der Förderung der Gemeinschaft der Gläubigen.[401]

Ähnlich wie Theodor Christlieb widerstrebte Rektor Dietrich alle Schwärmerei. Für ihn, den Herausgeber der Zeitschrift „Philadelphia", hatte sich die Evangelisation auf die nüchterne biblische Botschaft von der Heilstat Jesu Christi zu gründen. Daher hieß die maßgeblich von ihm beeinflusste gemäßigte Erneuerungsbewegung die „Philadelphiabewegung". Die Pfingstbewegung mit ihrem Hang zum Schwärmerischen war Dietrich suspekt. Deshalb warnte er, den Gemeinschaftskreise den „Reich-Gottes-Bremser" nannten, beharrlich vor deren unbiblischen Auswüchsen. Er war übrigens auch der Gründer des den württembergischen Gemeinschaften gehörenden Erholungsheims „Schönblick" bei Schwäbisch Gmünd.[402]

Rektor Dietrich besaß ein ausgeprägtes Taktgefühl, Selbstsicherheit, bei aller Bescheidenheit auch hinreichend Selbstbewusstsein und ein Gespür für gute Umgangsformen. Obwohl

Rektor
Christian
Dietrich
(1844–1919)

aus einfachen Verhältnissen stammend und von Haus aus die Sprache der kleinen Leute sprechend, fiel es ihm nicht schwer, bei adligen und selbst bei fürstlichen Familien den richtigen Ton zu finden. Zustatten kam ihm die Erfahrung, die er sich im Privatunterricht von adligen Schülern und im Umgang mit deren Eltern erwarb. Vermutlich durch Bekannte und Freunde aus Adelskreisen machte auch Herzogin Wera die Bekanntschaft von Dietrich. Seine Aktivitäten auf den Feldern der Evangelisation und der Gemeinschaftspflege sprachen sie an. Zusammen mit ihrer treuen Begleiterin, Johanna Freifrau von Gemmingen, besuchte sie daraufhin seine „Stunde" im Evangelischen Saal in der Bachstraße (Nesenbachstraße). Sie wünschte, dass in der „Stunde" von ihrer Anwesenheit kein Aufhebens gemacht werden sollte. Sie wollte eine stille Zuhörerin sein und sonst nichts. Die Angehörigen der Gemeinschaft beeindruckte ihr bescheidenliebenswürdiges Verhalten sehr. Eine Kaiserliche Hoheit mitten unter ihnen und vom gleichen Geist wie sie beseelt!

Wera lud Rektor Dietrich auch zu Gesprächen in ihre Wohnung in der „Akademie“ ein. Daraus erwuchsen in einem vierzehntägigen Turnus abgehaltene Erbauungsstunden über biblische Themen, an denen meist auch ihre Töchter sowie adlige Damen aus ihrem Freundes- und Bekanntenkreis teilnahmen. Neben Dietrich fand sich auf ihren Wunsch häufig auch dessen Schwiegersohn Wilhelm Bornhak, der Leiter der Philadelphia-Buchhandlung, ein. In den pietistischen Gemeinschaftskreisen und darüber hinaus wurde die Herzogin übrigens respektvoll „Schwester Wera“ genannt.[403]

In ihrem Bemühen, ihre christliche Glaubensüberzeugung auf ein sicheres geistiges Fundament zu gründen, suchte Herzogin Wera den Kontakt und das Gespräch auch mit anderen führenden Männern der evangelischen Erneuerungsbewegung. Da war einmal Heinrich Rappard (1837–1909), der Nachfolger Christian Friedrich Spittlers als Leiter der Pilgermissionsanstalt auf der Chrischona bei Basel. Rappard, Sohn eines Waadtländer separatistischen Theologen, stellte zusammen mit seiner Frau Dora, einer geborenen Gobat, die Pilgermission in den Dienst der neueren Evangelisations- und Heiligungsbewegung.[404]

Incognito kam Wera nach Männedorf im Kanton Zürich, um dort den Evangelisten Samuel Zeller zu hören. Zeller, der von 1862 bis 1912 das von Dorothea Trudel in Männedorf gegründete Heim für „leiblich und geistlich Kranke“ leitete, beeindruckte sie tief. Als er später eine Evangelisation in Stuttgart durchführte, fehlte sie bei keinem seiner Vorträge, und sie lud ihn auch zu sich ein. Dass sich der bescheidene Mann, ärmlich gekleidet wie üblich, ohne Krawatte und Handschuhe, bei ihr einstellte, freute sie. Sie hatte nichts anderes erwartet. Und weil sie wusste, dass er ein großer Musikfreund war, hatte sie die Musikkapelle ihres Ulanenregiments aus Ulm herbeordert und beglückte ihn mit einem Konzert.[405]

Wie schon in anderem Zusammenhang erwähnt, reiste Wera nach Bethel bei Bielefeld, um sich über die Arbeit in den dortigen Bodelschwingh'schen Anstalten zu informieren und vor allem um deren Gründer Friedrich von Bodelschwingh (1831 bis 1910) zu hören.[406]

Viele, darunter auch zahlreiche der Kirche fern stehende Menschen, drängten sich in den Jahren zwischen der Jahrhundertwende und dem Ersten Weltkrieg in den Evangelisationsversammlungen von Paul Le Seur (1877–1963) aus Potsdam. Le Seur hielt seine Evangelisationen zunächst im Zirkus auf dem Marienplatz, dem Hangleiter'schen Bau, wie ihn die Stuttgarter nannten, später im Furtbachhaus und zuletzt in der Stiftskirche. Rudolf Brügel, der den etliche Jahre älteren Evangelisten gut kannte und manche seiner Veranstaltungen besuchte, charakterisierte ihn als „religiös tief, theologisch klar, dogmatisch positiv, einen Meister herzgewinnender und gewissenschärfender Rede, immer lebhaft, immer temperamentvoll, immer geistsprühend". Besonders hebt er hervor, dass Le Seur sich stets „frei von aller ungesunden Treiberei, von jedem falschen, unaufrichtigen Pathos, von jeder fanatischen Seelenvergewaltigung gehalten" habe. Ausgestattet mit dem erforderlichen wissenschaftlichen Fundus, sei er eine Künstlernatur gewesen, und er habe durch „seine im besten Sinn des Worts vornehme Art der Verkündigung" namentlich auch die Gebildeten angesprochen. Herzogin Wera war von der Evangelisation Le Seurs sehr angetan. Sie wollte keine von ihnen versäumen. So wünschte sie auch an seiner letzten Veranstaltung im Rahmen einer Vortragsreihe, an einer reinen Männerversammlung im Furtbachhaus, teilzunehmen. Der dortige Festsaal war bis auf den letzten Platz besetzt. Einer Kaiserlichen Hoheit aber konnte man schlecht eine Bitte abschlagen. Man fand eine Lösung: Herzogin Wera bekam, den Blicken der Männer verborgen, ihren Platz hinter einer spanischen Wand.[407]

In Württemberg war der bedeutendste Wegbereiter der Evangelisation und kirchlichen Erneuerungsbewegung der auf der Lehre der Reformation fußende Elias Schrenk (1831–1913). Schrenk wurde in Hausen ob Verena bei Tuttlingen geboren. 1854 entschied er sich für den Eintritt in die Basler Mission. Er wirkte von 1859 bis 1872 als Missionar an der Goldküste, dem heutigen Ghana. Nach längerer Tätigkeit als Reiseprediger in Deutschland und in der Schweiz ließ er sich auf Anraten des ihm freundschaftlich verbundenen Bonner Theologen Theodor Christlieb 1886 als freier Evangelist in Marburg, 1890 dann in Barmen (Wuppertal) nieder. In den folgenden Jahrzehnten leistete er Bahnbrechendes bei der Neubelebung kirchlichen Lebens in Deutschland. Ihm ging es darum, die „Namenchristen" zu einem lebendigen Glauben zu erwecken und zu bekehren. Seine Verkündigung war nüchtern, sachlich, auf das biblische Wort gegründet. Trotzdem gewann der als schlicht, demütig und bescheiden geschilderte Mann bei seinen Evangelisationen gerade auch in Württemberg viele Menschen für die von ihm verkündigte christliche Botschaft. Die von ihm formulierten Ziele waren die Stärkung der Gläubigen gegenüber den Gefahren der Zeit, die Rettung von Sündern und die Erhaltung des lauteren Evangeliums in der evangelischen Kirche. Er wollte also nicht nur die Kirchenfernen zurückgewinnen, sondern auch die Gewohnheitschristen aus ihrer Schläfrigkeit wachrütteln. In der Leitung der Gemeinschaftsbewegung, der Gnadauer Konferenz, übte er einen starken, insgesamt aber mäßigenden Einfluss aus. Ihm war es wesentlich zu verdanken, wenn sich die kirchlich gebundene Gemeinschaftsbewegung auf der Konferenz in Wernigerode 1910 eindeutig von der schwärmerischen Pfingstbewegung abgrenzte. Seine Evangelisationsaktivitäten hatten ihren Schwerpunkt im Rheinland, in Hessen und in Württemberg. Auf Veranlassung von Traugott Hahn evangelisierte er 1901 und 1907 auch in Russland und im Baltikum. Predigt und Seelsorge standen im Zentrum seiner Arbeit. Ihnen gegenüber trat seine schriftstellerische Tätigkeit zurück. Doch erreichten seine Publikationen zu seinen Lebzeiten hohe Auflagen. Im direkten Kontakt mit seinen Zuhörern lag seine Stärke. Er vermochte sie mit der von ihm ohne Pathos und rhetorische Floskeln vorgetragenen biblischen Botschaft zu fesseln, in seinen Bann zu ziehen. Seine selbstkritische Offenheit, sein Einfühlungsvermögen und sein nüchterner Realitätssinn bewahrten ihn vor jeder Art von religiöser Schwärmerei und verliehen seinem überaus erfolgreichen Wirken Dauerhaftigkeit. Er wollte das lautere Evangelium verkündigen, den Menschen zu der dringend benötigten geistlichen Neuorientierung verhelfen, gleichzeitig aber die Kirche im Geist der Reformation erhalten und stärken. Der Evangelist Elias Schrenk gehört zu den bedeutendsten Gestalten der evangelischen Kirche vor, um und nach der Wende vom 19. zum 20. Jahrhundert.[408]

Im Winter 1901/02 hielt Elias Schrenk in der Stuttgarter Stiftskirche eine Evangelisation. Herzogin Wera kam Tag für Tag zu seinen Vorträgen. Sie gaben ihr offensichtlich viel. Einmal sprach der Evangelist in der kleinen Hauskapelle der Villa Seckendorff in Cannstatt. Auch dort befand sich die Herzogin unter seinen

Evangelist
Elias Schrenk
(1831–1913)

Zuhörern. Für Schrenk wie für Wera war diese Villa, in der nach dem Willen der 1878 verstorbenen Henriette Freiin von Seckendorff friedlose Menschen Frieden finden sollten, ein Haus der Einkehr, ein Ort selbstloser Nächstenliebe. Die Hausmutter Anna Schlichter führte seit dem Tod der Gründerin das Heim. Ihr wie schon der Freiin von Seckendorff verdankten viele Menschen Heilung von psychischen Leiden und den Mut zu einem Neuanfang.[409] Obwohl Angehörige der russisch-orthodoxen Kirche hörte Herzogin Wera vor oder nach dem Gottesdienst in der russischen Nikolauskirche eine evangelische Predigt – gewöhnlich in der Schlosskirche. Schon 1887 war ihr der evangelische Gottesdienst mit Predigt wichtiger als der orthodoxe. Königin Olga aber achtete streng darauf, dass sie sonntags in der russisch-orthodoxen Hofkapelle nicht fehlte.[410]

Gerne nahm Wera an der Grundsteinlegung oder der Einweihung neu erbauter evangelischer Kirchen teil. So wohnte sie am 27. Oktober 1890 der Grundsteinlegung der evangelischen Friedenskirche bei.[411] Am 17. März 1899 zählte sie neben dem Königspaar zu den Festgästen bei der Einweihung der Lukaskirche und noch im gleichen Jahr zusammen mit König Wilhelm II. zu den Festgästen bei der Einweihung der Gedächtniskirche.[412] Die von Baurat Theophil Frey im frühgotischen Stil erbaute Petruskirche in Gablenberg wurde am 16. November 1902 eingeweiht. Außer dem Königspaar hatte sich zu diesem für den Stuttgarter Vorort bedeutsamen Ereignis auch Herzogin Wera eingefunden. Den Festgottesdienst hielt Oberkonsistorialrat Stadtdekan Dr. von Braun.[413] Sehr zu schätzen wusste es der Evangelische Kirchengesangverein für Württemberg, dass ihm neben Staatsminister Karl von Weizsäcker auch Herzogin Wera am 19. Oktober 1902 bei der Begrüßungsversammlung im Festsaal der Liederhalle zu seinem 25-jährigen Bestehen persönlich gratulierte.[414]

Übertritt zur evangelischen Landeskirche

Am 11. März 1885 äußerte Wera gegenüber ihrer Schwiegermutter: „Man kann in jeder Kirche selig werden, die Hauptsache ist, dass man selig **wird**. Mir persönlich ist die katholische Kirche nicht sympathisch, das schließt nicht aus, dass ich viele sympathische Katholiken kenne und schätze.“[415] Im Frühsommer 1887 spielte die Herzogin bereits mit dem Gedanken eines Übertritts zur evangelischen Kirche. „Ich bin auf dem besten Wege dazu“, bekannte sie ihrer Schwiegermutter, und sie ergänzte, sie sei evangelisch gesinnt. „Es ist der Lauf der Welt, dass einem die Kirche am sympathischsten ist, in deren Nähe man lebt.“[416] Vier Jahre später fragte sie nach der Konversion zweier Bekannter oder Verwandter, ob sie nicht auch deren Beispiel folgen dürfe, „um ihre Überzeugung frei zu bestimmen“. Freilich, im Augenblick schien ihr dies nicht sinnvoll. Ihre Kinder, denen sie ihren Wunsch nach einem Übertritt zur evangelischen Kirche nicht verheimlicht habe, verstünden sie, schrieb sie, viel besser als die Königin, die in dieser Hinsicht „sehr einseitig und verrannt“ sei. Das Haupthindernis für einen Konfessionswechsel Weras war danach Königin Olga. Prälat Schmid hatte der Herzogin deshalb geraten, schon aus Dankbarkeit gegenüber der Tante von einem Konfessionswechsel abzusehen. Diese aber tat sich schwer, einen solchen Rat zu akzeptieren. Ihr widerstrebte zutiefst, „gegen ihre Überzeugung zu heucheln“.[417] Am 30. Oktober 1892 starb Königin Olga. Doch Wera blieb weiterhin Mitglied der russisch-orthodoxen Kirche. Dabei wurden ihre Bindungen an die evangelisch-lutherische Konfession immer enger. Vor allem fand sie, wie bereits erwähnt, ihre geistliche Heimat in der pietistisch geprägten kirchlichen Erneuerungsbewegung. Mag sein, dass sie den Wunsch der Tante, der russisch-orthodoxen Kirche die Treue zu halten, respektieren wollte, zumal sie diese zu ihrer Universalerbin eingesetzt hatte. Es kann aber auch sein, dass sie den Verlust der russischen Apanage befürchtete, was ihre ausgedehnten karitativen Aktivitäten eingeschränkt und eine standesgemäße Ausstattung ihrer Töchter zumindest erschwert hätte. Wie dem auch sei: Wera wurde immer mehr zur Protestantin, ohne es indes dem streng kirchenrechtlichen Status nach zu sein. Die evangelischen kirchlichen Würdenträger, doch auch die Evangelisten und führenden Gemeinschaftsleute störte jedenfalls ihre weitere nominelle Zugehörigkeit zur russisch-orthodoxen Kirche nicht. Sie akzeptierten sie als eine Mitchristin, die es sich bei der Suche nach dem rechten Weg in Glaubensangelegenheiten wahrhaft nicht leicht machte. In dem bereits in anderem Zusammenhang zitierten Gedicht „Ich habe lange kämpfen müssen, bis ich mein Herz dir aufgetan" gab sie diesen inneren Kämpfen Ausdruck.[418]

Herzogin Wera mit ihren Töchtern und Enkeln um 1907

Am 25. März 1909 tat Herzogin Wera in der Stuttgarter Schlosskirche den längst erwarteten Schritt. Sie trat im Beisein der evangelischen Mitglieder des württembergischen Königshauses und einer Reihe ihr nahe stehenden Persönlichkeiten von der russisch-orthodoxen zur evangelisch-lutherischen Konfession über. Oberhofprediger Prälat D. von Kolb nahm sie in einem feierlichen Akt in die württembergische evangelische Landeskirche auf.[419]

Für die kleine russisch-orthodoxe Gemeinde in Stuttgart bedeutete der Verlust ihres renommiertesten Mitglieds einen schweren Schlag. Wera war seit dem Tod von Königin Olga gewissermaßen ihre Protektorin gewesen, hatte wesentlich dazu beigetragen, dass die württembergische Landeshauptstadt 1895 ein kirchliches russisch-orthodoxes Zentrum bekommen hatte. Indes, die Befürchtung, der Zarenhof in St. Petersburg werde Wera diese nach langem Zögern getroffene Entscheidung übel nehmen und ihr die Apanagengelder streichen, sie gewissermaßen aus dem engeren Kreis der Familie Romanow ausschließen, erwies sich als völlig unbegründet. In St. Petersburg zeigte man für die Konversion Weras Verständnis. Abgesehen von einigen wenigen Familienmitgliedern, die offensichtlich den Konfessionswechsel der Herzogin missbilligten, kam es am Zarenhof zu keiner Missstimmung oder Entfremdung mit der einstigen Großfürstin. Wera war in St. Petersburg weiterhin willkommen. Als sie bald nach ihrem Übertritt zur evangelisch-lutherischen Kirche dort ihre hochbetagte, aber am Zarenhof immer noch recht einflussreiche Mutter Alexandra besuchte, die die Entscheidung ihrer Tochter nachdrücklich verteidigt hatte, wurde sie von der russischen Verwandtschaft sehr freundschaftlich begrüßt und aufgenommen. Insbesondere legte Zar Nikolaus II. Wert darauf, ihr sein unverändertes Wohlwollen zu bekunden. Er ordnete deshalb an, dass sich bei ihrer Abreise nach Stuttgart zur Verabschiedung auf dem Bahnhof hochrangige Repräsentanten des Zarenreichs einfanden. Dies war eine hohe Ehre und wurde von Wera sicher auch als solche empfunden.[420]
Nach ihrem Übertritt zur evangelischen Landeskirche intensivierte Herzogin Wera ihre karitative Tätigkeit. Die Theaterbesuche, die ihr früher sehr viel bedeutet und ihren Tagesplan maßgebend mitbestimmt hatten, reduzierte sie auf ein Minimum. Dafür füllten jetzt die Teilnahme an Evangelisationen, kirchlichen Vorträgen, die Besuche von Behindertenheimen sowie die Betreuung von Kinderkrippen, Waisenhäusern, Krankenanstalten usw. ihre Tage aus. Ihre besondere Förderung erfuhren der Gustav-Adolf Verein, die Innere Mission, der CVJM und der Evangelische Bund neben zahlreichen anderen Fürsorgeorganisationen und gemeinnützigen Vereinen. Auch rief sie den „Verein fürstlicher Frauen zur Hebung der Sittlichkeit" ins Leben.[421]

Sehr glücklich war sie, dass sie nunmehr auch am evangelischen Abendmahl teilnehmen konnte und dass damit eine von ihr schmerzlich empfundene geistliche Barriere zwischen ihr und ihren Töchtern mit Familien aus dem Weg geräumt war. Am 10. April 1911 schrieb sie an Oberhofprediger Prälat D. Christoph Friedrich Adolf von Kolb: „Sehr geehrter Herr Prälat! Darf ich mich mit meinen beiden Töchtern zur heiligen Abendmahlsfeier am nächsten Gründonnerstag anmelden und Sie ersuchen, uns in Ihre Fürbitte aufzunehmen, damit uns die heilige Handlung recht zum Segen gereichen möge. In herzlicher Ergebenheit grüßt Sie Wera".[422]

Die Stiftung der Heilandskirche

Die kirchliche Versorgung der Vorstadt Berg, deren Einwohnerzahl stark angewachsen war und die sich übrigens 1889 vergeblich bei der Landesregierung um die Verleihung des Namens „Olgavorstadt Berg“ bemüht hatte[423], war am Ende des 19. Jahrhunderts unbefriedigend. Wera schuf Abhilfe. Sie schenkte der Kirchengemeinde ein vor dem Park der Villa Berg gelegenes Grundstück, auf dem dann eine am 24. September 1899 eingeweihte „Wanderkirche“, ein einfacher Holzbau, an der Stelle des späteren Pfarrhauses der Heilandskirche, errichtet wurde.[424] Zehn Jahre danach, 1909, entschloss sie sich, diese „Wanderkirche“ durch ein von ihr gestiftetes repräsentatives Gotteshaus, für das sie den Namen Heilandskirche wählte, zu ersetzen.[425] Am 21. Juni 1911 gab sie das folgende urkundlich verbriefte Stiftungsversprechen:
„Ich habe mich entschlossen, zur Ehre Gottes und in dankbarem Gedenken an all die ungezählten Wohltaten und Begegnungen, die mir im Lauf von bald 50 Jahren in dem mir zur Heimat gewordenen Württemberg zuteil geworden sind, auf einem durch den Kirchengemeinderat der Stadt Stuttgart auf dem Gelände der Villa Berg zu erwerbenden Bauplatze aus meinen Mitteln **eine Kirche** zu erbauen und dieselbe dem Gesamtkirchengemeinderat der Stadt Stuttgart zu schenken unter nachfolgenden Bedingungen:

1. Die Kirche soll den Namen „Heilandskirche“ führen.
2. So lange ich lebe, soll mir – das Bestätigungsrecht Seiner Majestät des Königs vorbehalten – das Patronatsrecht für die Besetzung der ständigen Pfarrstellen an dieser Kirche zustehen.
3. Nach meinem Ableben soll das Königliche Evangelische Konsistorium verpflichtet sein, nur solche Pfarrer für diese Kirche zu präsentieren, die von sich aus bezeugen können, dass sie von Herzen auf dem positiven Boden der Heiligen Schrift und des „Apostolischen Glaubenbekenntnisses“ stehen.
4. Die parochiale Abgrenzung der zur Kirche gehörenden Gemeinde bleibt den kirchlichen Behörden überlassen.

5. Der im Erdgeschoss der Kirche einzubauende Konfirmandensaal soll zugleich als **Gemeinschaftssaal** dienen. Zu diesem Zweck wird für Gemeinschaftsfeste auch eine Kaffeeküche eingebaut werden.
6. Das Recht der Benutzung des Gemeinschaftssaals soll dem Württembergischen Gemeinschaftsverein in Stuttgart zustehen, solange derselbe rechtlich innerhalb der Landeskirche steht. Doch sind die Versammlungen der Gemeinschaft, welche den Namen „Heilandsgemeinschaft" tragen soll, zu beschränken auf die Zeit, in der weder ein Gottesdienst noch eine Konfirmandenstunde stattfindet. Weitergehende Benutzung des Saals für Zwecke der kirchlichen Gemeinde erfordert Vereinbarung mit der Gemeinschaftsleitung.
7. Das Recht des Württembergischen Gemeinschaftsvereins an dem Saal soll als „dingliches Recht" in das Grundbuch eingetragen werden.

Stuttgart, den 21. Juni 1911
Wera, Herzogin von Württemberg".[426]

Wegen der schweren Erkrankung der Herzogin konnte die für den 2. Dezember 1911 geplante feierliche Grundsteinlegung leider nicht stattfinden, sie wurde auf den 8. Mai 1912, den 38. Jahrestag der Hochzeit von Herzogin Wera mit Herzog Eugen von Württemberg, verschoben. Statt der Grundsteinlegung erfolgte symbolisch am 2. Dezember 1911 der erste Spatenstich zum Bau der Kirche, der bereits beträchtliche Fortschritte gemacht hatte.
Während des Winters 1911/12 besserte sich der Gesundheitszustand der Stifterin, und sie hoffte zuversichtlich, bei der feierlichen Grundsteinlegung persönlich anwesend sein zu können. Sie hatte zu diesem bedeutsamen Termin schon eine Stiftungsurkunde konzipiert und diese in ihrem endgültigen Wortlaut ausarbeiten lassen. In der Stiftungsurkunde skizzierte sie ihren Lebensweg aus der Sicht einer reifen Frau in den Fünfzigern. Aufschlussreich ist insbesondere, was sie über ihren geistigen Werdegang, über ihre allmähliche Hinwendung zur evangelischen Kirche und zu einer tief gegründeten, lebendigen christlichen Glaubensüberzeugung sagte.

„Der wundersamen Fügung des Allmächtigen“, so bekannte sie, „hat es gefallen, mich schon im Kindesalter nach Stuttgart zu verpflanzen, wo ich eine sonnige Jugend genoss unter dem elterlich liebenden Schutz unserer unvergesslichen Majestäten des Königs Karl von Württemberg und seiner Gemahlin, Königin Olga, meiner Tante, die kinderlos geblieben, mich ganz als ihr Kind aufnahmen und mir die sorgsamte Erziehung angedeihen ließen.

Als nun vollends der große Krieg im Jahr 1870 mit seiner auch das ganze Schwabenland gewaltig durchbrausenden patriotischen Erhebung losbrach, da fühlte auch ich mein junges Herz für das neue Vaterland erglühen, und seine edlen Sitten, seine festen Grundsätze gewannen ahnungsvoll meine ersten Sympathien. Und als mir das schöne Land Württemberg dann durch meine Heirat mit einem seiner Söhne vollends zur zweiten Heimat geworden war, da erschloss sich in mir auch der innere Wert der tief wurzelnden Lehre seiner evangelischen Kirche, und es ward von Jahr zu Jahr immer klarer in mir, wo die Wahrheit zu finden war. Endlich durfte ich, nach langem Warten und stillem Gehorsam, mich in den Schoß der evangelischen Kirche aufnehmen lassen, der mein Herz mit all seinen Fasern schon längst angehörte.

In aller Stille wuchs in mir das Verlangen, meine innersten Gefühle treuesten Gedenkens für alles im geliebten Schwabenland Erlebte durch eine Dankestat zu bekunden, und so wähle ich für dieselbe den Zeitpunkt, da fünfzig Jahre dahingegangen sind, seit ich den Fuß in dies ‚gelobte Land‘ setzen durfte. Nun ist durch Gottes Gnade dieser Augenblick in Bälde herangekommen und damit die Zeit, meinen Gedanken zu verwirklichen.

Mit Gottes Hilfe schreite ich heute zur Grundsteinlegung der von mir geplanten Erbauung der Kirche, die unter dem Namen ‚Heilandskirche‘ der Dankeszoll für meine vor fünfzig Jahren erfolgte Ankunft in Stuttgart sein soll.

Möge dieses Gotteshaus mit dem daranliegenden Gemeinschaftssaal und all seinen mannigfachen Arbeitskreisen dienen zur Ehre Gottes und zur Verbreitung Seines lebendigen Wortes, zur segensreichen christlichen Anleitung unserer Jugend, der Zukunft unseres Landes und dem Aufbau des kommenden Reiches Jesu Christi“.

Leider erlebte Herzogin Wera die Grundsteinlegung am 8. Mai 1912 nicht mehr. Sie war am 11. April 1912, also nur wenige Wochen vorher, gestorben. An ihrer Stelle unterzeichneten ihre beiden Töchter, Elsa und Olga Prinzessinnen zu Schaumburg-Lippe, am 23. April 1912 die von ihr formulierte Stiftungsurkunde. Im Namen der Evangelischen Gesamtkirchengemeinde Stuttgart unterschrieben Stadtdekan Keeser, Direktor Römer und Kirchenpfleger Stierle die Urkunde.[427]
Die feierliche Grundsteinlegung der bereits im Rohbau erstellten Kirche erfolgte zu dem vorgesehenen Termin, dem 8. Mai 1912, in Gegenwart des Königspaars und der beiden Töchter der Stifterin. Nach einer Ansprache von Stadtdekan Keeser verlas Stadtpfarrer Jehle die Stiftungsurkunde, die dann zusammen mit anderen Dokumenten in den Grundstein eingelegt wurde. Die Geladenen begleiteten die üblichen Hammerschläge mit Segenssprüchen. König Wilhelm II. sprach: „Im Namen des Vaters und des Sohnes und des Heiligen Geistes in dankbarem Gedenken“, Oberbürgermeister Karl Lautenschlager: „Möge Kirche und Stadt ein Band der Einheit umschlingen, so fest und unvergänglich wie dieser Stein.“ Mit einem von Stadtpfarrer Paul Gölz gesprochenen Gebet und dem gemeinsam gesungenen Lieblingslied der Stifterin „So nimm denn meine Hände und führe mich“ endete die Feier.[428]
Wie es die Stifterin gewünscht hatte, fand die feierliche Einweihung der von Ludwig Eisenlohr und Oscar Pfennig in romanischem Stil erbauten, mit 850 Sitzplätzen ausgestatteten Heilandskirche, deren einziger äußerer Schmuck die eindrucksvollen Säulen mit künstlerischem Steinhauerwerk waren, am 2. Dezember 1913 statt, dem Tag, an dem Wera ein halbes Jahrhundert zuvor als neunjähriges Mädchen erstmals württembergischen Boden betreten hatte. Nachdem am Vorabend zum ersten Mal das stimmungsvolle Geläut der drei Glocken des Gotteshauses zu hören gewesen war, kündigte morgens um acht Uhr ein vom Turm herabgeblasener Choral das festliche Ereignis an. Kurz vor zehn Uhr traf das Königspaar im Automobil vor der Kirche ein, der König in der Uniform der roten Ulanen, deren zweiter Chef Herzogin Wera gewesen war, die Königin in dunkelblauer Robe mit Pelz. Am Eingang des Vorhofs der Kirche wurden König Wilhelm II. und seine Gattin Charlotte von Stadtdekan Theodor Traub, Stadtpfarrer Paul

Die Einweihung der Heilandskirche am 2. Dezember 1913. Die Ankunft des Königspaares mit dem Automobil

Gölz sowie von Oberbaurat Ludwig Eisenlohr empfangen. Sie schritten dann durch das Spalier der zahlreich erschienenen Geistlichen zum Hauptportal der Kirche, vor dem sich die Festgäste versammelt hatten. Unter ihnen befanden sich die Töchter der Stifterin, die Prinzessinnen Elsa und Olga zu Schaumburg-Lippe, mit ihren Kindern, die Herzöge Philipp, Philipp Albrecht und Robert von Württemberg, Letzterer mit Gattin, Herzog Wilhelm von Urach mit seiner Tochter Elisabeth, Kultminister Dr. Hermann von Habermaas, Oberbürgermeister Karl Lautenschlager, der Obmann des Bürgerausschusses der Stadt Stuttgart, Dr. Wölz, Kammerherr von Vischer-Ihingen, der frühere Hofmarschall der Herzogin Wera, und Klothilde Freiin von Roeder, die langjährige Hofdame der Herzogin.

Oberbaurat Eisenlohr übergab mit einer kurzen Ansprache den Schlüssel des Gotteshauses auf einem schwarzen Seidenkissen dem König, der ihn an Stadtpfarrer Gölz weiterreichte. Der Gottesdienst wurde eingeleitet mit dem gemeinsam gesungenen Lied „Lobe den Herren". Weihrede und Gebet sprach vor dem Altar Stadtdekan Traub. Er rühmte hierbei zuerst den Heiland, den Namenspatron der Kirche, und gedachte dann in Dankbarkeit der verstorbenen Stifterin. Als seinen Wunsch formulierte er: „Möge in dem neuen Gotteshaus neben dem Miserere das Lied ‚Christ ist erstanden' nie verklingen, möge sich in der Kirche das Wort bewahrheiten, dass Ruhe und Gebet alles ausgleichen."

Nach dem Gebet erfüllte erstmals Orgelklang den Kirchenraum. Der Chor der Friedenskirchengemeinde sang, begleitet von der neuen Orgel, den von Musikdirektor M. Koch komponierten 100. Psalm „Jauchzet dem Herrn, alle Welt!" Der Komponist hatte es sich nicht nehmen lassen, die Orgel zu spielen. Für seine Predigt hatte Stadtpfarrer Paul Gölz den über dem Hauptportal der Kirche eingemeißelten Bibeltext aus Matthäus 11, 28-30 gewählt: „Kommet her zu mir alle, die ihr mühselig und beladen seid, ich will euch erquicken". „Wenn der Heiland dabei ist", rief er seinen Hörern zu, „dann wird die Not nicht zu groß, werden die Aufgaben nicht zu viel. Wir gehen dann unseren Weg nicht als die Traurigen, sondern als die Fröhlichen. Eine Heilandsgemeinde muss eine fröhliche Gemeinde sein. Eine Gemeinde nicht von solchen, die klagen, sondern von solchen, die danken!"

Im Anschluss an die Predigt taufte Gölz zwei Kinder auf die Namen Wilhelm und Charlotte Wera. Das Königspaar übernahm bei beiden Täuflingen die Patenschaft. Den Ausklang des Festgottesdienstes bildete die Darbietung des von Karl Butscher komponierten „Andante religioso" durch das Trompeterkorps der Königsdragoner unter der Leitung des Königlichen Musikdirektors B. Stoy. Nach dem Schlussgebet und dem Segen, die Generalsuperintendent Prälat von Stahlecker sprach, sang die Gemeinde das Lied „So nimm denn meine Hände". Gerne nahmen das Königspaar und die geladenen Gäste nach der Einweihungsfeier die Gelegenheit wahr, sich durch die anwesenden Geistlichen und durch den Erbauer das neue Gotteshaus zeigen zu lassen.[429]

Beim Betreten des sehr schlicht gestalteten Kirchenraums fiel der Blick der Besucher sofort auf die Apsis, in der sich hinter dem einfachen Sandsteinaltar und vor der in den Farben Grün und Gold bemalten Rückwand die Bronzefigur des Heilands erhob: der kreuztragende Christus auf dem Weg nach Golgatha, der mit seiner rechten Hand die Gemeinde segnete. Das Original dieser Skulptur in Marmor, das der russische Bildhauer A. Bruszinski geschaffen hatte, befand sich in Warschau. Den Bronzeabguss für die Heilandskirche hatte die Württembergische Metallwarenfabrik in Geislingen/Steige gefertigt. Mit dem Kunstwerk verbanden sich für Herzogin Wera bedrückende Kindheitserinnerungen in der polnischen Hauptstadt Warschau während des polnischen Aufstandes in den frühen 1860er Jahren. Die Skulptur hatte damals auf die kleine Großfürstin einen tiefen Eindruck gemacht, und dieser blieb ihr zeitlebens in Erinnerung.[430] Den an der Einweihung des Gotteshauses teilnehmen-

Der kreuztragende Christus, Bronzestatue in der Apsis der Heilandskirche

den Gästen und auch späteren Besuchern der Heilandskirche brachte der kreuztragende und zugleich segnende Christus nahe, welchen Glauben die allzu früh verstorbene Stifterin gelebt hatte und was sie als ihr Vermächtnis hatte weitergeben wollen.

Die Stuttgarter Heilandskirche ist bis heute das erste und bis dahin einzige Gotteshaus dieses Namens in Württemberg. Der Name bezeugt die enge glaubensmäßige Bindung von Herzogin Wera an die pietistischen Kreise um Rektor Dietrich. Hier hatte sie nach langen inneren Auseinandersetzungen so etwas wie ihre geistliche Heimat gefunden.[431]

Wera wollte mit der Heilandskirche zugleich den landeskirchlichen pietistischen Gemeinschaften eine Heimstatt geben. Diesen Entschluss hatte sie bereits in ihrem Stiftungsversprechen vom 21. Juni 1911 schriftlich kundgetan. Am 23. April 1912, zwölf Tage nach ihrem Tod, hatte ihr zu diesem Zeitpunkt noch bestehendes Hofmarschallamt Rektor Christian Dietrich in seiner Eigenschaft als Vorstand des Württembergischen Gemeinschaftsvereins mitgeteilt, es bleibe bei dem Stiftungsversprechen der verstorbenen Herzogin von 1911, nach dem der an die Heilandskirche anzubauende Konfirmandensaal zugleich als Gemeinschaftssaal dienen solle. Ausdrücklich wiederholt hatte das Hofmarschallamt die Bestimmung des Stiftungsversprechens, dass das Benutzungsrecht des Württembergischen Gemeinschaftsvereins unantastbar bleiben werde, solange der Verein „innerhalb der Landeskirche stehe". Nach dem Willen von Herzogin Wera sollten folgende Vereinigungen den Saal „je nach Bedarf und Möglichkeit" entweder zur dauernden Arbeit oder zu besonderen Veranstaltungen benutzen: CVJM, Blaukreuzverein, Weißkreuzverein, Christlicher Soldatenbund, Bund christlicher Polizeibeamten, Christlicher Jungfrauenverein, Evangelischer Kindergarten, Freiwillige Sonntagsschule, Bibelstunde für Unteroffiziersfrauen, Christlicher Jugendbund. Über die Benutzung des Saals durch die vorstehend aufgeführten Vereinigungen hatte jeweils der Württembergische Gemeinschaftsverein zu entscheiden. Die Benutzung des Saals war unentgeltlich, doch mussten die jeweiligen Vereinigungen die Kosten für Bedienung, Beleuchtung, Heizung und Reinigung übernehmen.[432]

Die Erbauer der Kirche verbanden Gotteshaus und Gemeindesaal organisch miteinander. Beide Bauten bildeten ein geschlossenes Ganzes, eine Einheit. Kirche und Gemeindesaal wurden rasch zum geistlichen Mittelpunkt eines ganzen Stadtbezirks, so wie dies die Stifterin auch gewünscht hatte. Zum Leiter der altpietistischen Gemeinschaft, die den Saal hauptsächlich nutzte und verwaltete, hatte Herzogin Wera bereits vor der Grundsteinlegung den Schwiegersohn von Rektor Dietrich, den Buchhändler Wilhelm Bornhak, mit dessen Einverständnis bestimmt. Bornhak stand der Gemeinschaft viele Jahre vor.

Unmittelbar nach der Einweihung der Heilandskirche erfolgte im Dezember 1913 auch die des Gemeinschaftssaals. Anwesend waren nicht nur die beiden Töchter der Stifterin, die Prinzessinnen Elsa und Olga zu Schaumburg-Lippe, sondern auch Rektor Christian Dietrich und Prälat Christian Römer. In dieser ersten Gemeinschaftsstunde im voll besetzten Gemeinschaftssaal wurde der Sendbrief an die Gemeinde in Philadelphia behandelt (Offenbarung 3, 7–13).

Herzogin Wera hatte sich auf die Gemeinschaftsstunden im Saal der Heilandskirche sehr gefreut. Sie hatte deshalb ausdrücklich gewünscht, dass in den Saal eine Außentüre in Richtung Villa

Berg eingebaut werden sollte, damit sie von der Villa aus direkt zu der Versammlung gelangen konnte. Und sie wäre sicher eine der treuesten Besucherinnen der „Stunden“ gewesen, hätte sie die Fertigstellung des Saals noch erlebt.[433]

Auch der erste Pfarrer an der Heilandskirche, Paul Gölz, war der Wunschkandidat Weras. Sie kannte ihn schon persönlich, als er noch das Pfarramt in der Friedenskirchengemeinde versah. Er wirkte dann drei Jahre an der Wanderkirche und siedelte im Dezember 1913 in die Heilandskirche über. Hier bewährte er sich als engagierter Seelsorger in den schweren Jahren des Ersten Weltkriegs und der unmittelbaren Nachkriegszeit. 1923 übernahm er das Amt des Dekans in Schorndorf. Er verstarb 1932.[434]

Der Tod von Herzogin Wera

Während des ganzen Frühjahrs 1891 machten Herzogin Wera Venenstauungen in den Beinen schwer zu schaffen. Eine homöopathische Behandlung in St. Moritz brachte dann eine Besserung. Ein teilweises „Schnüren der Waden" ließ sich dabei nicht umgehen.[435] Insgesamt aber erfreute sich die Herzogin lange Zeit einer guten Gesundheit. Hierzu trug sie selbst wesentlich bei. Sie lebte bescheiden und tat alles, um ihre physische Konstitution zu stärken. Schon früh morgens stand sie auf. Oft noch vor Tagesanbruch bestieg sie ihre Kutsche, um in die Stuttgarter Wälder zu fahren. Dies geschah sogar in den kältesten Wintertagen. Trotz ihres mit Wohltätigkeitsaktivitäten und anderen gemeinnützigen Betätigungen übervollen Terminkalenders ließ sie sich selten von ihren morgendlichen Waldfahrten und Waldwanderungen beziehungsweise -spaziergängen abhalten. Im Lauf der Jahre aber überforderte die unentwegt tätige und stets auch von schwer lösbaren Problemen im karitativen Bereich belastete Fürstin ihre Kräfte. Im Sommer 1911 stellten sich gravierende Nierenfunktionsstörungen ein. Die Ärzte rieten deshalb Herzogin Wera von einer Reise nach Russland ab, wo sie in St. Petersburg an der Beisetzung ihrer im Juli jenes Jahres hochbetagt verstorbenen Mutter teilnehmen wollte. Sie folgte diesem Rat. Im Herbst 1911 erlitt sie einen Schlaganfall. Einen Besuch in der russisch-orthodoxen Kirche, den sie für den 30. November zugesagt hatte, vermochte sie nicht wahrzunehmen.

Am 1. November 1911 berichtete Dr. Thietz, der Erzieher der Ludwigsburger Enkel der Herzogin, seinen Eltern: „Am Sonntag vor vierzehn Tagen erlitt Frau Herzogin Wera ... einen Schlaganfall. Die linke Seite war gelähmt, die Sprache geschwunden. Etwas hat sie sich inzwischen erholt. Den linken Arm kann sie wieder ziemlich weit beugen, aber die Sprache ist zeitweise noch sehr undeutlich und die allgemeine Körperschwäche groß. Der Schlaganfall soll mit einem langjährigen Nierenleiden zusammenhängen. Die Stimmung im Hause ist recht gedrückt ..."

Am 18. November schrieb er: „Heute ist die Königin von Griechenland hier zu Tisch [bei Prinzessin Olga zu Schaumburg-

Besuch der Töchter Elsa und Olga und des Schwiegersohns Albrecht mit ihren Kindern bei Herzogin Wera um 1910

Lippe in Ludwigsburg], eine Schwester der Herzogin Wera, die sich übrigens langsam auf dem Wege der Besserung bewegt. Schlimm ist nur bei ihr das Nierenleiden und ihr rastloser Tätigkeitsdrang, der ihr die notwendige Ruhe schier unmöglich macht. Die Königin von Griechenland sieht ihr fabelhaft ähnlich, hat sich aber viel besser erhalten, obwohl sie drei Jahre älter ist, nämlich sechzig: eine imponierende, vornehme Erscheinung."

In einem Brief an die Eltern vom 21. Dezember bedauerte Dr. Thietz, dass dieses Mal Weihnachten bei weitem nicht so glänzend wie im letzten Jahr gefeiert werden könne. „Frau Herzogin wohnt in ihrem einsamen Schloss bei Cannstatt, kann höchstens mal eine halbe Stunde aufstehen, infolgedessen keine Dauergäste haben. So werden wir denn hier [in Ludwigsburg] bleiben ..."[436]

Von dem Schlaganfall erholte sich die Herzogin allmählich. Sie konnte wieder Ausfahrten machen und sich auch wieder karitativ betätigen. Am Vormittag des 10. April 1912 nahm sie zusammen mit ihrer zu Besuch in Stuttgart weilenden Tochter Olga und deren Kindern das Frühstück auf der Terrasse der

Villa Berg ein. Über akute gesundheitliche Beschwerden klagte sie nicht. Am Nachmittag erlitt sie, wie die „Schwäbische Kronik“ berichtete, einen schweren „urämischen Anfall“. Rasch verlor sie das Bewusstsein. Um 8 Uhr abends hieß es im Krankenbericht: „Im Befinden Ihrer Kaiserlichen Hoheit der Frau Herzogin Wera von Württemberg ist eine bedrohliche Wendung eingetreten. Heute Nachmittag setzte ein schwerer urämischer Anfall ein, in dessen Verlauf die Herzogin rasch das Bewusstsein verlor.“ Am 11. April morgens um 3 Uhr starb Herzogin Wera.[437] Dr. Berthold von Fetzer, der Leibarzt von König Karl und König Wilhelm II., bestätigte in seinem Tagebuch, dass Wera an Urämie (Harnvergiftung), an den Folgen einer schon länger bei ihr diagnostizierten Nierenschrumpfung, gestorben sei.[438]

In Stuttgart und im ganzen Land wurde die Nachricht vom Tod Herzogin Weras mit tiefer Betroffenheit und Trauer aufgenommen. Die „Schwäbische Kronik“ schrieb: „Ihre Bediensteten betrauern in der Heimgegangenen eine gütige, um ihr äußeres und inneres Wohl treu besorgte Herrin, das Land eine unermüdliche, edle Wohltäterin, die königliche Familie ein Glied, das ganz das ihre geworden ist, die evangelische Kirche eine nach mancherlei Kämpfen ihr treu ergebene, entschiedene und charaktervolle Bekennerin.“[439] Dr. Berthold von Fetzer nannte Wera „die wohl populärste Prinzessin des Königshauses, allgemein beliebt wegen ihrer Güte und Liebenswürdigkeit gegen alle, die ihr näher traten“.[440] „Der Beobachter“ hob in seinem Nachruf hervor, dass Wera, die manches Schwere zu erleben gehabt habe, „so ganz und gar mit Württemberg verknüpft“ gewesen sei, „in schlichter und leutseliger Weise, besonders auf dem Gebiet der Wohltätigkeit unermüdlich und unaufdringlich gewirkt“ habe. „Ihr Andenken“, so beschloss die liberale Zeitung ihre Würdigung, „wird daher im württembergischen Volk noch lange lebendig bleiben“.[441] Die Chronik der Stadt Stuttgart nannte sie „eine unvergessliche Wohltäterin“.[442] Die Stadt Stuttgart und ihre Gemeindekollegien (Gemeinderat und Bürgerausschuss) übermittelten den beiden Töchtern der Verstorbenen ihre herzliche Anteilnahme. „Die hohe Entschlafene“, so hieß es in dem Kondolenzbrief, „die wie selten eine Fürstin sich die Herzen aller Bevölkerungskreise durch ihr leutseliges, gütiges und teilnehmendes Wesen zu gewinnen verstand, wird von den Stuttgartern nicht vergessen werden. Besonders hart wird ihr Hinscheiden von den vielen Armen und Notleidenden empfunden werden, denen sie eine unermüdliche Wohltäterin und stets hilfreiche Beraterin gewesen ist. Mögen Eure Königliche Hoheit einen Trost in dem Bewusstsein finden, dass das württembergische Volk und insbesondere die Bürgerschaft Stuttgarts den schweren Verlust schmerzerfüllt mit beklagt und der Entschlafenen ein treues, dankbares Gedächtnis bewahren wird."[443]

Nach dem Tod von Herzogin Wera ordnete König Wilhelm II. eine vierwöchige Hoftrauer an. Die Vorstellung des Königlichen Hoftheaters am 11. April 1912 wurde abgesagt.[444] Für das XIII. (Königlich Württembergische) Armeekorps befahl der König: Sämtliche Offiziere legen für acht Tage Trauer an. Beim Ulanenregiment König Karl Nr. 19, dessen zweiter Chef Herzogin Olga gewesen war, galt diese Traueranordnung für 14 Tage. Eine Abordnung dieses Regiments, bestehend aus dem Regimentskommandeur, dem Major beim Stab, einem Rittmeister, einem Oberleutnant, einem Leutnant, einem Unteroffizier und einem „Gemeinen" (einem einfachen Kavalleristen), hatte an den Bestattungsfeierlichkeiten teilzunehmen.[445]

Noch am Vormittag des 11. April stattete das Königspaar in der Villa Berg einen Trauerbesuch ab. Ebenso fanden sich die übrigen Mitglieder des Königshauses im Trauerhaus ein.[446]

Am Abend des 14. April erfolgte die Überführung der Leiche der Herzogin in einem sechsspännigen Leichenwagen von der Villa Berg ins Residenzschloss. Der Leichenwagen wurde von einem Königlichen Bereiter und zwei Reitknechten begleitet. Der Hofmarschall von Vischer-Ihingen und die Hofdame Klothilde Freiin von Roeder folgten in zwei Wagen. Die Straßen nahe der Villa Berg, in den unteren Anlagen und in der Umgebung des Schlosses säumten dicht gedrängt Anteil nehmende Menschen. Sie grüßten den Leichenzug entblößten Haupts. Kurz vor dem Residenzschloss ein beeindruckendes Bild: Im Anlagensee spiegelten sich bei tiefer Dunkelheit die im Zug mitgeführten Lichter. An der Überführung der Toten nahmen übrigens aus Russland Prinz Konstantin, Generalmajor Jermolinsky und der Gesandte Konstantin Baron Staël von Holstein teil. Offiziere und Unteroffiziere des Ulanenregiments König Karl Nr. 19 gaben dem schweren, mit rotem Seidensamt und Goldborten überzogenen Sarg vom mittleren Schlossportal an das Geleit bis zur Aufbahrung im Marmorsaal. Auf Wunsch der Verstorbenen blieb aber der Saal, solange sie dort aufgebahrt war, für die Bevölkerung verschlossen. Wera hatte, bescheiden wie sie gewesen war, eine solche öffentliche Aufbahrung für sich abgelehnt.[447]

In der Ergänzung zu ihrem „Letzten Willen“ hatte Herzogin Wera am 20. Dezember 1910 verfügt: Beisetzung neben Mann und Sohn in der Gruft der Schlosskirche, Trauerfeierlichkeiten bei Tag, Ehrendienst am Sarg ausschließlich durch Offiziere „ihres Regiments“, Sargträger ebenfalls ausschließlich Unteroffiziere „ihres Regiments“, zu Beginn und am Ende der Bestattungsfeierlichkeiten Choral „Jesus meine Zuversicht“, während des Leichenzugs Trauermarsch von Chopin, Predigttext Römer 8, 28 („Wir wissen aber, dass denen, die Gott lieben, alle Dinge zum Besten dienen, denen, die nach dem Vorsatz berufen sind“), Predigt ausschließlich über diesen Text, „keine Lobhudelei und keine Lebensbeschreibung, nur Sprüche, die der Trauergelegenheit angepasst sind und den Hinterbliebenen zur Erbauung und zum Trost dienen dürfen“.[448] Diese Wünsche der Verstorbenen fanden im höfischen Trauerzeremoniell strikte Beachtung.

Zu der Beisetzung von Herzogin Wera fanden sich Prinz Adalbert von Preußen, der Fürst von Hohenzollern, der Fürst von Waldeck und Pyrmont, Prinz Max von Baden, Prinz Konstantin von Russland, Prinz Wolrad zu Schaumburg-Lippe und der Fürst zu Wied in Stuttgart ein. Eine Anzahl weiterer Fürsten entsandte Vertreter.

Am 15. April 1912, um 11 Uhr, versammelten sich im Marmorsaal des Residenzschlosses zu einer kurzen Trauerandacht die Mitglieder der Königlichen Familie, die angereisten Fürstlichkeiten sowie die Vertreter der fremden Höfe, die „Hofstaaten“ (die Bediensteten des Hofstaats der verschiedenen Mitglieder des Königlichen Hauses), die Vertreter der Landstände, das Diplomatische Korps, die Staatsminister, die in Stuttgart befindlichen Generäle, unter ihnen Ferdinand Graf von Zeppelin, der Stadtdirektor, der Oberbürgermeister und der Bürgerausschussobmann der Stadt Stuttgart, Abordnungen der evangelischen Geistlichkeit sowie des Ulanenregiments, dessen zweiter Chef Herzogin Wera gewesen war. Nachdem Oberhofprediger Prälat D. von Kolb ein Gebet gesprochen hatte, setzte sich der Trauerzug unter dem Geläut der Kirchenglocken und den Klängen des Chopin'schen Trauermarsches, den das Trompeterkorps der Königsdragoner spielte, in Bewegung. Er nahm seinen Weg vorbei am Königin-Olga-Bau und dem Königsbau zur Planie und von dort zum Alten Schloss. Die beidseitig von dicht gedrängten Menschen gesäumten Straßen, durch die sich der Trauerzug bewegte, hielt ein Truppenspalier frei. Hinter dem mit sechs schwarz verhängten Pferden bespannten Leichenwagen schritt die Hofgeistlichkeit. Ihr folgten König Wilhelm II. mit Prinz Adalbert von Preußen zur Rechten und Prinz Albrecht zu Schaumburg-Lippe zur Linken, dahinter die Enkelkinder der Verstorbenen, sodann die Fürstlichkeiten und das übrige Trauergefolge. Den Abschluss des Zuges bildete eine halbe Schwadron der Königsdragoner. In der Schlosskirche erwarteten Königin Charlotte, die Töchter von Herzogin Wera und die übrigen Damen des Königlichen Hauses die Ankunft des Trauerzugs.

Nachdem der Sarg vor dem Altar abgestellt worden war und der „Königliche Singchor" das Lied „Selig sind die Toten, die in dem Herrn sterben" gesungen hatte, hielt Oberhofprediger Prälat D. von Kolb die Trauerpredigt über den von der Verstorbenen bestimmten Bibeltext. Er sprach von dem tiefen Schmerz, den durch den Tod von Herzogin Wera nicht nur ihre nächsten Angehörigen und das Königshaus, sondern auch das ganze württembergische Volk erlitten hätten. Der Lebensweg mit seinen freundlichen Führungen, aber auch mit seinen schweren Schicksalsschlägen sei der Verstorbenen zum Segen geworden. Ihr Dasein habe die Liebe zu Gott und zu den Menschen ausgefüllt. Während des Gesangs der Trauergemeinde „Wenn ich einmal soll scheiden" wurde der Sarg in die Gruft hinabgesenkt. Dort bekam die Entschlafene an der Seite ihres Mannes und ihres Söhnchens ihre letzte Ruhestätte. In Gegenwart des Königspaars und der nächsten Verwandten nahm Oberhofprediger Prälat D. von Kolb in der Gruft die Aussegnung vor. Nach dem vom „Königlichen Singchor" gesungenen Lied „Mag auch die Liebe weinen" sprach Hofprediger Dr. Hoffmann das Schlussgebet. Mit dem Vaterunser und dem Segen endete dann die Trauerfeier.[449]

Die Tochter von Herzogin Wera, Prinzessin Olga zu Schaumburg-Lippe, die seit dem frühen Tod ihres Mannes mit ihrer

Mutter menschlich besonders eng verbunden gewesen war, hatte Dr. Rudolf Thietz, dem Erzieher ihrer Söhne, die Teilnahme an der Trauerfeier in der Schlosskirche ermöglicht. Dr. Thietz war tief beeindruckt und empfand die Beisetzung der Herzogin bei allem höfischen Prunk doch als schlicht und als sehr feierlich.[450]

Niemand ahnte im April 1912, dass die Beisetzung von Herzogin Wera in Stuttgart das letzte glanzvolle, wenn auch traurige höfisch-militärische Ereignis war, bei dem der monarchische Staat in der Öffentlichkeit in Erscheinung trat. Gut zwei Jahre später brach der Erste Weltkrieg aus, an dessen Ende im November 1918 die Niederlage Deutschlands und der Sturz der Fürstenthrone standen. Fast will es heute dem rückschauenden Betrachter wie eine Gnade erscheinen, dass Wera das Erleben dieses Infernos erspart blieb, in dem Deutsche und Russen einander feindlich gegenüberstanden und das schließlich das deutsche Kaiserreich wie das russische Zarenreich in den Abgrund riss.

Bereits einen Tag nach dem Ableben von Herzogin Wera, am 12. April 1912, gedachte die russisch-orthodoxe Kirchengemeinde in Stuttgart in einem Gottesdienst ihrer langjährigen Protektorin. An der von zwei Popen ähnlich einem katholischen Requiem gestalteten Trauerfeier nahmen die Angehörigen der russischen Gemeinde sowie sämtliche Mitglieder der Kaiserlich Russischen Gesandtschaft, an ihrer Spitze der Gesandte Kon-

Die Beisetzung von Herzogin Wera am 15. April 1912

stantin Baron Staël von Holstein in Ordensgala, ferner der Staatsrat a. D. Sidorenko teil.[451]

Etliche Tage nach der Beisetzung von Herzogin Wera traf in Stuttgart eine Abordnung des 22. Kaiserlich Russischen Infanterieregiments Nischnij Nowgorod ein, dessen zweiter Chef die Verstorbene gewesen war. Sie ehrte die Herzogin durch einen Kranz, den sie in der Gruft der Schlosskirche an ihrem Sarg niederlegte.[452] König Wilhelm II. wusste diese noble Geste zu würdigen. Er empfing die Abordnung im Residenzschloss und verlieh Oberst Beljawsky das Kommenturkreuz der Zweiten Klasse des Friedrichsordens, dem Hauptmann und Kompaniechef Gribunin das Ritterkreuz Erster Klasse dieses Ordens und dem Feldwebel Molchanow die silberne württembergische Verdienstmedaille.[453]

Einige Zeit nach dem Tod Weras kam ihre Schwester, Königin Olga von Griechenland, nach Stuttgart. Auf ihre Veranlassung soll damals ein Trauergottesdienst in der Gruft stattgefunden haben.[454] Ob Adolf Donndorf zu diesem Zeitpunkt in Ergänzung zu den Sarkophagen von König Karl, Königin Olga und Herzog Eugen schon den Sarkophag mit der liegenden Statue von Herzogin Wera geschaffen hatte[455], ist nicht bekannt. Vermutlich war dies aber noch nicht der Fall.

Die große Lücke, die die Verstorbene hinterließ, war in der Familie ihrer Tochter Olga im Ludwigsburger Schloss am ersten Christfest nach ihrem Tod besonders schmerzlich spürbar.

Der Leichenzug auf dem Weg zur Schlosskirche

Dr. Thietz schreibt in seinen Erinnerungen: „Weihnachten und Silvester verliefen ... sehr still in Ludwigsburg. Alle vermissten ... sehr die fehlende Herzogin Wera und ihre besonders stimmungsvolle Weihnachtsfeier in der Stuttgarter ‚Akademie', der alten Karlsschule, die Schiller einst besuchte. Der rege Geist der Herzogin, ihre gütige Persönlichkeit hatten früher ihrer Umgebung ihren Stempel aufgedrückt. Wie sie die Räume der Villa Berg mit feinsinnigen Wandsprüchen – eigenen Dichtungen – ausgeschmückt hatte, so hatte sie einen Kalender – eine Art Gedenkbuch – für ihre nächsten Freunde herausgegeben und begleitete darin jeden Tag mit eigenen oder selbst übersetzten Versen, die noch heute [nach dem Zweiten Weltkrieg] von ihrer tiefen Innerlichkeit und Frömmigkeit Zeugnis ablegen. Ein solches Buch hatte sie mir an ihrem letzten Weihnachtsfest geschenkt. Es ist ebenso wie das Leuchterpaar aus ihrem Nachlass auf meinem Schreibtisch ein liebes, mahnendes Andenken geblieben."[456]

Bereits am 7. Januar 1882, also im Alter von 28 Jahren, machte Herzogin Wera ihr erstes Testament. Hierbei stand die Sorge um ihre noch unmündigen Töchter vornan. Doch bedachte sie auch schon damals eine größere Zahl von karitativen Einrichtungen mit großzügigen Vermächtnissen.[457]

In der Folgezeit hat sie ihr Testament immer wieder verändert und erweitert. Ihre wichtigsten Anliegen waren dabei eine gute Versorgung ihrer Bediensteten und eine wirksame finanzielle Förderung von Wohlfahrtseinrichtungen.

Am 13. September 1904 verfügte sie beispielsweise testamentarisch: „Ich bestimme hiermit für meine Kammerfrau Mathilde Schwarzwälder, die mir durch dreißig Jahre treu gedient hat, eine lebenslange Pension von 2200 Mark." Besonders eng war das Verhältnis Weras zu ihrer „geliebten Hofdame" Klothilde Freiin von Roeder. Am 1. April 1909 legte sie testamentarisch fest: Freiin von Roeder, „der ich so unendlich viel verdanke und ihr nie genug danken kann für ihre warme Liebe und treue Freundschaft, durch die sie mich beglückt hat und 35 Jahre lang Leid und Freud' schwesterlich mit mir getragen hat", erhält 10 000 Mark als Pension, außerdem alle Möbel und Gegenstände, die sie in ihren Wohnungen in der „Akademie" in Stuttgart sowie auf der Villa Berg benutzte oder die zu ihrer Verfügung standen, ferner eine Lieblingsbrosche „in Rubinen und

Brillanten", eine bestimmte Fotografie von Herzog Eugen (Brustbild). Auch darf sie sich auswählen, „was ihr in meinen Zimmern an Bildern und Gegenständen lieb ist. – Gott lohne ihr alles".

Nach dem Vermächtnis Weras vom 2. April 1909 behielt Hofmarschall von Vischer-Ihingen auch nach ihrem Ableben sein bisheriges Gehalt. Der Kammerjungfer Amalie Keller bestimmte sie im Vermächtnis vom 10. Januar 1910 eine jährliche Pension von 1300 Mark dafür, dass sie ihr 28 Jahre treu gedient habe.[458] Drei Wochen vor ihrem Tod verfügte Herzogin Wera schließlich, dass nach ihrem Ableben ihre Bediensteten weiterhin nicht nur ihr Gehalt bekamen, sondern auch ihre bisherige Wohnungsentschädigung, ebenso die Kostgelder, die sie vertragsgemäß in Stuttgart bezogen hatten.[459]

1911 bestand der Hofstaat der Herzogin aus einer größeren Zahl von Bediensteten: Hofmarschall von Vischer-Ihingen, Hofdame Klothilde von Roeder, Sekretariat Hofrat Martin Mattes und Eugenie Freysinger, Kammerfrau Mathilde Schwarzwälder, Weißzeugverwalterin Lina Heller, Haushofmeister Christian Henes, Kammerdiener Joseph Heitele, Küchenmeister Karl Eisenmann, Erster Kutscher Emil Fritz, ferner (ohne Namensnennung) eine Garderobejungfer, drei Lakaien, ein Portier, zwei weitere Kutscher, ein Hausdiener, für den Park der Villa Berg Hofgarteninspektor Eduard Stiegler.[460]

Am 17. April 1906 passte Herzogin Wera die Legate (Vermächtnisse), die sie testamentarisch festgelegt hatte, den im Lauf von mehr als zwei Jahrzehnten stark veränderten Verhältnissen an. Nunmehr setzte sie an Legaten insgesamt 140 000 Mark aus, eine für die damalige Zeit höchst respektable Summe. Die Zinsen daraus sollten für die einzelnen Einrichtungen, Wohltätigkeits-, Fürsorge- und sonstige gemeinnützige Anstalten usw., den seither von der Herzogin geleisteten Jahresbeiträgen möglichst entsprechen. Insgesamt bedachte sie 31 Institutionen mit Legaten. Diese schwankten zwischen 25 000 Mark (Zentralleitung des Wohltätigkeitsvereins) und 500 Mark (Werahaus in Berg). Unter anderen bedachte die Herzogin die Kleinkinderschule in Berg (4000 Mark), die Olgakrippe (4000 Mark), die Olgakleinkinderpflege (4000 Mark), die Augenheilanstalt für Unbemittelte (4000 Mark), die Nikolausanstalt für Blinde (10 000 Mark), die Olgaheilanstalt (20 000 Mark), die Olgakrippe in

Cannstatt (4500 Mark), die Anstalt Mariaberg bei Reutlingen (10 000 Mark), den Kleinkinderrettungsverein (7000 Mark), die Dietrich'sche Gemeinschaft (2500 Mark), die Privilegierte Bibelanstalt in Stuttgart und den Gustav-Adolf-Verein (je 2000 Mark), das Ulanenregiment König Karl Nr. 19 und das 22. Kaiserlich Russische Infanterieregiment Nischnij Nowgorod (je 10 000 Mark), die Basler Mission (1000 Mark), den Verein fürstlicher Frauen zur Hebung der Sittlichkeit (1000 Mark) und die Innere Mission in Stuttgart (1000 Mark).[461]

1912, kurz vor ihrem Tod, erhöhte sie die Zahl der Wohltätigkeitsanstalten, Fürsorge- und sonstigen gemeinnützigen Einrichtungen, Missionsgesellschaften usw., für die sie Vermächtnisse aussetzte, auf 39.[462] Den Armen der Stadt Stuttgart hatte sie bereits 1882 ein Vermächtnis von 2000 Mark bestimmt. Diese 2000 Mark wurden dann 1912 der Stadt ausbezahlt. Nach einem Beschluss der Ortsarmenkollegien sollte der Zinsertrag der Stiftung alljährlich an die Stuttgarter Armen verteilt werden.[463]

Im Februar 1912 vermachte Herzogin Wera ihr auf 1 077 000 Rubel angewachsenes Mitgiftkapital, das in St. Petersburg die Kaiserliche Hauptverwaltung der Apanagen zu betreuen hatte, sowie das ihr als Erbin der Königin Olga zugefallene Erbkapital des verstorbenen Kaisers Nikolaus I. in Höhe von 334 156 Rubel ihren beiden Töchtern. Ebenso überließ sie diesen das gleichfalls in der Obhut der Hauptverwaltung der Apanagen befindliche, ihr als freies Eigentum gehörende Ökonomiekapital von 182 175 Rubel. Der Kaiserlich Russische Hofminister stellte indes fest, dass der Herzogin beim Mitgiftkapital lediglich die Nutznießung der Zinsen zustehe. Daher könne sie auch nur die Zinsen ihren Töchtern vermachen. Die letzte Entscheidung hierüber treffe aber Kaiser Nikolaus II. Nach dem Tod Weras verfügte das Kaiserlich Russische Ministerium des Hofes und der Apanagen (Hauptverwaltung der Apanagen) am 1./14. Mai 1912, dass der in Russland befindliche Nachlass von Herzogin Wera auf ihre beiden Erbinnen umgeschrieben werde.[464] Kaiser Nikolaus II. und die zuständigen russischen Behörden verhielten sich also gegenüber den Töchtern Weras sehr entgegenkommend.

Die Villa Berg mit dem Park, die Wera von ihrer Tante Olga geerbt hatte, gehörte nicht zum Krongut. Die Prinzessinnen

Elsa und Olga zu Schaumburg-Lippe konnten deshalb über Villa und Park nach dem Tod ihrer Mutter frei verfügen. Offensichtlich empfanden sie dieses Erbe als Last. Sie veräußerten es nach 1912 an die Stadt Stuttgart für 2 850 000 Mark. Von dem auf Rentenbasis abgeschlossenen Verkauf versprachen sie sich große Vorteile. Freilich konnten sie nicht mit dem katastrophalen Verfall der deutschen Währung im Verlauf des bereits 1914 ausgebrochenen Ersten Weltkriegs und während der Nachkriegswirren rechnen. Die Veräußerung der Villa Berg mit Park wurde für sie so zum finanziellen Fiasko. Dagegen hatte die Stadt Stuttgart durch die für sie in dieser Hinsicht günstigen Zeitumstände – unbeabsichtigt – ein lukratives Geschäft gemacht.[465]

Herzogin Wera und ihr segensreiches Wirken bis heute unvergessen

Mit dem Tod von Herzogin Wera löste sich eine weit mehr als hundertjährige enge verwandtschaftliche Bindung zwischen dem russischen Zarenhaus und dem württembergischen Königshaus. Sie war für das kleine Königreich Württemberg und insbesondere für seine Dynastie von großem Vorteil gewesen. Die Zarin Maria Feodorowna (1759–1828), eine württembergische Prinzessin, verlor in St. Petersburg nie das Stammland ihrer Familie aus dem Blickfeld. Von ihren Geschwistern stand ihr der fünf Jahre ältere Bruder Friedrich, der nachmalige erste württembergische König, besonders nahe. 1818 stiftete sie für den württembergischen Wohltätigkeitsverein einen Jahresbeitrag von 2000 Rubeln; dieser Beitrag wurde bis zum Beginn des 20. Jahrhunderts gezahlt.[466] Ihre Tochter Katharina (1788 bis 1819) und ihre Enkelin Olga (1822–1892), beide Königinnen von Württemberg, haben für ihr neues Heimatland auf verschiedenen Lebensgebieten, vornehmlich aber im karitativen Bereich, Bedeutendes geleistet. Von ihnen ist eine Reihe von Anstalten und Einrichtungen geschaffen worden, die noch heute bestehen und die im Lauf der Zeit viel Gutes bewirkt haben und bewirken. Die Königinnen Katharina und Olga leben daher zu Recht als große Wohltäterinnen in der Erinnerung der Menschen unseres Landes fort. Genauso verhält es sich mit Herzogin Wera, einer Enkeltochter von Zar Nikolaus I. und einer Urenkelin der Zarin Maria Feodorowna. Die liebenswürdige, ungemein hilfsbereite Fürstin, die ihr Leben tätiger Nächstenliebe widmete, ist auch heute, mehr als 90 Jahre nach ihrem Tod, vielen Stuttgartern und Württembergern sehr bekannt. Mehrere noch bestehende segensreiche Einrichtungen tragen ihren Namen oder erinnern an sie. So ist die 1895 erbaute russisch-orthodoxe Nikolaus-Kathedrale wesentlich ihrer Initiative zu verdanken, die 1913 eingeweihte evangelische Heilandskirche durch sie gestiftet worden.

Freilich haben die Katastrophen der deutschen Geschichte des 20. Jahrhunderts auf den Fortbestand ihrer herausragenden Lebensleistungen auf sozialem, karitativem und kirchlichem Gebiet verhängnisvolle Auswirkungen gehabt. Ihre großzügi-

gen finanziellen Vermächtnisse beispielsweise wurden bereits durch die Inflation der beginnenden 1920er Jahre weitgehend entwertet.
Die Villa Berg, die in der zweiten Hälfte des 19. Jahrhunderts als bauliches Juwel galt und vielen Architekten beim Villenbau zum Muster diente, nutzte die neue Eigentümerin, die Stadt Stuttgart, in den zwanziger Jahren für Repräsentationszwecke, so für Empfänge, sowie seit 1924 als Galerie für die neu aufgebaute städtische Gemäldesammlung. Die Auflagen der Töchter von Herzogin Wera beim Verkauf der Villa, die Parkanlagen möglichst im bisherigen Zustand zu erhalten, missachtete die Stadt schon bald. 1944 brannte nach einem Fliegerangriff die Villa völlig aus. Dagegen blieb der Park weitgehend unversehrt.
1950 entledigte sich die Stadt auf elegante Weise ihrer Verpflichtung zum Wiederaufbau des schwer beschädigten Gebäudes durch ein Tauschgeschäft mit dem damaligen Süddeutschen Rundfunk. Sie überließ diesem Villa und Park und bekam dafür die Silberburganlagen mit der Karlshöhe. Die Nachkriegsdenkmalpflege stufte das einst von Fachleuten hoch gepriesene Gebäude als „nicht bedeutend" ein und erlaubte dem Süddeutschen Rundfunk, es entsprechend seinen Bedürfnissen stark vereinfacht wieder aufzubauen. Die belvedereartigen Ecktürme und die Flügelbauten fielen weg. Später wurden auch noch Senderäume in den Park eingebaut. Das frühere harmonische Ensemble von Villa und Park war beträchtlich gestört, um nicht zu sagen, zerstört. Hinzu kam, dass der Park von 24 auf 18 Hektar, also um ein Viertel, verkleinert wurde. Die abgetrennten 6 Hektar wurden als Bauland genutzt, der restliche Park erheblich verunstaltet.
Dass die Villa im 19. Jahrhundert zu den bedeutendsten Villen- und Schlossbauten zählte und dass die Stuttgarter Schule der Neurenaissance, die die Anlage geschaffen hatte, stark nach außen wirkte, kann man sich heute kaum noch vorstellen. Herzogin Wera hatte bei ihrem Tod 1912 mit Villa und Park ein städtebauliches Kleinod, eine Oase für Ruhe- und Erholungsuchende, hinterlassen. Der Zweite Weltkrieg mit seinen immensen Zerstörungen und der stürmische Wiederaufbau in den 1950er Jahren haben aus dem einst im wahrsten Sinn des Wortes königlichen Landhaus mit zauberhaftem Park ein etwas architektonisch verquertes Rundfunksendegebäude mit einem

Pausengarten für die Bediensteten des SDR beziehungsweise SWR gemacht. Unter dem einstigen Terrassengarten vor der Südseite der Villa befindet sich heute eine Tiefgarage des Rundfunks.[467]

Ungleich erfreulicher verlief die Entwicklung der von Herzogin Wera 1908 errichteten Stiftung Zufluchtsstätten in Württemberg. Das Stuttgarter Weraheim leitete bis 1944 Schwester Paula Kolb. Sie schaffte es zusammen mit den ihr zur Seite stehenden Diakonissen, das Haus durch die Hunger- und Notzeit des Ersten Weltkriegs, die turbulenten Nachkriegsjahre und die Inflation zu bringen. Ein tüchtiger Helfer und Ratgeber war der jüdische Arzt Dr. Oppenheimer. Da das Heim in den 1920er Jahren ständig überbelegt war, musste sich die Leitung um ein geräumigeres Gebäude kümmern. Mit Hilfe der Stadt gelang dies. In der Forststraße wurde ein zweckentsprechendes Haus erworben. Die häufig körperlich angeschlagenen und seelisch labilen Frauen und Mädchen fügten sich nur schwer in die Hausgemeinschaft ein. Sie waren nicht selten aggressiv und vernachlässigten ihre Kinder. Die Pflegerinnen benötigten viel Geduld, Einfühlungsvermögen und vor allem viel Liebe, um solchen Menschen wirksam helfen zu können. Freilich nicht immer vermochten sie das ihnen entgegengebrachte Misstrauen zu überwinden, gegen schwere seelische Verletzungen anzukommen. So gab es auch manche schmerzliche Enttäuschung.

Das totalitäre rechtsradikale NS-Regime, das sich 1933 in Deutschland etablierte, und der von diesem 1939 entfesselte Zweite Weltkrieg stellten die Stiftung vor neue, kaum zu bewältigende Probleme. Der verheerende Ausmaße annehmende Luftkrieg bedrohte seit 1943 auch Stuttgart mit Tod und Zerstörung. Im Sommer 1944 entschloss sich deshalb die Heimleitung, die Kinder nach Hebsack und in das Heim der Evangelischen Gesellschaft auf der Burg Reichenberg im Rems-Murr-Kreis zu evakuieren. Dies war auch höchste Zeit, denn bereits in der Nacht vom 12. auf den 13. September jenes Jahres wurde bei einem schweren Luftangriff das Heim in der Forststraße vollkommen zerstört. Bis zur Währungsreform im Juni 1948 konzentrierte die Stiftung ihre Arbeit ausschließlich auf Hebsack. Erst 1954 konnte sie ihr neues Stuttgarter Heim im Oberen Hoppenlauweg einweihen. Das Baugrundstück hatte ihr die Stadt Stuttgart überlassen. Das Vorderhaus des neuen Heims

bot Platz für 60 Mütter und 60 Kinder, das Hinterhaus (Rückgebäude) vermochte 15 länger zu betreuende Mütter mit Kindern aufzunehmen. Außerdem befand sich hier eine Kinderkrippe. Das Haus in Hebsack, das in den 1950er Jahren an die Heil- und Pflegeanstalt Stetten im Remstal vermietet gewesen war, erhielt 1962 nach grundlegender Renovierung als Kinderheim eine neue Zweckbestimmung.
1976 wurde vom Deutschen Bundestag der Schwangerschaftsparagraph 218 novelliert. Nach dieser Novellierung galt künftig für einen Katalog von Ausnahmesituationen bei Schwangerschaftsabbrüchen Straffreiheit. Nun erkannte auch die Landeskirche die Bedeutung des Weraheims. Sie sicherte zu, dass sie für Mütter, die trotz erschwerter Verhältnisse keinen

Das 1954 im Oberen Hoppenlauweg neu errichtete Weraheim

Schwangerschaftsabbruch vornahmen, sondern ihr Kinder austrugen und zur Welt brachten, Mittel zur Verfügung stellen werde. Zusammen mit dem Diakonischen Werk realisierte sie diese Zusage. Zudem hatte sich ein Freundeskreis gebildet, der es sich zur Aufgabe gemacht hatte, durch finanzielle Zuwendungen an die Zufluchtsstätten das Los von allein erziehenden Müttern und deren Kindern zu erleichtern.
Anlässlich des 75. Jahrestags der Stiftung Zufluchtsstätten in Württemberg 1983 schrieb der Vorsitzende der Stiftung, Pfarrer Otto Kehr: „Der Alltag im Weraheim beweist, wie dringend und lebensnotwendig auch nach 75 Jahren eine Zufluchtsstätte als Raum der Geborgenheit und der sorgfältigen Zuwendung ist. Die Herzogin Wera hatte eine tiefe Erkenntnis, als sie von den ledigen Müttern als von ihren Mitschwestern sprach, und ihre entschlossene Liebe sollte auch uns in einer Welt der Vorurteile neu Mut machen.“[468]
Auch wenn die Heilandskirche erst am 2. Dezember 1913, gut eineinhalb Jahre nach dem Tod von Herzogin Wera, eingeweiht werden konnte, ist doch dieses Gotteshaus das sprechendste monumentale Zeugnis der großen fürstlichen Mäzenin und Wohltäterin. Die Heilandskirche bildete im Ersten Weltkrieg, in der Zeit der Weimarer Republik und in den Jahren der NS-Gewaltherrschaft einen geistlichen Mittelpunkt im Stuttgarter Osten. Hier wurde im Sinn der Stifterin stets die unverfälschte Heilsbotschaft von Jesus Christus verkündigt. Hier im Gemeinschaftssaal kam die Altpietistische Gemeinschaft zu ihrer „Stunde“ zusammen.
1943/44 war Stuttgart, wie schon erwähnt, das Ziel schwerer amerikanischer und britischer Luftangriffe. Große Teile der Stadt sanken in Schutt und Asche. Am 12. September 1944 richteten erstmals alliierte Fliegerbomben im Bereich der Heilandskirche beträchtliche Schäden an. Der Saal der Altpietistischen Gemeinschaft wurde getroffen und brannte völlig aus. Immerhin gelang es dank des mutigen Einsatzes von Mesner Hornung und mit tatkräftiger Hilfe zahlreicher Gemeindeglieder, unterstützt vom Löschzug des Karl-Olga-Krankenhauses, dem Feuer an der Brandmauer der Kirche Einhalt zu gebieten. In der Kirche konnten in den nächsten Wochen weiterhin Gottesdienste gefeiert werden. Allein, am Abend des 19. Oktober 1944 entfachte ein Hagel von Brandbomben und

Phosphorkanistern einen gewaltigen Feuersturm. Kirche, Pfarrhaus und ganze Straßenzüge wurden in kürzester Zeit ein Raub der Flammen. Ein zweiter unmittelbar folgender Luftangriff, diesmal mit Sprengbomben, richtete weitere schreckliche Zerstörungen an und forderte viele Menschenleben. Am Sonntag darauf versammelte sich die zu einer kleinen Schar zusammengeschrumpfte Gemeinde zum Gottesdienst in der Ruine der Kirche. Not, Tod, Verwüstung ringsumher. Der Predigttext war den Klageliedern Jeremias entnommen: „Die Güte des Herrn ist's, dass wir nicht gar aus sind".

Die durch Luftangriffe im Herbst 1944 zerstörte Heilandskirche

Auch die Nachbargemeinde Berg war schwer getroffen und ihres Pfarrhauses beraubt. In den folgenden anderthalb Jahren wurden beide Restgemeinden von Stadtpfarrer Ensinger von der Heilandskirchengemeinde betreut. Den Mittelpunkt des Gemeindelebens bildete für beide Gemeinden das Werahaus in Berg. Nachdem am 1. April 1946 die Heilandskirchengemeinde wieder verselbstständigt worden war, vermochte sie sich in dem notdürftig hergerichteten Konfirmandensaal einen ersten provisorischen Gottesdienstraum zu schaffen.

Weithin unzerstört war der wie ein mahnender Zeigefinger inmitten einer Trümmerlandschaft in den Himmel emporragende Kirchturm geblieben. Am 5. Mai 1946 rief erstmals wieder die auf dem Turm verbliebene Glocke zum Gottesdienst. Dass die von König Wilhelm II. gestiftete und mit persönlicher Widmung versehene Altarbibel sowie die in einem Metallschrank befindlichen Tauf- und Abendmahlsgeräte vor der Vernichtung bewahrt worden waren, empfand die Gemeinde als glückliche Fügung und stimmte sie hoffnungsvoll.

Der Konfirmandensaal reichte für die rasch wieder anwachsende Zahl der Gemeindeglieder nicht mehr aus. Die Gemeinde baute deshalb in die Ruine des Gotteshauses eine schlicht gehaltene Notkirche ein. Sie wurde am Ersten Advent 1951 durch Prälat Karl Hartenstein eingeweiht. Die beiden Glocken, die während des Kriegs hatten abgeliefert werden müssen, konnten 1953 und 1957 wieder beschafft werden. Zwölf Jahre nach Kriegsende verfügte die Kirche damit wieder über ihr volles Geläut.

Viele Jahre musste sich die Gemeinde mit ihrer Notkirche begnügen. Erst Anfang der 1960er Jahre gab die Gesamtkirchengemeinde Stuttgart grünes Licht für den Wiederaufbau der Heilandskirche. Die Ausschreibung gewann Architekt Eberhard Hübner. Er war bemüht, den Neubau des Gotteshauses der ursprünglichen Bauweise anzupassen. Dabei trug er den Bedürfnissen der Gegenwart Rechnung. Auch benützte er neue Stilelemente. Seine Intention war, „das vom Krieg verschont Gebliebene mit Neuem zu verbinden und in guten Einklang zu bringen“. Die wieder erstellte Kirche wollte er „zu einem brauchbaren Instrument lebendiger Gemeindearbeit machen“. Am 31. Mai 1964, sechs Monate nach ihrem 50-jährigen Jubiläum, feierte die Gemeinde die Einweihung ihrer aus Trümmern neu erstandenen Kirche.[469]

Nach dem Willen der Stifterin sollte die Heilandskirche „der Ehre Gottes und der Verbreitung seines lebendigen Wortes, der segensreichen christlichen Anleitung unserer Jugend, der Zukunft unseres Landes und dem Aufbau des kommenden Reiches Jesu Christi“ dienen. Dieses Vermächtnis von Herzogin Wera ist zeitlos gültig und daher für uns heute ebenso verpflichtend wie für unsere Urgroßeltern, Großeltern und Eltern. Darüber hinaus haben wir Nachgeborenen allen Grund, dankbar einer bedeutenden Frau zu gedenken, die, von Geburt eine russische Großfürstin und Angehörige der Zarenfamilie der Romanow, in Württemberg ihre zweite Heimat, ihr eigentliches Zuhause gefunden und die mit ihrem Leben ein herausragendes Beispiel tätiger christlicher Nächstenliebe gegeben hat.

Die Heilandskirche heute

Anmerkungen

1 Olga Nikolajewna Königin von Württemberg, Traum der Jugend goldener Stern. Stammtafel auf der Innenseite des Buchdeckels.
2 Paul Sauer, Regent mit mildem Zepter S. 63 f., 72–75.
3 Eveline von Massenbach, Tagebuch S. 69.
4 Irene Neander, Grundzüge der russischen Geschichte S. 83 f.; Günther Stökl, Russische Geschichte S. 408, 476 f.
5 Oscar Jäger, Geschichte des 19. Jahrhunderts Bd. 2 S. 10–18; Günther Stökl S. 502–507.
6 Hans-Martin Maurer, Das Haus Württemberg und Russland S. 213 f.; Das Haus Württemberg S. 326 f. (Hans-Martin Maurer, Charlotte von Württemberg/Helena Pawlowna).
7 Heinz-Dietrich Löwe, Alexander II. S. 315.
8 Gotthold Rhode, Kleine Geschichte Polens S. 386–389.
9 Heinz-Dietrich Löwe S. 319.
10 Ebd. S. 330 f.; Gotthold Rhode S. 390–397; Günther Stökl S. 512 ff.; Aleksandra Fedorska, Die russische Nationalitätenpolitik S. 8 f.
11 Gotthold Rhode S. 395 f.
12 Józef Kowalski, Die russische revolutionäre Demokratie S. 188.
13 Ebd. S. 98 f.
14 Ebd. S. 199.
15 Eveline von Massenbach S. 173.
16 Ebd.; Wilhelm Karl Prinz von Isenburg, Stammtafeln, Bd. 1 Tafeln 51, 74.
17 Eveline von Massenbach S. 173.
18 Ebd. S. 122, 172.
19 Ebd. S. 23.
20 Ebd. S. 172.
21 Ebd. S. 173.
22 Ebd. S. 174.
23 Ebd. S. 175.
24 Ebd.
25 Ebd. 176.
26 Ebd.
27 Ebd. 179.
28 Ebd.
29 Ebd.
30 Ebd. S. 180 f.
31 Ebd. S. 181.
32 Ebd. S. 183 f.
33 Ebd. S. 185.
34 Ebd. S. 183.
35 Ebd. S. 184.
36 Ebd. S. 184 f.
37 Ebd. S. 186.
38 Paul Sauer, Reformer auf dem Königsthron S. 571–575; Eveline von Massenbach S. 188.
39 Paul Sauer, Regent mit mildem Zepter S. 108 f.

40 Eveline von Massenbach S. 191 f.
41 Ebd. S. 193.
42 Ebd. S. 199.
43 Ebd. S. 199, 214.
44 Ebd. S. 207, 232.
45 Ebd. S. 235.
46 Ebd. S. 235 f.
47 Ebd. S. 236.
48 Ebd.
49 Ebd.
50 Ebd. S. 237.
51 Ebd. S. 238.
52 Ebd. S. 238–243.
53 Ebd. S. 243.
54 Ebd. S. 223, 247.
55 Ebd. S. 248.
56 Ebd. S. 250.
57 Über die Tagebuchaufzeichnungen Evelines von Massenbach Robert Uhland im Vorwort zu der Tagebuchedition S. 5 f.
58 Eveline von Massenbach S. 244.
59 „Auf dem Wege 2000“. Illustrierte für die Ferienzeit. Hrsg. vom Evangelischen Gemeindeblatt für Württemberg.
60 Elise von Schweizerbarth-Roth, Erinnerungen einer alten Stuttgarterin S. 239; Clara Mayer-Bruckmann, Von der Königin Olga und ihren Patenkindern (undatierter Zeitungsausschnitt aus dem Besitz von Heinz Pfizenmayer/Remseck am Neckar).
61 Archiv der Heilandskirche: Aus dem Lebenslauf von Pfarrer Christlieb (Vater und Sohn) S. 16 und Festschrift 25 Jahre Heilandskirche;
Theodor Rommel (Hrsg.), Unsere Kirche unter Gottes Wort S. 154 ff. (Gerhard Dopffel, Theodor Christlieb).
62 HStAS: G 326 Bü 4 (Brief an die Schwiegermutter vom 3. Februar 1890).
63 Archiv der Heilandskirche: Festschrift 25 Jahre Heilandskirche S. 8.
64 Adolf Palm, Der König, der dem Karlsgymnasium den Namen gab S. 20.
65 Timo John, Die königlichen Gärten S. 99.
66 Ebd. S. 93–97.
67 Paul Sauer, Regent mit mildem Zepter S. 194.
68 HStAS: E 55 Bü 610.
69 Höfliche Briefe S. 5.
70 Das Haus Württemberg S. 365 (Kazimierz Bobowski, Eugen (I.) Friedrich Heinrich).
71 Ebd. S. 365 ff. (Meinhard Freiherr von Ow, Eugen (II.)).
72 Ebd. S. 369 f. (Roscislaw Zerelik, Eugen (III.) Erdmann und Mathilde).
73 Ebd. S. 373 (Hans-Martin Maurer, Wilhelm Eugen (IV.)).
74 Paul Sauer, Württembergs letzter König S. 29.
75 Das Haus Württemberg S. 373 (Hans-Martin Maurer, Wilhelm Eugen (IV.)); Hans Philippi, Das Königreich Württemberg S. 40.
76 HStAS: G 325 Bü 1; Paul Sauer, Württembergs letzter König S. 58.
77 HStAS: G 314 Bü 8. – Oly oder Olly war der Rufname von Königin Olga im Kreis der Familie und der Freunde.
78 HStAS: G 313 Bü 9.
79 Paul Sauer, Württembergs letzter König S. 58.
80 HStAS: E 55 Bü 138.

81 HStAS: G 326 Bü 1 (Heiratsvertrag vom 11./23. April 1874); E 55 Bü 138 (Genehmigung des Vertrags durch König Karl).
82 HStAS: G 313 Bü 9.
83 HStAS: E 55 Bü 138 und 139.
84 Ebd.
85 HStAS: E 55 Bü 140.
86 AHW: Hofbehörden 48/32.
87 Württemberg und sein König S. 13.
88 AHW: Hofbehörden 40/17 a.
89 HStAS: E 55 Bü 579.
90 Hildegard Gulde, Vera Vollmer S. 433 f.
91 HStAS: G 326 Bü 6.
92 Ebd.
93 HStAS: G 326 Bü 2 und 6.
94 Es ist wenig wahrscheinlich, dass es sich um das auf S. 950 in Ritters statistischem Lexikon 1874 erwähnte Marien-Brunn, einem Weiler in Oberbayern handelte, in dem sich ein Mineralbad, das Mohinger Bad genannt, befand.
95 HStAS: G 326 Bü 6.
96 HStAS: G 326 Bü 2 (Brief an die Schwiegermutter vom 8. Juli 1874); Handbuch der Historischen Stätten Hessen S. 44.
97 Schwäbische Kronik Nr. 166 vom 11. April 1912.
98 HStAS: E 55 Bü 579.
99 HStAS: G 314 Bü 6 und G 326 Bü 5.
100 HStAS: G 314 Bü 2.
101 HStAS: G 326 Bü 2.
102 Ebd.
103 Ebd.; AHW: Hofbehörden 47/39.
104 HStAS: G 314 Bü 6 (Brief von Königin Olga an Wera und Eugen vom 11./23. Januar 1875).
105 HStAS: G 326 Bü 1.
106 HStAS: G 326 Bü 2.
107 Das Haus Württemberg S. 374 (Hans-Martin Maurer. Wera Konstantinowna); HStAS: E 55 Bü 275.
108 HStAS: G 326 Bü 2.
109 Das Haus Württemberg S. 374 f. (Hans-Martin Maurer, Wera Konstantinowna, Elsa und Olga).
110 HStAS: G 326 Bü 2.
111 Ebd.
112 HStAS: G 314 Bü 6.
113 HStAS: E 55 Bü 579.
114 Schwäbische Kronik Nr. 25 vom 30. Januar 1877 (Dienstag).
115 Der Beobachter Nr. 24 vom 30. Januar 1877 S. 4.
116 HStAS: G 326 Bü 2.
117 HStAS: E 55 Bü 276.
118 HStAS: G 325 Bü 1.
119 Ebd.; HStAS: E 55 Bü 276; Schwäbische Kronik Nr. 28 vom 2. Februar 1877.
120 HStAS: E 55 Bü 276.
121 Paul Sauer, Württembergs letzter König S. 130.
122 Kuno Drollinger, Stuttgarter Brunnen der älteren und neueren Zeit S. 23, 25.
123 Schwäbische Kronik Nr. 166 vom 11. April 1912.
124 HStAS: M 430/1 Nr. 3021.

125 HStAS: G 326 Bü 2–6.
126 Höfliche Briefe S. 5.
127 HStAS: G 326 Bü 2.
128 Deutsche Militärgeschichte IV/2 S. 49, 53 f., 56.
129 Reichsgesetzblatt 1875 S. 23–40.
130 HStAS: E 55 Bü 276.
131 Leider hat sich der Bericht der Ärzte Dr. Schwarz und Dr. Windscheidt über die beiden letzten Lebenstage Herzog Eugens, den Wera im Brief an ihre Schwiegermutter vom 17. Februar 1877 (HStAS: G 326 Bü 2) erwähnt, bis jetzt nicht mehr auffinden lassen. Er hätte wahrscheinlich Aufschluss über die Todesursache geben können.

In seinem Festvortrag zum 75-jährigen Jubiläum der Stiftung Zufluchtsstätten 1983, den mir liebenswürdigerweise Frau Charlotte Hofmann-Hege/Bad Rappenau auf Kasette zugänglich gemacht hat, lässt Professor Dr. Hansmartin Decker-Hauff keinen Zweifel an dem Duelltod Herzog Eugens. Er nennt den Herzog einen „Springinsfeld, Luftikus und Lebemann". Der Grund für das Duell sei, so berichtet er, eine Liebesaffäre gewesen. Eugen habe in Düsseldorf ein Verhältnis mit der Frau eines Offizierskameraden gehabt. Der beleidigte Ehemann habe ihn auf Pistolen gefordert, und zwar in der erschwerten Form: Schusswechsel bis zur beiderseitigen Schussunfähigkeit der Duellanten (einfache Form des Duells: Abgabe von drei Schüssen). Herzog Eugen habe bei dem Duell schwere Verletzungen erlitten und sei zwei Tage später an deren Folgen gestorben. Nun gibt Decker-Hauff leider keine schriftlichen Quellen für seine Darstellung an. Immerhin aber hatte er im Kreis der Eltern- und Großelterngeneration Informanten, die gute Einblicke in die Verhältnisse des württembergischen Königshauses besaßen. Es spricht deshalb viel dafür, dass Herzog Eugen tatsächlich im Duell sein Leben verlor.

Erst vor kurzer Zeit ist eine Anzahl Briefe, die die Schwester Herzog Eugens, Herzogin Pauline von Württemberg (seit ihrer Heirat 1880 Pauline Willim) in den Jahren 1869 bis 1888 an ihre Freundin Gertrud Scholz (verheiratete Beelitz) schrieb, aus Privatbesitz an das Hauptstaatsarchiv Stuttgart gelangt (bislang unverzeichneter Bestand). In einem dieser Briefe, der das Datum 8. September 1877 trägt, schildert Herzogin Pauline detailliert „Krankheit und Tod" Eugens. Danach hatte sich der Herzog bereits am 21. Januar 1877 erkältet, tat aber trotzdem in den folgenden Tagen weiterhin Dienst. Am Abend des 23. Januar nahm er in dem eine Stunde entfernten Benrath an einem Offiziersdiner teil. Am nächsten Tag, einem Mittwoch, fühlte er sich bereits recht elend. Aber auch jetzt versah er seine dienstlichen Obliegenheiten und folgte abends der Einladung einer Generalswitwe zum Diner. Anschließend ging er mit seinem Regimentskommandeur, Graf Günter von der Gröben, in heiterster Stimmung eine Stunde lang am Rhein spazieren. Bei der Rückkehr nach Hause stellten sich Brustschmerzen ein. Die Erkältung steigerte sich. Zudem litt er unter heftigen Magenschmerzen. Am Donnerstag, dem 25. Januar blieb er im Bett. Der Regimentsarzt hielt indes die Erkältung für nicht gefährlich. Am Freitag, dem 26. Januar konstatierte der beste Stadtarzt Düsseldorfs, den man gerufen hatte, eine Lungen- und Rippfellentzündung. Allein, selbst dieser Arzt hielt den Zustand des Kranken für nicht „bedenklich". Die Krankheit Eugens verschlimmerte sich danach rasch. Am Samstag, dem 27. Januar, mittags 12 Uhr starb er. Seine Frau, der er am 24. Januar von seiner Erkältung brieflich berichtet hatte, traf erst zwölf Stunden nach seinem Tod in Düsseldorf ein. Pauline schilderte mehr als sieben Monate nach dem Tod des Bruders den Krankheitsverlauf nach der der Öffentlichkeit bekannt gegebenen Version.

Sie vergaß allerdings nicht zu erwähnen, dass Eugens Kammerdiener, der ihn während seiner letzten Lebenstage aufopfernd gepflegt hatte, am 29. Juni, also nur fünf Monate später, an den Folgen „eines aus Versehen losgegangenen Büchsenschusses" gestorben sei. Nun gebe es, schrieb sie, niemand mehr, der Herzogin Wera – sie nannte die Schwägerin eine Heldennatur und einen Engel – von den letzten Lebenstagen ihres Mannes erzählen könne.

Der Tod des Kammerdieners erscheint recht mysteriös, war er doch der einzige Mensch, der während der letzten Lebenstage mit Herzog Eugen ständig zusammen gewesen war, ihn aufopfernd gepflegt hatte und daher auch um die wahren Hintergründe für das jähe Hinscheiden seines Herrn wusste. Dieser Tod des Kammerdieners kam, wenn Eugen durch ein Duell sein Leben verloren hatte – und dafür spricht vieles –, den Beteiligten sehr gelegen, auch wenn es sich hierbei um kein Verbrechen, sondern um einen Unglücksfall handelte.

In einem im August 1891 im „Reichsboten" veröffentlichten Nachruf auf Herzogin Mathilde, der sich als Zeitungsausschnitt bei den Briefen Paulines befindet, wird als schwerster Schicksalsschlag, den die Herzogin erlitten hatte, der „unter dunklen Umständen" erfolgte frühe Tod des Sohnes Eugen genannt.

132 HStAS: G 326 Bü 3.

133 HStAS: G 326 Bü 2.

134 Ebd.

135 Ebd.

136 Ebd.

137 Ebd. Bü 3.

138 Ebd. Bü 2.

139 Ebd. Bü 2 und 3.

140 Ebd. Bü 3.

141 Württ. Hof- und Staatshandbuch 1877 S. 17.

142 HStAS: G 326 Bü 2;
AHW: Hofbehörden 40/17a

143 Archiv der Heilandskirche.

144 HStAS: Q 2/3 Bd. 1 und 6.

145 Württ. Hof- und Staatshandbuch 1881 und 1886/87 jeweils S. 17.

146 HStAS: E 55 Bü 276 und 279.

147 HStAS: G 326 Bü 2 und 3.

148 Ebd. Bü 3.

149 Ebd. Bü 2.

150 Ebd. Bü 3 (Brief an die Schwiegermutter vom 21. September 1886).

151 Ebd. Bü 3 (Brief an die Schwiegermutter vom 4. Februar 1883).

152 Ebd. Bü 2 (Briefe an die Schwiegermutter vom Juli 1877, 1879 und 1881).

153 Ebd. (Briefe an die Schwiegermutter vom 16. August, 18. Oktober, 3. und 26. Dezember 1877).

154 Ebd. (Briefe an die Schwiegermutter von April bis September 1878).

155 Ebd. Bü 2 und 3 (Briefe an die Schwiegermutter vom September bis Dezember 1878, vom März 1879, Oktober 1880 und Juli 1882).

156 Ebd. Bü 2 (Brief an die Schwiegermutter vom 12. März 1878).

157 Ebd. (Briefe an die Schwiegermutter aus dem Jahr 1879).

158 Ebd. Bü 2, 3 und 4 (Briefe an die Schwiegermutter aus den Jahren 1880, 1881, 1884, 1886 und 1887).

159 Ebd. Bü 3 (Brief an die Schwiegermutter vom 4. November 1886).

160 Ebd. Bü 2 (Brief an die Schwiegermutter vom 7. Januar 1880).

161 Ebd. Bü 3 (Briefe an die Schwiegermutter in den Jahren 1882, 1885 und 1886).

162 Ebd. Bü 4 (Brief an die Schwiegermutter vom 8. September 1887).

163 Ebd. Bü 3 (Briefe an die Schwiegermutter in der Weihnachtszeit 1885, 1887 und 1888).
164 Ebd. Bü 4 (Brief an die Schwiegermutter vom 27. Dezember 1880).
165 Ebd. Bü 4 (Brief an die Schwiegermutter vom 21. Mai 1888).
166 Ebd. Bü 3 (Brief an die Schwiegermutter vom 7. April 1885).
167 HStAS: Q 2/3 Bü 6 (Einträge 28. Februar, 6. und 28. März 1885).
168 HStAS: G 326 Bü 4 (Briefe an die Schwiegermutter in den Jahren 1890 und 1891).
169 Ebd. (Briefe an die Schwiegermutter vom Juni und Juli 1891).
170 Schwäbische Kronik Nr. 166 vom 11. April 1912; Das Haus Württemberg S. 325 (Hans-Martin Maurer, Elsa und Olga). Nach der Chronik der Stadt Stuttgart 1904 S. 5 schenkte Olga ihrem Mann drei Söhne und nicht bloß einen (Prinz Albrecht, geb. 1900), wie in „Das Haus Württemberg" zu lesen ist. Mitteilung des Niedersächsischen Staatsarchivs in Bückeburg vom 11. Mai 2004.
171 Chronik der Stadt Stuttgart 1903 S. 1, 6.
172 Chronik der Stadt Stuttgart 1904 S. 5;
Schwäbische Kronik Nr. 166 vom 11. April 1912.
173 Clara Mayer-Bruckmann, Von der Königin Olga und ihren Patenkindern (undatierter Zeitungsbeitrag, Sammlung von Heinz Pfizenmayer/Remseck).
174 Archiv der Heilandskirche: Festschrift 40 Jahre Heilandskirche S. 5.
175 Martin Lang; Wera als Dichterin S. 235.
176 Pawel Alexandrowitsch Blumenthal, 130 Jahre Russisch-Orthodoxe Kirche in Stuttgart S. 46 f.
177 Ebd. S. 44 f.; Walter Weber, Herzogin Wera von Württemberg.
178 Rudolf Brügel, Unvergessenes Stuttgart S. 72.
179 Ebd.
180 Paul Sauer, Württembergs letzter König S. 99.
181 Württ. Hof- und Staatshandbuch 1894 S. 16.
182 AHW: Hofbehörden 40/70 a.
183 Carla Cramer, Tony Schumacher S. 396, 398 f.
184 AHW: Hofbehörden 40/17 a.
185 Ebd.
186 HStAS: G 326 Bü 3 (Brief an die Schwiegermutter vom 13. März 1884).
187 Schwäbische Kronik Nr. 166 vom 11. April 1912; Württ. Hof- und Staatshandbuch 1900 S. 15.
188 Pawel Alexandrowitsch Blumenthal S. 43.
189 HStAS: G 326 Bü 4 (Brief an die Schwiegermutter vom 22. September 1884).
190 Rudolf Brügel S. 72;
HStAS: G 326 Bü 3 (Brief an die Schwiegermutter vom 22. September 1884).
191 AHW: Hofbehörden 46/31.
192 Angaben von Herrn Heinz Pfizenmayer/Remseck;
Das Königreich Württemberg Bd. I S. 624.
193 Archiv der gräflichen Familie zu Inn- und Knyphausen. (Von Herrn Heinz Pfizenmayer/Remseck freundlicherweise zur Einsichtnahme zur Verfügung gestellt).
194 Das Haus Württemberg S. 370 f., 373 (Roscislaw Zerelik, Mathilde, Nikolaus und Wilhelmine Eugenia), 374 f. (Gudrun Emberger, Pauline).
195 HStAS: G 326 Bü 2 (Briefe an die Schwiegermutter vom April und Mai 1880).
196 Martin Lang, Wera von Württemberg als Dichterin S. 278.
197 HStAS: G 326 Bü 2 (Brief an die Schwiegermutter vom 26. Mai 1877).
198 HStAS: G 326 Bü 2–4.

199 Ebd. Bü 2.
200 Ebd.
201 Hans Philippi S. 40.
202 HStAS: G 326 Bü 2 (Brief an die Schwiegermutter vom 15. Juni 1877).
203 Ebd. Bü 2.
204 Ebd.
205 Ebd. (Brief an die Schwiegermutter vom 18. September 1877).
206 Ebd. (Briefe an die Schwiegermutter vom 18. August und 22. Dezember 1878).
207 Ebd. Bü 3.
208 Ebd.
209 Ebd. Bü 4.
210 Ebd.
211 Das Haus Württemberg S. 370 (Roscislaw Zerelik, Mathilde).
212 Schwäbische Kronik Nr. 166 vom 11. April 1912.
213 HStAS: G 326 Bü 2 (Brief an die Schwiegermutter vom 23. Mai 1877).
214 Rudolf Krauß, Das Stuttgarter Hoftheater S. 269.
215 HStAS: G 326 Bü 2 (Briefe an die Schwiegermutter vom 8. Januar und 2. Februar 1879).
216 Ebd. (Briefe an die Schwiegermutter vom Jahr 1880);
Rudolf Krauß, Schwäbische Literaturgeschichte Bd. II S. 380.
217 Martin Lang S. 228.
218 HStAS: G 326 Bü 4.
219 Martin Lang S. 277.
220 Höfliche Briefe.
221 Martin Lang S. 227 f.
222 Ebd. S. 234.
223 Ebd.
224 HStAS: G 326 Bü 3.
225 Martin Lang S. 235.
226 HStAS: G 326 Bü 6.
227 Martin Lang S. 235.
228 Hansmartin Decker-Hauff, Vortrag zum 75-jährigen Bestehen der Stiftung Zufluchtsstätten (1983).
229 Martin Lang S. 235.
230 HStAS: G 326 Bü 2 und 4.
231 Ebd. Bü 3.
232 Ebd. Bü 4 (Brief an die Schwiegermutter vom 4. Februar 1887).
233 Rolf Ludwig Mehmke, Wilhelm Emil Fein S. 159.
234 HStAS: G 326 Bü 4 (Brief an die Schwiegermutter vom 6. September 1890).
235 Ebd. Bü 3–6 (Briefe an die Schwiegermutter in den Jahren 1881 bis 1891).
236 Ebd. Bü 3 und 4 (Briefe an die Schwiegermutter vom 26. April 1882 und 10. April 1891).
237 Chronik der Stadt Stuttgart 1902 S. 82.
238 HStAS: G 326 Bü 3 (Briefe an die Schwiegermutter vom 18. Oktober 1883 und 2. August 1888).
239 Ebd. Bü 4 (Brief an die Schwiegermutter vom 28. April 1887).
240 Chronik der Stadt Stuttgart 1899 S. 90 f.
241 Ebd. 1900 S. 98 f.
242 HStAS: G 326 Bü 4 (Brief an die Schwiegermutter vom 7. Juni 1891).
243 Chronik der Stadt Stuttgart 1907 S. 107 f.
244 Ebd. S. 101.
245 Paul Sauer, Das Werden einer Großstadt S. 278.

246 Chronik der Stadt Stuttgart 1910 S. 111.
247 Ebd. 1911 S. 105.
248 Ebd. S. 177.
249 HStAS: G 326 Bü 3 (Brief an die Schwiegermutter vom 1. Oktober 1883).
250 HStAS: G 326 Bü 4 (Brief an die Schwiegermutter vom 28. Juli 1887); Handbuch der Historischen Stätten Bayern S. 479 f.
251 HStAS: G 326 Bü 4 (Brief an die Schwiegermutter vom 28. Juli 1877); E 55 Bü 580.
252 Chronik der Stadt Stuttgart 1898 S. 96 f.
253 Ebd. 1901 S. 124.
254 Ebd. 1902 S. 75.
255 Ebd. 1906 S. 53 f. und 1911 S. 58.
256 Rudolf Thietz, Erinnerungen S. 110, 116 f., 135.
257 Paul Sauer, Regent mit mildem Zepter S. 289.
258 HStAS: G 326 Bü 6.
259 Ebd.
260 Paul Sauer, Regent mit mildem Zepter S. 294 f.
261 Ebd. S. 298 ff.
262 HStAS: G 326 Bü 4 (Brief an die Schwiegermutter vom 18. Juli 1889).
263 HStAS: G 326 Bü 5.
264 Pawel Alexandrowitsch Blumenthal S. 34 f.
265 Chronik der Stadt Stuttgart 1902 S. 8.
266 Ulrike Fuchs, Der Bildhauer Adolf Donndorf S. 92–95.
267 Chronik der Stadt Stuttgart 1903 S. 134.
268 HStAS: G 326 Bü 2 (Brief an die Schwiegermutter vom 9. August 1880).
269 Karl Eugen, das Söhnchen Weras.
270 HStAS: G 326 Bü 2 (Brief an die Schwiegermutter vom 3. Januar 1881).
271 Ebd. Bü 3 (Brief an die Schwiegermutter vom 3. Mai 1882).
272 Ebd. (Brief an Herzogin Wilma von Württemberg vom 5. Mai 1882).
273 Ebd. (Brief an die Schwiegermutter vom 17. Januar 1886).
274 Ebd. (Brief an die Schwiegermutter vom 1. Mai 1886).
275 Ebd. (Brief an die Schwiegermutter vom 31. Mai 1886).
276 Pauline Fürstin zu Wied, Vom Leben gelernt S. 22.
277 HStAS: G 326 Bü 4 (Brief an die Schwiegermutter vom 11. April 1889).
278 Paul Sauer, Württembergs letzter König S. 93, 106.
279 Chronik der Stadt Stuttgart 1904 S. 8 und 1907 S. 7.
280 Ebd. S. 114 und 1911 S. 9.
281 Wilhelm Karl Prinz von Isenburg Bd. 2 Tafel 102.
282 HStAS: G 326 Bü 2 (Brief an die Schwiegermutter vom 30. Oktober 1877).
283 Ebd. Bü 2 (Brief an die Schwiegermutter vom 5. November 1877).
284 Ebd. (Brief an die Schwiegermutter vom 12. Mai 1878).
285 Ebd. (Briefe an die Schwiegermutter vom Oktober und November 1878).
286 Ebd. (Briefe an die Schwiegermutter aus dem Jahr 1879).
287 Ebd. (Briefe an die Schwiegermutter vom März 1879).
288 Ebd. (Brief an die Schwiegermutter vom 23. November 1881).
289 Heinz Dietrich Löwe S. 338.
290 HStAS: G 326 Bü 2 (Brief an die Schwiegermutter vom 25. März 1881).
291 Ebd. (Brief an die Schwiegermutter vom 23. November 1881).
292 Ebd. (Briefe an die Schwiegermutter vom Mai und Juni 1882).
293 Ebd. Bü 3 (Brief an die Schwiegermutter vom 16. April 1883); Bü 6 (Testament).
294 Ebd. (Briefe an die Schwiegermutter vom 10. Mai und 11. Juni 1883).
295 Ebd. (Brief an die Schwiegermutter vom 29. Juli 1883).

296 Ebd. (Brief an die Schwiegermutter vom 8. Mai 1884).
297 Ebd. Bü 4 (Brief an die Schwiegermutter vom 31. Januar 1887); Günther Stökl S. 547 f., 559.
298 HStAS: G 326 Bü 4 (Brief an die Schwiegermutter vom 29. Juni 1889).
299 Ebd. (Brief an die Schwiegermutter vom 31. Juli 1889).
300 Ebd. (Briefe an die Schwiegermutter vom 5. und 8. September 1889).
301 Ebd. (Brief an die Schwiegermutter vom 2. Oktober 1889).
302 Ebd. (Brief an die Schwiegermutter vom 22. Oktober 1889).
303 Ebd. (Brief an die Schwiegermutter vom 14. November 1889).
304 Wilhelm Karl Prinz von Isenburg Bd. 2 Tafel 102.
305 Schwäbische Kronik Nr. 166 vom 11. April 1912;
Pawel Alexandrowitsch Blumenthal S. 43, 46;
AHW: Hofbehörden 47/32;
Günther Stökl S. 599;
„Auf dem Wege 2000“.
306 Chronik der Stadt Stuttgart 1911 S. 15.
307 Pawel Alexandrowitsch Blumenthal S. 39.
308 Ebd. S. 40; Susanne Dietrich, Württemberg und Russland S. 133;
HStAS: E 14 Bü 846.
309 Paul Sauer, Das Werden einer Großstadt S. 363;
Chronik der Stadt Stuttgart 1898 S. 152.
310 „Auf dem Wege 2000“;
Hans-Martin Maurer S. 217 f.
311 HStAS: G 326 Bü 3 (Briefe an die Schwiegermutter vom 6. Januar und 28. April 1883).
312 Pawel Alexandrowitsch Blumenthal S. 44.
313 Hans Philippi S. 44.
314 HStAS: E 55 Bü 580 und G 326 Bü 2.
315 Chronik der Stadt Stuttgart 1904 S. 130.
316 Charlotte Hofmann-Hege, Tausend Sterne hat die Nacht S. 66, 70.
317 Nach Martin Lang (S. 227) soll Wera bereits 1873 anlässlich der Silbernen Hochzeit ihrer Eltern erstmals wieder in Russland gewesen sein. In Wirklichkeit unternahm Wera erst 1878 ihre erste Reise nach Russland.
318 HStAS: G 326 Bü 3 (Briefe an die Schwiegermutter vom 4. und 12. März 1882).
319 Ebd. (Brief an die Schwiegermutter vom 2. April 1882).
320 Ebd. (Brief an die Schwiegermutter vom 14. April 1882).
321 75 Jahre Stiftung Zufluchtsstätten in Würrttemberg (1983).
322 HStAS: G 326 Bü 3 (Brief an die Schwiegermutter vom 24. September 1885);
Paul Sauer, Regent mit mildem Zepter S. 239 f.
323 Ebd. S. 221;
HStAS: G 326 Bü 4 (Brief an die Schwiegermutter vom 1. April 1887);
Tagebuch der Baronin Spitzemberg S. 230.
324 HStAS: G 326 Bü 4 (Briefe an die Schwiegermutter vom 12. und 29. März 1888).
325 Ebd. (Briefe an die Schwiegermutter vom 18. Juni und 12. Juli 1888).
326 Ebd. (Dankesbrief an die Schwiegermutter an Weihnachten 1887).
327 Ebd. (Brief an die Schwiegermutter vom 1. April 1890).
328 Ebd. (Briefe an die Schwiegermutter vom Januar 1891).
329 Ebd. (Brief an die Schwiegermutter vom 8. Mai 1891).
330 Höfliche Briefe.
331 Schwäbische Kronik Nr. 166 vom 11. April 1912.
332 Chronik der Stadt Stuttgart 1899 S. 166.

333 Martin Lang S. 234.
334 Hans Philippi S. 40 Anm. 17.
335 Schwäbische Kronik Nr. 166 vom 11. April 1912;
HStAS: G 326 Bü 5 (Testament von 1882).
336 Ebd. Bü 2 (Brief an die Schwiegermutter vom 20. Februar 1879).
337 Ebd. Bü 3 (Briefe an die Schwiegermutter vom 28. April und 25. September 1883).
338 Ebd. (Brief an die Schwiegermutter vom 23. September 1884);
Alexander Vömel, Ferdinand Graf von Zeppelin S. 35.
339 HStAS: G 326 Bü 3 (Briefe an die Schwiegermutter vom 10. Juni und 18. August 1886).
340 Ebd. (Briefe an die Schwiegermutter vom Februar, April und Juni 1887).
341 Ebd. (Telegramm an die Schwiegermutter vom 10. Juni 1888).
342 Ebd. (Brief an die Schwiegermutter vom 18. Juni 1888).
343 Ebd. (Briefe an die Schwiegermutter vom 2. August 1888 und 31. Mai 1891);
J 320.
344 HStAS: G 326 Bü 4 (Briefe an die Schwiegermutter vom 19. Februar und 14. November 1889).
345 Ebd. (Brief an die Schwiegermutter vom 17. Februar 1890).
346 Ebd. (Brief an die Schwiegermutter vom 18. Mai 1891).
347 Paul Sauer, Württembergs letzter König S. 219;
Schwäbische Kronik Nr. 166 vom 11. April 1912;
Ulm, Garnison und Festung. Festschrift zum Garnisonstreffen 1954 S. 110.
348 Chronik der Stadt Stuttgart 1907 S. 6.
349 Ebd. 1910 S. 9 ff.
350 HStAS: G 326 Bü 5.
351 Pawel Alexandrowitsch Blumenthal S. 43 (Blumenthal nennt als Geburtstag den 19. Mai, richtig: 18. Mai).
352 Der 4. Februar des russischen Kalenders entsprach dem 17. Februar des in Deutschland gültigen Kalenders.
353 HStAS: E 55 Bü 580.
354 Ebd.
355 Wilhelm Karl Fürst von Isenburg Bd. 1 Tafeln 51, 124;
Das Haus Württemberg S. 295 f., 346 f.
356 Ebd. S. 296.
357 Ebd. S. 346 f.
358 Ebd. S. 349.
359 Walter Weber, Herzogin Wera von Württemberg.
360 M. Rösch, Geschichte des Mädchengymnasiums Königin-Olga-Stift S. 8;
Paul Sauer, Das Werden einer Großstadt S. 328 f.
361 HStAS: G 326 Bü 3 und 4.
362 Ebd. Bü 4.
363 Höfliche Briefe S. 8.
364 „Auf dem Wege 2000“.
365 HStAS: G 326 Bü 4 (Brief an die Schwiegermutter vom 14. November 1889).
366 Ebd. (Briefe an die Schwiegermutter von 1889 bis 1891).
367 Pawel Alexandrowitsch Blumenthal S. 47.
368 Charlotte Hofmann-Hege S. 62 ff.
369 Chronik der Stadt Stuttgart 1900 S. 146.
370 Ebd. 1901 S. 104.
371 Ebd. S. 124.
372 Ebd. 1902 S. 146.

373 Ebd. S. 115 und 1903 S. 156;
Archiv der Heilandskirche: Festschrift 40 Jahre Heilandskirche S. 4.
374 Aus dem Wettbewerb „Ältere Menschen schreiben Geschichte" (1978).
375 Chronik der Stadt Stuttgart 1903 S. 136 f.
376 M. Rösch S. 9.
377 Chronik der Stadt Stuttgart 1903 S. 12.
378 Ebd. 1904 S. 131.
379 Ebd. S. 131;
Archiv der Heilandskirche: Aufzeichnungen über das Werahaus.
380 Chronik der Stadt Stuttgart 1904 S. 131.
381 Ebd. 1907 S. 162.
382 Ebd. 1906 S. 36 und 1907 S. 37.
383 Ebd. 1907 S. 37.
384 Ebd. 1906 S. 169.
385 Ebd. 1906 S. 170, 1907 S. 165 und 1908 S. 153.
386 Ebd. 1906 S. 170, 1910 S. 170 und 1911 S. 176.
387 Archiv der Heilandskirche: Festschrift 40 Jahre Heilandskirche S. 40 f.;
Paulus Scharpff, Geschichte der Evangelisation S. 281 f.
388 Archiv der Heilandskirche: Festschrift 25 Jahre Heilandskirche S. 8.
389 75 Jahre Stiftung Zufluchtsstätten in Württemberg S. 3 f.
390 Ebd.;
Chronik der Stadt Stuttgart 1908 S. 155.
391 75 Jahre Stiftung Zufluchtsstätten in Württemberg S. 4;
Walter Weber;
Theophil Wurm, Erinnerungen S. 54.
392 Ebd. 75 Jahre Stiftung Zufluchtsstätten in Württemberg S. 4.
393 Archiv der Heilandskirche: Festschrift 40 Jahre Heilandskirche S. 4.
394 75 Jahre Stiftung Zufluchtsstätten in Württemberg S. 4.
395 Ebd. S. 12 f.
396 Gerhard Dopffel, Theodor Christlieb (1833–1889) S. 154 ff.
397 HStAS: G 326 Bü 3 (Briefe an die Schwiegermutter vom 9. Februar 1885 und 4. März 1886).
398 Ebd. (Brief an die Schwiegermutter vom 20. Januar 1890).
399 Archiv der Heilandskirche: Festschrift 25. Jahre Heilandskirche S. 8.
400 Paulus Scharpff S. 238 f.
401 Ebd. S. 255.
402 Heinrich Hermelink, Geschichte der evangelischen Kirche in Württemberg S. 449.
403 Archiv der Heilandskirche: Festschrift 40 Jahre Heilandskirche S. 4 und weitere Aufzeichnungen;
Rudolf Thietz S. 104.
404 Heinrich Hermelink S. 360.
405 Archiv der Heilandskirche: Aufzeichnungen über Samuel Zeller;
Paulus Scharpff S. 281 f.
406 Archiv der Heilandskirche: Festschrift 25 Jahre Heilandskirche S. 8.
407 Rudolf Brügel S. 69 ff.
408 Carla Kramer-Schlette, Elias Schrenk S. 119–134;
Werner Schmückle, Elias Schrenk (1831–1913) S. 151 ff.;
Paulus Scharpff S. 263.
409 Evangelisches Sonntagsblatt vom 26. April 1952.
410 HStAS: G 326 Bü 4 (Brief an die Schwiegermutter vom 17. Mai 1887).
411 Ebd.

412 Chronik der Stadt Stuttgart 1899 S. 113 ff.
413 Ebd. 1902 S. 128.
414 Ebd. S. 116.
415 HStAS: G 326 Bü 4.
416 Ebd. (Brief an die Schwiegermutter vom 14. Juni 1887).
417 Ebd. (Brief an die Schwiegermutter vom 8. Mai 1891).
418 Martin Lang S. 235.
419 Chronik der Stadt Stuttgart 1909 S. 5;
Schwäbische Kronik Nr. 166 vom 11. April 1912.
420 Pawel Alexandrowitsch Blumenthal S. 43 f.
421 Schwäbische Kronik Nr. 166 vom 11. April 1912;
„Auf dem Wege 2000".
422 Archiv der Heilandskirche: Kopie des Schreibens.
423 Ebd.
424 Ebd. Festschrift 40 Jahre Heilandskirche S. 6.
425 Ebd. S. 5.
426 Archiv der Heilandskirche.
427 Ebd.
428 Chronik der Stadt Stuttgart 1912 S. 154 f.;
Schwäbischer Merkur vom 29. November 1913, Abendblatt.
429 Ebd.
430 Ebd.
431 Pfarrer i. R. Frieder Tempel, Schwäbisch Hall: Notizen.
432 Archiv der Heilandskirche.
433 Ebd. Festschrift 25 Jahre Heilandskirche S. 17 f.
434 Ebd. S. 20 f.
435 HStAS: G 326 Bü 4;
Pawel Alexandrowitsch Blumenthal S. 46.
436 Schwäbische Kronik Nr. 166 vom 11. April 1912;
Rudolf Thietz S. 150, 153.
437 Schwäbische Kronik Nr. 166 vom 11. April 1912.
438 HStAS: Q 2/3 Bd. 26.
439 Schwäbische Kronik Nr. 166 vom 11. April 1912.
440 HStAS: Q 2/3 Bd. 26 (Eintrag vom 11. April 1912).
441 Der Beobachter vom 11. April 1912.
442 Chronik der Stadt Stuttgart 1912 S. 1.
443 Ebd. S. 6 f.
444 AHW: Hofbehörden 40/61.
445 HStAS: E 55 Bü 349.
446 Schwäbische Kronik Nr. 166 vom 11. April 1912.
447 Staatsanzeiger für Württemberg vom 15. April 1912;
Pawel Alexandrowitsch Blumenthal S. 49.
448 HStAS: E 55 Bü 350.
449 Chronik der Stadt Stuttgart 1912 S. 8 f.
450 Rudolf Thietz S. 160.
451 Pawel Alexandrowitsch Blumenthal S. 47 f.
452 Chronik der Stadt Stuttgart 1912 S. 9.
453 HStAS: E 55 Bü 349.
454 Pawel Alexandrowitsch Blumenthal S. 51.
455 Paul Sauer, Das Werden einer Großstadt S. 279.
456 Rudolf Thietz S. 168.
457 HStAS: G 326 Bü 5.

458 Ebd.
459 Ebd.
460 Württ. Hof- und Staatshandbuch 1911 S. 17.
461 HStAS: G 326 Bü 5.
462 Ebd.
463 Chronik der Stadt Stuttgart 1912 S. 180.
464 HStAS: G 326 Bü 5.
465 Timo John S. 99 f.
466 Das Haus Württemberg S. 296 (Hans-Martin Maurer, Sophie Dorothee/Maria Feodorowna).
467 Timo John S. 93-116.
468 75 Jahre Stiftung Zufluchtsstätten in Württemberg S. 4-9.
469 Archiv der Heilandskirche: Festschrift zur Wiedereinweihung der Evangelischen Heilandskirche Stuttgart und zu ihrem 50-jährigen Jubiläum.

Quellen und Literatur

Archivische Quellen

Archiv der Heilandskirche
- Aus dem Leben von Pfarrer Christlieb (Vater und Sohn)
- Aufzeichnungen über das Werahaus
- Dokumente zum Leben von Herzogin Wera
  und zur Geschichte der Heilandskirche (zum Teil Kopien)
- Festschrift 25 Jahre Heilandskirche 1938
- Festschrift 40 Jahre Heilandskirche 1953
- Festschrift zur Wiedereinweihung der Evangelischen Heilandskirche Stuttgart
  und zu ihrem 50-jährigen Jubiläum 1963

Archiv des Hauses Württemberg (AHW)
- Hofbehörden

Hauptstaatsarchiv Stuttgart (HStAS)
- E 14 Königliches Kabinett II (1805–1918)
- E 55 Ministerium der Familienangelegenheiten des Königlichen Hauses
  (Hausministerium) (1806–1918)
- G 312 Herzogin Mathilde (1818–1891)
- G 313 König Karl (1823–1892)
- G 314 Königin Olga (1846–1892)
- G 325 Herzog Eugen (1846–1877)
- G 326 Herzogin Wera (1874–1912)
- J 320 Fotografien aus dem Leben der Herzogin Wera von Württemberg
  ca. 1900 bis 1911
- M 430/1 Friedensranglisten württembergischer Offiziere (1855–1913)
- Q 2/3 Nachlass Berthold von Fetzer (1868–1925)

Archiv der gräflichen Familie zu Inn- und Knyphausen, Remseck am Neckar
- Fremden-Buch I (1863–1899)
- Gästebuch (1900–1944)

Gedruckte Quellen und Literatur

„Auf dem Wege 2000". Illustrierte für die Ferienzeit.
Hrsg. vom Evangelischen Gemeindeblatt für Württemberg

130 Jahre Russische Kirchengemeinde in Stuttgart.
In: Blumenthal, Pawel Alexandrowitsch

Aus dem Wettbewerb „Ältere Menschen schreiben Geschichte":
Als unser Jahrhundert noch jung war. Stuttgart 1978

Blumenthal, Pawel Alexandrowitsch: Die Russisch-Orthodoxe Kirche in Stuttgart
von ihrer Entstehung im Jahre 1816 bis 1946. Ludwigsburg 1948

Brügel, Rudolf: Unvergessenes Stuttgart – Begegnungen nach der Jahrhundertwende. Stuttgart 1958

Chronik der Stadt Stuttgart 1898–1912. Hrsg. im Auftrag des Gemeinderats. Stuttgart 1899–1915

Cramer, Carla: Tony Schumacher geb. von Baur-Breitenfeld, Jugendbuchautorin, 1848–1931.
In: Lebensbilder aus Schwaben und Franken Bd. XIV (Stuttgart 1980) S. 386–415

Das Haus Württemberg. Ein biographisches Lexikon.
Hrsg. von Sönke Lorenz, Dieter Mertens, Volker Press (†). Stuttgart 1997

Das Königreich Württemberg Bd. I. Stuttgart 1904

Das Tagebuch der Baronin Eveline von Massenbach, Hofdame der Königin Olga von Württemberg. Hrsg. von Robert Uhland. Stuttgart 1987

Das Tagebuch der Baronin Spitzemberg geb. Freiin von Varnbüler.
Aufzeichnungen aus der Hofgesellschaft des Hohenzollernreiches. Bearbeitet von Rudolf Vierhaus (Deutsche Geschichtsquellen des 19. und 20. Jahrhunderts. Hrsg. von der Historischen Kommission bei der Bayerischen Akademie der Wissenschaften Bd. 43). 3. Aufl. Göttingen 1963

Decker-Hauff, Hansmartin: Vortrag zum 75-jährigen Bestehen der Stiftung Zufluchtsstätten in Württemberg (Redemanuskript auf Kassette). Stuttgart 1983

Der Beobachter 1877 und 1912

Deutsche Militärgeschichte Abschnitt IV/ Zweiter Teil: Strukturen und Organisation. Manfred Messerschmitt: Die preußische Armee. München 1983

Die Württemberger vor Paris. Ein vaterländisches Gedicht zum Gedächtnis der Schlachttage des 30. November und 2. Dezember 1870 von Herzogin Wera von Württemberg. Beilage zur Württembergischen Kriegerzeitung vom 2. Dezember 1900

Dietrich, Susanne: Württemberg und Russland, Geschichte einer Beziehung. Leinfelden-Echterdingen 1994

Dopffel, Gerhard: Theodor Christlieb (1833–1889).
In: Rommel, Kurt (Hrsg.): Unsere Kirche unter Gottes Wort S. 154–156

Drollinger, Kuno: Stuttgarter Brunnen der älteren und neueren Zeit. Stuttgart 1989

Fedorska, Aleksandra: Die russische Nationalitätenpolitik gegenüber Polen. Wintersemester 1999/2000. (Hausarbeiten.de – das Wissensarchiv im Internet)

Festschrift zum 75-jährigen Bestehen der Stiftung Zufluchtsstätten in Württemberg: „… und die im Elend ohne Obdach sind, führe ins Haus!“ (Jesaja 58,7).
Stuttgart 1983. Zitiert: 75 Jahre Stiftung Zufluchtsstätten in Württemberg

Fuchs, Ulrike: Der Bildhauer Adolf Donndorf. Leben und Werk. Stuttgart 1984

Grüsshaber, Alma: Die gute Wera sah, wo's fehlte. In: „Auf dem Wege 2000"

Gulde, Hildegard: Vera Vollmer, Wegweiserin der Mädchenbildung, 1874–1953. In: Lebensbilder aus Schwaben und Franken Bd. XIV (Stuttgart 1980) S. 433–468

Handbuch der Historischen Stätten Bayern. Hrsg. von Karl Bosl. Stuttgart 1961

Handbuch der Historischen Stätten Hessen. Hrsg. von Georg Wilhelm Sante. 1976

Hermelink, Heinrich: Geschichte der evangelischen Kirche in Württemberg von der Reformation bis zur Gegenwart. Stuttgart und Tübingen 1949

Höfliche Briefe an die Herzogin Wera von Württemberg. Kommentiert von Eberhard Frank. Jahresgabe der Johannes-Gutenberg-Schule Stuttgart. Stuttgart 1985

Hofmann-Hege, Charlotte: Tausend Sterne hat die Nacht. Ein außergewöhnliches Leben. Heilbronn 1995

Isenburg, Wilhelm Karl Prinz von: Stammtafeln zur Geschichte der europäischen Staaten. Bd. 1 und 2. Berlin 1936

Jäger, Oscar: Geschichte des 19. Jahrhunderts Bd. 2: 1852–1900. Leipzig 1906

John, Timo: Die königlichen Gärten des 19. Jahrhunderts in Stuttgart: Schlossgarten, Rosenstein, Wilhelma, Villa Berg. Worms 2000

Kowalski, Józef: Die russische revolutionäre Demokratie und der polnische Aufstand 1863. Berlin 1954

Kramer-Schlette, Carla: Elias Schrenk. Missionar in Afrika, Wegbereiter der Evangelisation in Deutschland, 1831–1913. In: Lebensbilder aus Schwaben und Franken Bd. XVII (Stuttgart 1991) S. 119–134

Krauß, Rudolf: Das Stuttgarter Hoftheater von den ältesten Zeiten bis zur Gegenwart. Stuttgart 1908

Ders.: Schwäbische Literaturgeschichte Zweiter Band. Freiburg i. Br. 1899

Lang, Martin: Wera von Württemberg als Dichterin. In: Schwabenspiegel 6 (1912/13) S. 227 f., 234 f.

Löwe, Heinz-Dietrich: Alexander II. In: Die russischen Zaren 1547–1917 (München 1995) S. 315–338

Massenbach, Eveline von: s. Das Tagebuch der Baronin Eveline von Massenbach

Maurer, Hans-Martin: Das Haus Württemberg und Russland. In: Zeitschrift für Württembergische Landesgeschichte 1989 S. 201–221

Mayer-Bruckmann, Clara: Von der Königin Olga und ihren Patenkindern (undatierter Zeitungsartikel aus dem Besitz von Heinz Pfizenmayer/Remseck am Neckar)

Mehmke, Rolf Ludwig: Wilhelm Emil Fein, ein Bahnbrecher der Elektrotechnik, 1842–1886. In: Lebensbilder aus Schwaben und Franken Bd. IX (Stuttgart 1963) S. 155–163

Messerschmitt, Manfred: s. Deutsche Militärgeschichte

Neander, Irene: Grundzüge der russischen Geschichte. 3. Aufl. Darmstadt 1958

Palm, Adolf: Der König, der dem Karlsgymnasium seinen Namen gab.
In: Karlsgymnasium Stuttgart Nr. 12/Oktober 1959 S. 9–26

Philippi, Hans: Das Königreich Württemberg im Spiegel der preußischen Gesandtschaftsberichte 1871–1914 (Veröffentlichungen der Kommission für geschichtliche Landeskunde in Baden-Württemberg Reihe B 65, Bd.). Stuttgart 1972

Reiber, Karl: Jugendjahre im Waisenhaus.
In: Aus dem Wettbewerb „Ältere Menschen schreiben Geschichte“

Reichsgesetzblatt 1875

Rhode, Gotthold: Kleine Geschichte Polens. Darmstadt 1965

Rieger, Manfred: Herzogin Wera von Württemberg und das Weraheim in Hebsack.
In: An Rems und Murr 4 (1977) S. 47 ff.

Rommel, Kurt (Hrsg.): Unsere Kirche unter Gottes Wort. Die evangelische Landeskirche in Württemberg einst und heute in Geschichten und Gestalten. Stuttgart 1985

Rösch, M[ax]: Geschichte des Mädchengymnasiums Königin-Olga-Stift.
Stuttgart 1968

Sauer, Paul: Das Werden einer Großstadt. Stuttgart zwischen Reichsgründung und Erstem Weltkrieg. Stuttgart 1988

Ders.: Württembergs letzter König. Das Leben Wilhelms II. Stuttgart 1994

Ders.: Reformer auf dem Königsthron. Wilhelm I. von Württemberg. Stuttgart 1997

Ders.: Regent mit mildem Zepter. König Karl von Württemberg. Stuttgart 1999

Scharpff, Paulus: Geschichte der Evangelisation. Dreihundert Jahre Evangelisation in Deutschland, Großbritannien und USA. Gießen und Basel 1964

Schmückle, Werner: Elias Schrenk (1831–1913).
In: Rommel, Kurt (Hrsg.): Unsere Kirche unter Gottes Wort S. 151–153

Schwäbische Kronik 1877 und 1912

Schwäbischer Merkur 1913

Schweizerbarth-Roth, Elise von: Erinnerungen einer alten Stuttgarterin. Stuttgart 1925

Spitzemberg geb. Freiin von Varnbüler: s. Das Tagebuch der Baronin Spitzemberg geb. Freiin von Varnbüler

Staatsanzeiger für Württemberg 1912

Stökl, Günther: Russische Geschichte. Von den Anfängen bis zur Gegenwart. 6. Aufl. Stuttgart 1997

Thietz, Rudolf: Erinnerungen. Maschinenschriftliches Manuskript von 1944 (im Familienbesitz)

Traum der Jugend goldner Stern. Aus den Aufzeichnungen der Königin Olga Nikolajewna von Württemberg. Aus dem Französischen übersetzt und hrsg. von Sophie Dorothee Gräfin Podewils. Pfullingen 1955

Ulm. Garnison und Festung. Festschrift zum Garnisionstreffen. Ulm 1954

Vömel, Alexander: Graf Ferdinand von Zeppelin. Ein Mann der Tat. Konstanz 1929

Weber, Walter: Herzogin Wera von Württemberg. In: Hie gut Württemberg (Heimatbeilage der Ludwigsburger Kreiszeitung) 14 (1963) S. 22

Wied, [Pauline] Fürstin zu: Vom Leben gelernt. Ludwigsburg 1953

Württemberg und sein König 1864–1889. Eine Festgabe zum 25-jährigen Regierungs-Jubiläum Seiner Majestät des Königs Karl von Württemberg. Stuttgart 1889

Württemberg, Königin Olga von: s. Traum der Jugend

Württembergisches Hof- und Staatshandbuch 1877–1911

Wurm, Theophil: Erinnerungen aus meinem Leben. 2. Aufl. Stuttgart 1963

Orts- und Personenregister

Bildnachweis

akg-images, Berlin:
S. 13, 14

Dr. Karl Gerok:
S. 73, 74, 118

Archiv der Heilandskirche:
S. 44, 46, 107 oben, 145, 152, 157, 171, 173, 182, 183, 193

Landesmedienzentrum, Baden-Württemberg:
S. 71, 142

Prof. Dr. Paul Sauer:
S. 38, 111, 112, 131

Sabine Schulze:
S. 124, 191, 195

Stadtarchiv Stuttgart:
S. 23, 28, 51, 65, 80, 83, 107 unten, 109, 164, 177

Weraheim Stuttgart:
S. 153

Württ. Landesbibliothek, Stuttgart:
S. 155, 161

Hauptstaatsarchiv Stuttgart:
S. 77